隐藏的宪法:
林肯如何重新铸定美国民主

乔治·P. 弗莱切

Our Secret Constitution:
How Lincoln Redefined American Democracy
by George P. Fletcher
Copyright © 2001 by George P. Fletcher
Chinese translation copyright © 2009 by Peking University Press
ALL RIGHTS RESERVED

宪政经典

隐藏的宪法
林肯如何重新铸定美国民主

Our Secret Constitution:
How Lincoln Redefined American Democracy

〔美〕乔治·P.弗莱切 著
陈绪纲 译

北京大学出版社
北京·2009年

著作权登记号　图字:01-2009-4044号

图书在版编目(CIP)数据

隐藏的宪法:林肯如何重新铸定美国民主/(美)乔治·P.弗莱切著;陈绪纲译.—北京:北京大学出版社,2009.7

(宪政经典)

ISBN 978-7-301-15412-0

Ⅰ.隐… Ⅱ.①弗… ②陈… Ⅲ.①宪法-研究-美国 ②林肯,A.(1809~1865)-民主-思想评论　Ⅳ.D971.21 D771.209

中国版本图书馆CIP数据核字(2009)第105181号

书　　　名：隐藏的宪法——林肯如何重新铸定美国民主
著作责任者：〔美〕乔治·P.弗莱切　著　陈绪纲　译
项目策划：博珺图书编译室
责任编辑：白丽丽
装帧设计：第零书装部
标准书号：ISBN 978-7-301-15412-0/D·2339
出版发行：北京大学出版社
地　　　址：北京市海淀区成府路205号　100871
网　　　址：http://www.pup.cn　电子邮箱：law@pup.pku.edu.cn
电　　　话：邮购部 62752015　发行部 62750672　编辑部 62752027
　　　　　　出版部 62754962
印　刷　者：北京宏伟双华印刷有限公司
经　销　者：新华书店
　　　　　　650mm×980mm　16开本　18.75印张　245千字
　　　　　　2009年7月第1版　2009年7月第1次印刷
定　　　价：30.00元

未经许可,不得以任何方式复制或抄袭本书之部分或全部内容。

版权所有,侵权必究

举报电话：010-62752024　电子邮箱：fd@pup.pku.edu.cn

葛底斯堡演说

　　八十七年前,我们的先辈在这块大陆上,缔造了一个崭新的国家。她孕育于自由之中,奉行人人生而平等的原则。

　　现在,我们正打着一场大内战,以考验这个国家,或者任何一个像我们这样孕育于自由之中,并奉行人人生而平等这一原则的国家,是否能够长治久安。我们来到这场内战中的一个伟大战场。我们来到这里,要将这战场的一部分,供奉那些曾在这里捐躯、以求这个国家能够生存下去的烈士们,作为他们最后的安息之所。我们这样做,完全理所应当。

　　然而,从更广泛的意义上讲,我们并不能奉献这块土地,我们不能用它来献祭,我们不能赋予其神圣意义。那些曾在这里战斗过的勇士们,无论是幸存者,还是阵亡者,已经使这里变得神圣了,这远非我们的微薄之力所能改变。我们在这里说过的话,世界将会很少注意到,也不会有人长久记住,但人们永远不会忘记将士们在这里进行的英勇战斗。我们这些活着的人,倒是应当在这里,把自己奉献给曾在这里战斗过的人们一直勇敢推进的那一未竟事业。我们倒是应该在这里,把自己奉献给仍然留给我们的伟大使命。我们要从这些光荣阵亡的将士们身上汲取更多的献身精神,来完成他们曾竭尽全部忠诚为之奋斗的事业,我们要在这里立下豪言壮语,使这些阵亡者不致白白牺牲。我们要让这个国家,在上帝的福祐下,获得自由的新生。我们要让这个民有、民治、民享的政府永存。

亚伯拉罕·林肯
1863 年 11 月 19 日于葛底斯堡公墓

序　言

　　五年前，我在莫斯科作演讲的时候，有人问到这个问题：为什么欧洲人和美国人对于言论自由的范围，采取如此不同的立场，尤其是，为什么是欧洲人，而不是美国人要禁止仇恨性质的言论？这个难题，令我开始思考欧洲和美国宪法传统之间的系统差异。演讲时，我阐明了几点主张，这触及本书中的某些观点。布鲁斯·阿克曼以他独特的方式称赞了我几句，说我"有点想法"。这是我对美国宪法历史作一番广泛探索所需的全部鼓励。当蒂莫西·麦克维被指控在俄克拉何马城联邦大厦安置炸弹杀害168人时，我的研究正处在中期，在麦克维眼中，这一以共和国名义所作的恐怖行动和大规模谋杀罪行，符合开国元勋们的建国意图。

　　事儿有点离谱了。1787年崇高的美国梦，到头来怎能成为俄克拉何马城的凶杀恐怖呢？我们美国人——我们可是革命神话的守护者——又如何能在不认可麦克维的扭曲观念的同时，控告罪犯、讲授法律、撰写著作呢？我们培育了有关美国革命中所确立的基本自由的空想文化，而接下来，我们又对那些把这些空想当了真的人拿死刑来伺候。

　　我断定，这必定有故事的另一面。我们一定隐藏了什么东西——某些大部分人都知道，但像麦克维之类的右翼狂徒从未理解的东西。这个被隐藏了的，正如我最终所阐释的，正是《隐藏的宪法》一书。这个隐藏的宪法如何产生，又如何形塑我们的生活，变成一个值得讲述的故事。

　　我对宪法历史重新解释的第一次尝试，出现在《新共和国》杂志1997年6月号一期的一篇名为《不可靠的宪法》的文章中。那篇文章所得到的反响使我确信：更详尽地讲述这个故事还是有听众的。幸运的是,我的代理人安吉拉·米勒和牛津大学出版社的编辑辛西娅·里德同意并鼓励这个项目。我感激这些忠实的读者和顾问们。

当我开始把自己的想法向各法学院的同行们介绍时,他们愿意听取、考虑有关我们宪法历史中的新颖意见,这使我感到很惊喜。我记得并感激来自罗伯特·波斯特、肯·卡斯特、阿克尔·阿玛、肯特·格林沃特、安东尼·迪勒夫、戴维·理查德兹、桑福特·莱文森、阿瑟·雅各布森、马克·图辛尼特、安德里耶·拉帕辛斯基,当然,还有布鲁斯·阿克曼的热情鼓励。无论对于读者,还是对于我本人而言,讲述葛底斯堡和内战的故事很难做到饶有趣味——要不是我愿意从南方人的观点来思考战争的话。我还非常感激我的朋友斯蒂夫·谢帕德——密西西比的忠实之子——耐心地带我领会在"裂开的房屋"中,正如在大多数争议中,会存在两个角度的看法。谢帕德对历史细节的理解远胜于我,他大力帮我把事实理正确。

哥伦比亚大学的杰出美国史学家们,在我向他们讨教时非常慷慨大度。安德斯·斯蒂芬森和艾里克·福纳阅读了我的手稿,并给予我一些有益的提示。我意识到,作为一个法律人,我对历史的叙述,带有一种专业历史学家不一定具备的解释激情。然而,我还是很高兴与那些历史学家找到一种共同语言。

我的有关宗教和救赎的许多观念,1999年4月在耶鲁大学的一次政治理论研讨会上得到了不错的考验。我感谢斯蒂文·史密斯、约翰·麦考密克、罗伯特·亚当斯让我获益匪浅的评论。

我还要对爱寇·延卡、杰里米·帕姆、戴维·亚历山大、玛格丽特·加尼特,以及我的讨论课上其他学生表达我的感激之情。他们所有人都在不同阶段参与了对这些观念的锤打精炼工作。弗兰克·洛西对我的跋提出了很有价值的批评意见。我尤其还要感谢罗素·克里斯多福,他在这本书以及其他许多书中,作为我信任的助理与我一起工作。

提到所有这些朋友和同行的名字,使我想起在写作每一页时所感受到的快乐和心智上的探险。一个人只能希望这种快乐会传递给别人,希望读者们会表达他们自己对这些主题的意见。那些愿意这么做的人可以把自己的观点贴在 http://www.LegalDiscourse.org 网站上,并阅读其他人的反应意见。

期待这本书,以及后续的讨论,能有助于形成对内战和美国宪法观念崭新而更好的理解。

乔治·P.弗莱切
2000年12月于纽约

目 录

导论　为隐藏的宪法一辩　　　　　　　　　　　　1
　　隐藏的第二部宪法的源起　　　　　　　　　　2
　　对历史的另一种解读　　　　　　　　　　　　10
第一章　法律上的救赎　　　　　　　　　　　　　14
　　法国和德国在法律上的救赎　　　　　　　　　15
　　内战作为救赎的途径　　　　　　　　　　　　22
　　跟原初意图不相干　　　　　　　　　　　　　28
第二章　激越的葛底斯堡演说　　　　　　　　　　34
第三章　民族国家　　　　　　　　　　　　　　　56
　　美利坚人民作为单一、有机联系的民族国家　　60
　　两位哲学家：布朗森与利伯　　　　　　　　　64
第四章　忠诚与背叛　　　　　　　　　　　　　　75
　　约翰·布朗的突袭：罪行、战争，还是叛国？　76
　　捕获案：战争，非战　　　　　　　　　　　　80
　　在"净化"一词发明之前的净化　　　　　　　81
　　杰斐逊·戴维斯作为南部邦联的象征　　　　　88
第五章　平等　　　　　　　　　　　　　　　　　91
　　民族国家作为平等的熔炉　　　　　　　　　　97
　　平等的宗教基础　　　　　　　　　　　　　　101
　　人的尊严作为平等的象征　　　　　　　　　　106

2　隐藏的宪法

　　另一种解读　　　　　　　　　　　　　　108
　　革命的新篇章　　　　　　　　　　　　110

第六章　子虚乌有的革命　　　　　　　　113
　　新奥尔良屠户的困境　　　　　　　　　119
　　民族国家与公民权　　　　　　　　　　123
　　平等　　　　　　　　　　　　　　　　130
　　剧院里的种族隔离　　　　　　　　　　132

第七章　徒有其表的平等　　　　　　　　143
　　投票权难题　　　　　　　　　　　　　148
　　教育中的平等　　　　　　　　　　　　155
　　对不平等的辩解　　　　　　　　　　　165

第八章　正义信条：诞生与再现　　　　　169
　　沉重的开端　　　　　　　　　　　　　170
　　平等的两个分岔　　　　　　　　　　　173
　　人人生而平等原则的复现　　　　　　　181

第九章　隐藏的宪法重见天日　　　　　　195
　　各条宪法修正案　　　　　　　　　　　196
　　对受害人的同情　　　　　　　　　　　203
　　公民社会　　　　　　　　　　　　　　206
　　个人尊严　　　　　　　　　　　　　　212
　　信教者与不信教者眼中的平等　　　　　215

第十章　政府作为清算历史的伙伴　　　　218
　　自由之悖论　　　　　　　　　　　　　219
　　有关政府的两种概念　　　　　　　　　223

第十一章　中庸之道　　　　　　　　　　232

跋　一波三折的 2000 年大选　　　　　　237
　　1876 年大选　　　　　　　　　　　　　241
　　对民族国家与民主观念的重新思考　　　245
　　佛罗里达与 2000 年的民主状况　　　　 249
　　最高法院干预　　　　　　　　　　　　254

索　引　　　　　　　　　　　　　　　　267
译后记　　　　　　　　　　　　　　　　285

导论　为隐藏的宪法一辩

> 我们围成一圈跳着舞、猜想着,但奥秘端坐中央,洞悉一切。
>
> ——罗伯特·弗罗斯特

亲爱的读者,你们将读到一个微妙而不同寻常的见解。我想让你们把法律和宪法的传统观点放到一边。我邀请你们以一种思考人的心理禀性的方式,来思考美国的法律制度。我们都知道,在一个人的外表行为之下,还潜藏着一个深层的知性结构指导我们的行为,这远比我们意识到的要多。我们称人格中的这个根基为"潜意识"。我们也可以称法律品格中的基本因素为法律文化的"深层结构"。这个术语来自语法学领域。诺姆·乔姆斯基把指导我们使用正确习惯用法的规则,界定为语言的"深层结构"。[1] 因此,我让你们设想的第一个观念就是,影响和形塑法庭判决和律师决定的法律文化根基,与潜意识影响人的行为或深层语法影响我们正确运用句法的感觉,是相同的。

同理,经验也形塑了我们的个人潜意识,而美国法律文化的历史经验,则界定了法律制度的深层结构。依我看,美国法律历史上最重大的事件,就是1861年4月到1865年4月蹂躏了这个国家的内战。这个内战源自一串目标,却结束于另一串目标。抵抗南方分裂的初目的是保存联邦。随之而来及最终的观念,却是废除奴隶制,并将美国奠立于崭新的一套原则基础上加以改造。

---

[1] Noam Chomsky, *Syntactic Structures* (1978).

2　隐藏的宪法

隐藏的第二部宪法的源起

内战导致一个新的宪政秩序。在内战后,重建法律秩序的核心是宪法重建修正案——第十三、十四、十五条修正案,这些修正案分别于 1865 年到 1870 年间获得批准通过。这个新法律体制的诸原则,跟 1787 年起草的第一部宪法截然不同,可称之为第二部美国宪法。这个新宪法实际上建立了美利坚第二共和国。第一部宪法依据自愿联合、个人自由和共和主义精英政治的人民主义基础。而相对应的,第二部宪法的指导基础则是所有人的平等、大众民主和民族国家。这些原则彼此尖锐对立。要理解这两个美国观的明显对比,我们得简单解释每一组对立面,来一一复述它们的差别。

自由选择对自我实现

1787 年宪法的序言始于"我们人民"这样的词语。人民,至少在想象中,是通过他们自己委派的代表在费城集会,来结成"一个更完善的联邦",其重点在于自愿联合。我们人民选择了我们的政府形式。而经 19 世纪 60 年代的兄弟阋墙所界定的美国,不再是人民的自愿联合,而是作为单一的民族国家联结在一起。选择凸出了人民。而历史则滋养了民族国家的产生。在面临联邦解体的情形下,亚伯拉罕·林肯以及他那一代人认识到了密切联系——林肯第一个就职演说中提到的"友爱之纽带"[2],——因此引导人们为保存联邦而战斗。因而,1787 年宪法代表了人民的选择。而内战后的宪法则建立在一种认识之上,即,美国内战经验的遗产,凝结成政府基本组织中的民族国家。

---

[2]　1861 年 3 月 4 日第一次就职演说。

自由对平等

1787年宪法是对个人自由最大限度的表达，至少针对联邦政府时是如此。权利法案不仅保护了言论、宗教和集会的基本自由，而且，第一共和国宪章还保护白人自由掌握和控制其他人种，即黑人的生杀大权。而第二部宪法则致力于实现人人生而平等的主张。权利法案所尊奉的个人权利，为个人独立自主开辟一个空间，免受政府的干涉。内战后的宪法所强调的不是免于政府干涉的自由，而是法律上的平等。国家不应该对我们不理不睬，它得比这个做得更多。它得保障所有人受到法律的平等保护。

精英政治对大众民主

1787年宪法牢固确立了精英分子的政府。它的模型是新英格兰的城镇大会。品德高尚的少数人，主要是白人有产男子，他们自己关心公共生活事务。如果这是自治政府（self-government），那么这个"自我"（self）的确还很有限。"民治政府"的观念在第二部宪法中具有不同的外廓。美德让位于优遇和政治术。少数人的统治，慢慢地、循序渐进地让位于艰难前进、跌跌撞撞发展的成人普选权。

这些就是贯穿本书的三个主题——民族国家、平等和民主。合在一起，它们界定了一个崭新的宪政秩序，这个秩序并非根植于18世纪后期反对英国的独立战争，而是根植于19世纪中期南北双方的内战。

除了这些引人注目的两重性，第一部和第二部宪法之间的其他差异也体现出来。第一部宪法是世俗意愿的表达：我们人民集会"建立一个更完善的联邦"。他们不认可任何高于他们一致达成目标之上的权力。他们思考的是未来，而不是历史的负累。第二部宪法则基于这样一种认识，即，"八十七年"的历史已然在美国人之间结成一个有机的纽带，而国家在历史中有明确的使命。林肯表达了这个明确的使命，他在葛底斯堡演说中提到"上帝福祐下的国家"。从人民主义到民族国家的变化,代表了一种从创立一个更好政府的世俗意愿,到接受历史责任和历史神圣使命的哲学转变。

所有这些主题,都在葛底斯堡演说中显示出来。林肯这两分钟长的著名演说,发表于1863年11月19日,当时正处在内战中期,他显然相信"世界将会很少注意到,也不会有人长久记住我们在这里讲过的话"。事实上,整个国家的确记住了,并珍爱葛底斯堡演说中的那些言辞,视之为美国社会崭新前景的表达。葛底斯堡演说中表达的主题,抓住了在内战后美国人向往建立新秩序的心思,他们渴望这个秩序,而这一秩序建立于这样的观念之上,这些观念完全不同于建立在1789年生效的宪法之上的共和国的那些观念。这个为数268字的演说,定期在学校集会上诵读,现已石刻保存在华盛顿的林肯纪念堂里,成为内战后美国的世俗祷告辞。每次诵读它,都会让我们想起我们对民族国家、平等和民主的共同责任。

葛底斯堡演说在我们的历史意识中,充当第二部美国宪法的序言。第二部宪法,最初在战后重建的各修正案中表述出来,醒目而清楚。然而,内战后占据美国人头脑的政府实用主义心态,以及人们经历多年的争吵和流血冲突后渴望妥协了事,这些使得新宪法隐而不现了。新宪法变成隐藏的宪法,在我们的记忆深处持续不断地影响我们。要理解这一切是如何发生的,我们得了解内战中双方的意识形态冲突。表面上,问题不仅仅是联邦与分裂的大规模冲突,正如西奥多·帕克所称的"奴隶主势力"和"自由势力"的冲突。在未清晰表达的层面上,双方的冲突还集中在不同版本的法治上。

根据废奴主义者的道德观念,法律,完全意义上的法律,必须包含是与非的更高原则。[3] 宪法规则如果没能符合我们有关正义

---

[3] 对于内战中有关"高级法"思想与"法条主义"对比的详尽论述,参见,Robert Penn Warren, *The Legacy of the Civil War* (1961)。

的最基本理解,那么它们就没有活力。[4]因为第一部宪法包容了奴隶制问题,因此,威廉·劳埃德·加里森称之为"与死亡订立的合约"和"与地狱订立的协议"。[5]林肯在1862年9月签发《黑奴解放宣言》,以及在1863年11月发表葛底斯堡演说时,显示他也理解要将联邦奠基于高级法的原则之上。[6]

相形之下,南部邦联,即美利坚联众国(CSA, the Confederate States of America)的哲学,则强调了自治、主权的意识形态(不论其内容为何)。南方人目标的最好版本,是他们并非为奴隶制本身而战,而是维护他们的地方自治权,由他们自己决定是否保留他们的"特殊制度"。对他们而言,法治并非正义之剑,而是免受批评的挡箭牌。通过维持奴隶制,1787年宪法应该保障他们对该事务的主权。由于费城制宪者为了包容和团结联合,对奴隶制的是非曲直不作评论,因此,南方认为他们有权决定是否跟随世界潮流来废除奴隶制。[7]这种对待宪法和地方自治的态度,可以称为"法律工具论",因为遵从法律规则并不被视为所有人对正义的追求,而是被视为反对一个集团将其正义观强加于另一个集团的抵抗壁垒。

对高级法原则的信念,也解释了林肯在战后为何要致力于为联邦确立一个新的立国根基。这也解释了林肯为何对正式的宪法

---

[4] 美国当代法理学中继承这一立场的是朗·富勒(Lon Fuller),他在《哈佛法律评论》上与哈特(H. L. A. Hart)进行了辩论。参见,H. L. A. Hart, "Positivism and the Separation of Law and Morals", 71 Harv. L. Rev. 593 (1958); Lon L. Fuller, "Positivism and Fidelity to Law—A Reply to Professor Hart", 71 Harv. L. Rev. 630 (1958)。

[5] 参见,Warren,同上注[3],第26页。

[6] 美国的高级法传统有多种形式。违宪审查的基础就是高级法传统。参见,Edward Corwin, "The Higher Law Background of the Constitution", 42 Harv. L. Rev. 365 (1928)。高级法传统也是当代学者主张宪法基于道德准则的根据。参见,Ronald Dworkin, *Freedom's Law: The Moral Reading of the Constitution* (1996)。

[7] 南部邦联的宪法规定国际奴隶贸易非法。参见,Constitution of the Confederacy, Art. I, Sec. 9。

制度,比如人身保护令,持随意的态度。[8]这也同样解释了为何国会中的激进共和党人在林肯被刺后,使用据称是非法的手段逼迫南方接受第十四条修正案。[9]对高级法的信念导致了这一观点:真理与正义必须胜过法律的俗套形式。

那些打着"替天行道"杏黄旗(高级法)征讨南方的人们,允许自己绕过法律规则。林肯本人就对宪法规则中保护个人自由的精密之处存有疑虑。他暂停了人身保护令的执行,将数以千计同情南方的北方人未加审讯而投进监狱。[10]北部联邦还取缔了一百多份报纸。相形之下,按照罗伯特·佩恩·沃伦的说法,持"法律工具论"的南部邦联,则比"得道多助"的北部联邦更坚持公民自由的诸原则。南部邦联只是在几次很有限的场合暂停了人身保护令的执行,他们并未取缔任何报刊。[11]也许南部邦联并不像北方人那样担心来自内部的异见。

内战后,这两种态度(对高级法原则的信念以及免受抨击的法律工具论)一再出现在有关法律和正义的辩论中,作为两个极端显露出来。当我们叙述林肯这一立足于民族国家、平等和民主之上的新宪政秩序的愿景之命运时,我们得记住这一点。

在内战后的重建初始阶段,诉诸高级法的道德感,也引发了激进共和党人的政治策略。当国会采纳第十四条修正案的时候,这种高级法信念还表现得很明显。内战后,第三十九届国会在南部十个州批准这一新宪政秩序的基础条款之前,排斥他们投票。有些学者声称国会有权迫使战败的南部各州屈从于和平条件。[12]还

---

[8] 参见,下文第二章的讨论。
[9] 参见,Bruce Ackerman, *We the People*: *Transformations* 8—11 (1998)。
[10] 有关更同情林肯立场的观点,参见,Mark E. Neely, Jr., *The Fate of Liberty* 131 (1991)(作者认为那些被中止人身保护令的绝大多数人是逃兵或逃避征兵的人)。
[11] 参见,Warren,同上注[3]。
[12] 参见,Michael Les Benedict, "Constitutional History and Constitutional Theory: Reflections on Ackerman, Reconstruction, and the Transformation of the American Constitution", 108 Yale. L. J. 2011 (1999)(援引了"成王败寇"原则)。

有一些人则辩称,第十四条修正案的修订合法性,可以不经严格遵从宪法第五条的严苛规定,而经由事实存在标准而获得。[13]按我的观点,最好是把这视为第三十九届国会,出于对平等的更高原则信念,以及视为北部捍卫全国团结的信念,为新的宪法所奠定的一块基石。

然而,南部邦联的法条主义观念继续存在于战后司法界。在南方投降几十年后,第一部宪法中的"州权"和"地方自治"的价值观,在司法中获得新的活力。诉诸这些内战前的口号,部分出于热切维系历史的延续性。内战后,我们还看到了法律思考的第三条道路——在诉诸高级法道德感的一端,与将其包裹于权利和自治用语中来抵制批评的法条主义一端两者中间的"实用主义"道路。实用主义法律思想,以其对意识形态极端观念的怀疑态度,是作为内战中的一代战士们试图治愈和克服兄弟阋墙创伤而出现的。[14]

内战后重建南部的大胆计划,依据民族国家和平等的原则,遭到了内战前就已经生根的顽固观念的抵制。最高法院判定旨在消除公共领域内种族歧视的第一部民权法案无效,大法官们试图限制宪法修正案第十四条中"平等保护"规定的适用范围,使其至多适用于各州所支持的种族隔离法律。[15]甚至是官方采取的隔离也最终被批准,这暂时挫败了林肯的"孕育于自由之中,奉行人人生而平等的原则"的国家愿景。[16]

司法判决可以限制高级法的原则,但不能消灭它们。即便是法官跟新的宪政秩序背道而驰,内战中阵亡的六十万将士赋予其神圣意义的第二部宪法,仍在美国政治文化中岿然不倒。内战宪法成为另外一个宪章,成为我们隐藏的宪法,在幕后等待着更为合适的时机,步入司法辩论的前台。

民族国家、平等和民主的原则,在法院以外的领域得到表现。

---

[13] 参见,Ackerman,同上注[9]。
[14] 这一主题在第十一章将进一步讨论。
[15] 对这些主题的完整讨论,参见第六章以下。
[16] Plessy v. Ferguson, 163 U. S. 537 (1896).

8 隐藏的宪法

最重要的是自内战以来的各条宪法修正案。从1865年到1993年之间,共通过了十四条宪法修正案,这种不引人注目的修宪方式,显示了最早从葛底斯堡演说中开始的有系统的重建美国形象的努力。这些修正案扩大了选举权,加强了政府的权力,而且,作为对实际中何谓平等的政治解释,这些修正案表达了对弱者的同情。它们实现隐藏的宪法所暗含的目标。它们都旨在促进民族国家、平等和大众民主这些价值观。

即使是那些不断提议,但尚未得到国会所需多数通过的修正草案(比如保护犯罪受害人和保护国旗不受亵渎的提案),也表达了内战宪法所致力的原则。正如饱受诟病的禁酒修正案,所追求的是保护意志脆弱之人不受酗酒之害,犯罪受害人所发起的运动,则激起人们去保护那些受到犯罪行为侵犯的弱者和无力反击的人。犯罪受害人较权利法案关注的犯罪嫌疑人,更应得到同情。

引起争议的保护国旗修正案,也同样表达了隐藏的宪法的精神。国家的象征需要保护,以便促进国家的价值观。这些都是根植于我们意识之中的宪法要旨,但在立法中尚未完全实现。

对犯罪受害人的关注,体现了一个我们可以称之为平等政治的更大主题。将法律上的保护,延伸到弱者和无力反击的人身上的努力,是源自内战后的平等主义哲学。平等,意味着无论卑微之辈还是强势人物,都应该在美国拥有一席之地。内战之后,社会立法开始出现。当时,国会制定了福利法案来抚恤战争寡妇和孤儿,而且,采取补偿性措施来保障已解放黑人的未来。[17]这些政策在法庭里受到一些挫败,但最终于20世纪30年代末期在社会福利立法中获胜。这些政策至今仍以联邦法案的形式继续展开,以促进工作场所的平等,保障处于竞争劣势者的权益。

当今一些政策的根基,源自残酷内战后所出现的宪政秩序,然而,由于受到法院的抵制,这反而变成了我们不曾明言的承诺,成

---

[17] 参见,Theda Skocpol, *Protecting Soldiers and Mothers: The Political Origins of Social Policy in the United States* (1992)。

为我们隐藏的宪法,等待实现。一个积极有为、保护弱者、促进平等的政府的意识形态根基,是在葛底斯堡和安提塔姆杀戮战场奠定的。

为了理解隐藏的宪法,我们需要避免专注于法庭意见的律师们的偏见。法律制度比法官的判决和意见书更为深入。它还表现在我们对自己历史负累的共同理解上,也表现在我们理解国家经验的隐含承诺之中。正如马克·塔什尼特在他最近一本书中所声称的那样,我们现在应该把"宪法从法院里带出来"[18]。我们必须以隐含在我们政治之中的一些更广泛的基本政治前提来思考宪法。

正如解释说话行为的语法规则本身并不为人所觉察一样,内战后受抑制的宪政原则时不时以不同的形式,服务于不同的目的而重新出现。比如,平等原则现在是作为理解权利法案中的许多基本权利的调整性原则隐约出现的。改革者在辩论有关言论自由的适当范围、承认宗教自由的正确方式,以及给予刑事被告程序权利的正确尺度等议题上,援用了平等原则,取得了不同程度的成功。在所有这些领域,致力于平等,为反对不受限制的言论自由权、宗教信仰权和刑事被告的权利,提供了价值观来源。那些因种族主义言论受到伤害的人,那些受到宗教特权歧视的人,急于保护被告而受到遗忘的犯罪受害人,这些群体现在是平等政治的受益人。

概言之,我们当前论战的宪政框架的出现,经历三个不同的阶段。头一个阶段,林肯在葛底斯堡演说所形成的高级法原则,在1865年和1870年间的战后重建宪法修正案中以白纸黑字的条款得以体现。第二个阶段,是法院在19世纪70年代和80年代,对这一新的宪政秩序的拒斥。司法上对这些原则的拒绝,使得新的高级法原则隐藏起来。司法对它的拒绝,导致一个从地下统治我们的隐藏的宪法的产生。第三个阶段则是对隐藏的宪法的重申,首

---

[18] Mark Tushnet, *Taking the Constitution Away from the Courts* (1999).

先是通过宪法修正案,其次是在学术讨论中,最后是在最高法院的措辞和判决之中。简言之,隐藏的宪法先是隐藏起来,接着又慢慢重新冒头出现,影响了律师、政治家、学者和法官的思考。

第四个阶段需要简单提及一下。在我们宪法历史的某些领域中,特别是在言论自由领域中,对平等原则的主张,引起了在现代表达自由原则中的抵制。我们致力于言论自由和出版自由,据信是源自1791年所通过的宪法第一条修正案。但这种历史根基很大程度上只是口惠。正如我们会看到的,言论和出版领域的"自由的新生"只是近来的事情,而且,它们是作为对新的平等政治的对立物出现的。对这四个阶段的简述为本书提供了导游路标。

我的目的,是促使读者换个脑筋思考法律和美国的政治经验。我承认,声称存在两部宪法而不是一部宪法的说法,有点花言巧语的味道。这样讲,是为了让大家认识到,我们的历史跟欧洲国家的历史相似的地方,比我们意识到的要多。法国经历过无数的共和国和宪法,但他们总是坚持《民法典》和1789年《人权宣言》。跟他们一样,我们也经历过宪政历史上的中断,但我们试图以一部演变的宪法来掩饰这一点。思考我们实际上有两部宪法(一部来自美国革命,另一部来自内战,有时候也被称之为第二次美国革命)是更能说明问题的。这两部宪法在我们的意识中不自觉地并存着。

对历史的另一种解读

本书中对美国历史的解读,跟当前其他有关法律和政治理论的著述有很大的不同。关于宪政历史中的转变的观念,很大程度来自布鲁斯·阿克曼的著作。但在重构宪政秩序上,阿克曼赞成一种实证主义的、价值中立的概念,对内战后占得上风的价值观的内在价值不大关注。按照他的观点,内战后的重建时期,以及新政时期的法律原则,代表了1787年制宪会议中体现的宪政意愿的再现。"我们人民"再一次申明了自己,在"新政"时期则第三次申明自己支持积极有为的政府。

相形之下，我认为在宪政历史中只有一个重大的断裂。在内战的剧痛中，人们不再提出"我们人民"，相反是拒绝了人民和他们的宪法。[19]民族国家、平等以及民主这些价值观，并不是因为通过什么制宪会议来取代第一部宪法中的神圣原则，而在美国人的意识中获胜的。它们是在救赎性质的战争的痛苦煎熬中形成的。不仅在官员的心目中，而且，在士兵们的战斗中逐渐明确成形。它们不是通过选举来产生的，而是通过对战争（林肯在他的连任宣誓演讲中以圣经般的语言描述这一战争为"战祸"，世界因为其"罪过"而必须遭罪）创伤的清洗来完成。战后新的法律秩序的出现，以及隐藏的宪法的基础，都是因为历史的必要性。我们没法从当时所采纳的原则和精神路线上掉头。

其他一些作者对美国历史中的转变也持有自己的立场，他们通通对历史持有不同的看法。阿克尔·阿玛提出了一个异乎寻常的论点，在很多方面，他跟我正好相对。他认为内战前的宪法强调了社群参与，而战后的法律秩序，相形之下，则强调了个人权利。[20]根据他的论述，民族国家与平等受到了损害。迈克尔·桑德尔则认为，一个程序意义上的共和国，倾向于把权利看做是社会的中立结构，这是从早期的共和精英主义中发展起来的，他认为对美德的培养是维持自由社会的必要条件。[21]他的这一观点不恰当地颂扬了共和主义伦理。这是在有产白人男子的精英团体中培养出来的公共美德，这些人视自己为社会的守护人。桑德尔认为这种精英主义的做法，应适当地称之为"自治"，他以怀旧的笔调写出了这种对致力于政治的公共精神。

我对战后法律秩序中有关民主的叙述中，对美德论之甚少。然而，在我看来，显然的一点是，对潜在的选民设定选举权条件，显然跟"民有、民治、民享"的原则相冲突。没有一个较真的民主主义

---

[19] Bruce Ackerman, *We the People: Foundations* (1991) and Bruce Ackerman, *We the People: Transformations* (1998).

[20] Akhil Amar, *The Bill of Rights: Creation and Reconstruction* (1998).

[21] Michael Sandel, *Democracy's Discontent* (1996).

者,会相信有权自我统治的人民渴望的是美德上的共和国。还有,桑德尔认为程序意义上的共和国慢慢界定了美国。很显然,他认为,美国的法律制度在有关幸福生活的质量问题上,是采取中立立场的。这一观点,很难从我们的法律与政治经验中得出来。稍微注意一下我们对公共教育的投入,我们在法律上禁毒,以及我们对宗教仪式的热心接受(在每一个硬币和纸币上印有"我们信仰上帝"),这些都显示了政府是如何努力寻求在全体国民中引导某些价值观。

跟我的立场更为接近的一本书是查尔斯·L.布莱克的最后一部著作,他从《独立宣言》汲取营养,在有关个人权利方面,写出了一本较目前法律所认可的个人权利概念更有活力的著作。[22]布莱克也从葛底斯堡演说中汲取灵感,这使得他的著作跟我的最为接近。

从事内战和战后重建史研究的一些才华横溢的历史学家,也使我受益甚多。埃里克·福纳对那一时期历史的掌握,以及他对于种族公正的热衷,无人能出其右[23],加里·韦尔斯的博学和想象力,也无人能匹敌[24],詹姆斯·麦克弗森在归纳内战后美国的重大时刻的能力,也是天下无双。[25]然而,所有这些作者,轻描淡写了两个在我看来对于理解隐藏的宪法产生至关重要的现象。第一,他们对内战中以及内战后激起的追求正义的热情关注太少。第二,更为重要的是,他们忽略了美国作为一个国家的统一性(19世纪中期欧洲意义上的)。[26]

本书更多是出于一个法律人对观念历史的兴趣,而不是作为

---

[22] Charles Black, *A New Birth of Freedom* (1997).
[23] Eric Foner, *Reconstruction: America's Unfinished Revolution* 1863—1877 (1988).
[24] Garry Wills, *Lincoln at Gettysburg: The Words that Remade America* (1993).
[25] James McPherson, *Abraham Lincoln and the Second American Revolution* (1992).
[26] 我注意到两个不同意见。Anders Stephanson, *Manifest Destiny* (1996);以及Melina Lawson, *Patriot Fires: Loyalty and National Identity in the Civil War North*(哥伦比亚大学博士论文1997年)。我会很高兴得知其他人对这些主题的透彻探讨。

一个历史学家来看待法律的演变。而且,读者诸君很快会发现,作为一个法学教授,我的思考,游走于美国宪政主义者的判例法风格与欧洲人强调在伟大的传统观念中努力生存下去的风格之间。在我看来,美国的法律人和历史学家都因美国特色而受害不浅。我们真的在内心深处隐隐认为,我们比旧世界那些打打杀杀的国家要强。历史学家没能看到,内战中我们为统一而战。在所谓两百多年同一连贯的司法秩序下,我们也同样经历了一个大的断裂。那些很少朝外看的律师们,运用"原初意图"的方法论,这只能使欧洲人对我们的头脑简单讪笑不已。我写作的一个目标,就是试图超越旧世界和新世界,试图超越欧洲大陆的法律思考风格与普通法传统美德之间的智识分割状态。

给予本人最大灵感的美国法律和历史学术作品,是已故的罗伯特·科弗的经典文章"法律与历史"[27],科弗说出了几个我赞同的感受。首先,他大胆地指出了宗教观念,尤其是犹太人思想,在驱动美国法律中重大观念斗争上的影响力。更重要的是,他提出了比法院的表层判决和立法更为深刻的法律概念。科弗认为,法律是在解决自发产生于我们社会生活之中伟大观念的冲突中成长起来的。法律决定,无论是立法还是法庭所作出的判决,都并未创造法律,而只是确认了某些观念的存在("法律生成"裁定),以及消除其他出现的紧张局面("法律消除"裁定)。法律也创造了一个规范(Nomos)的世界,创造了一个解释和理解围绕着我们政治事件的世界。他这篇伟大作品的基本内容,促使我努力写出本书。

科弗可能不费吹灰之力,就能理解隐藏的宪法的概念(在法律的政治和法律思考中的一个隐藏的结构),并且能领会隐藏的宪法并非源自立法者所作出的官方决策,而是来自这个国家的历史经验。我现在邀请你们,用崭新而有启发意义的方式,加入对法律和历史的思考中。

---

[27] Robert Cover, "Nomos and Narrative", 97 Harv. L. Rev. 4 (1983).

第一章　法律上的救赎

没有溅血就没有恕罪。

——约翰·布朗

在西方,有关如何对待罪恶的问题上,我们一再选择用法律及法律文化信仰来赎罪。我们一次又一次发现,一些国家陷入全面战争中,出现恐怖行为、种族灭绝以及大规模屠杀自己的人民,随后又借助法律文化,冀望能够赎清罪恶,从而又能作为一个文明国家存在下去。即,法律可以还我们清白,可以让我们喘口气。对法律的信念,并不是基督教西方的绝对美德。那些受耶稣山上传道影响的人,一定指望人们会首先把爱和慈善作为赎罪的手段。但作为有组织、有系统的国家,得采取不同的办法。一个国家应该寻求集体救赎。

在这一章,我讨论的是宗教观念,以及宗教观念在理解我们法律经验中的价值。不可否认的是,这在非常世俗的学术圈,可是个不同寻常的尝试。美国的大学跟普通美国人的所思所想,是有很大距离的。普通人很认真地把《圣经》看做是智慧的源泉,靠信念和赎罪的价值观虔诚地生活。在解释法律作为一个国家救赎途径这一问题上,我试图在犹太教和基督教的思想之间寻找中庸之道。毫无疑问,我所描述的那些有过挣扎的国家——法国、德国和美国,都认为它们是基督教国家。然而,整个国家通过法律来救赎的观念,与犹太人国家使命的古老传统(根据在西奈山上启示的律法)更合拍。我试图整合不同宗教,把它们的根追溯到《出埃及记》中有关在上帝和法律之下的国家的原初观念上。

要理解公共救赎的现象,我们必须转向《圣经》作为我们的来源。希伯来人从奴役中解救出来,他们随后在西奈山上接受上帝制定的律法,这种典范一直吸引西方的主要国家,并且在同一场冲突中也吸引它们的对手。在废奴主义者的描述下,美国的奴隶制使得国家变成"奴役之所"。无论黑人还是白人都能同情地理解从压迫中解放出来的事迹。当纳特·特纳在1831年领导一次奴隶暴动时,他认为自己重现了《圣经》里的事迹。被哈里特·塔布曼带领到北方获得自由的奴隶,称他为摩西。亚伯拉罕·林肯乐于看到他自己像摩西那样领导他的人民,从奴役跨入自由。

希伯来人逃离埃及,是为了最终接受西奈山上启示的律法:从奴役中解救出来需要的不仅仅是暴动。《出埃及记》所传达的信息,不单单是从奴隶制中解放出来,而且还有在法治下驯化暴力意识。犹太人在七周节(Shevuot)庆祝他们遵从于上帝的律法,这个节日所纪念的是在西奈山上得到律法启示,在出埃及那一夜五十天后的庆祝。基督徒重新解释了这一事件,把它看做是圣灵的降临,在大致相同的春天时节以圣灵降临节来庆祝。

自由仅存在于法律之下的观念,常常被看做是中欧人或是德国人看待社会中的人的思路。美国人倾向于认同洛克式的自然状态说。在自然状态下,个人先于依据社会契约组织起来的社会而存在。《独立宣言》十分倚重这一原则:对于一个政府的合法性而言,"被统治者的同意",是不可或缺的。然而,在美国人的实际生活中,法律,特别是宪法,跟欧洲人的法律一样,同样服务于保障社会秩序的功能。南方于1865年4月在阿波马托克斯法院投降。在详细讨论美国人诉诸法律之前,我们首先考察一下欧洲历史上依据法律驯化暴力倾向的两个重要努力。

法国和德国在法律上的救赎

首先,让我们想一想法国人在大革命后的恐怖中,是如何在他们的《民法典》中寻求安宁的。这个国家在15年里经历了把国王送上断头台、恐怖以及大规模处决。在寻求稳定和安宁的呼声中,拿破仑在1799年末发动政变。他急迫想做的一件事情，就是修改法律制度。1804年，他召集一群律师，要他们草拟新的民法典，法典的语言要晓畅到普通人能看懂。这一班人制定出了文字优美的《民法典》，使其成为如今法国文化的中流砥柱，而且，仍是全世界范围内民法典编纂的典范。法国《民法典》的语言是如此精炼优雅，据说小说家亨利·司汤达每晚睡觉前要温习一下十条法典条款的语言风格。如今，当魁北克省操法语的人宣扬他们文化的特色时，他们一定会提到《民法典》，这是拿破仑运用法律来恢复法国文明秩序努力的典范。

《民法典》在法国文化中的确是经久不衰。一个又一个宪法制定又被推翻，政治体制，其中包括公社、独裁以及五个不同的共和国，换了一茬又一茬。然而，经历了所有这一切，《民法典》岿然不动。《民法典》的确是法国的文化丰碑，将不同时期的法国联系起来。

从其实际内容来说，《民法典》与推翻旧制度的1789年大革命的成就有很大的关联。法典扫除了财产法和证据法中的封建残余，体现了一个自由的法律秩序。财产法中封建主义的终结，意味着一个单一的所有权概念取代了等级旧制度。这意味着所有的土地都可以自由转让，不需要再受制于封建等级中更高领主的剩余权的控制。法典也就为市场经济提供了法律基础。证据法领域封建主义的终结，意味着贵族的证词不再比农民的口供更可取。法典使得所有公民的平等成为一项制度，这正是大革命中的口号所承诺的。

《民法典》代表了所有这些自由的价值观，包含了大革命的宗旨，又经历了所有这些政治体制的变迁而存在下来，它对法国人来说，就像是一部宪法。它是法律文化的根基。法国人在他们的《民法典》中找到了法治的持久象征，并找到了语言、概念和法律秩序规则，能够抑制暴力、恐怖和彼此复仇的冲动的信念。对《民法典》的信念，使得整个国家从断头台的梦魇中恢复过来。

救赎的隐喻不应只是嘴上说说。在其最初的意义上，它是存在法律含义的，它是指借出去的东西还给物主。古老的犹太刑律就依据"溅血的救赎者"这一隐喻，指受害人的近亲在某些情形下可以追杀凶手。戴维·多布根据背景解释这一做法，认为在自然死亡时，生命力（以鲜血作为象征）总是回归于上帝。[1]如果死亡发生于另一人之手，杀人者就非自然地获得了对受害人鲜血的控制。溅血的救赎者来处决杀人凶手，以便解救受害人的血，使其归于神。生命力属于上帝的观念，解释了几乎所有世俗自由制度中，没有人可以合法同意经他人之手的杀戮。

所有的人都只是暂时享有在这世上的生命特权，这一观念是很有意思的。上帝会在历史终结的时刻，把我们都赎召回去。事实上，随着犹太人的观念的不断转变和成熟，他们似乎避免把这种个体生命源自上帝的观念普世化。随着他们观念的演变，救赎的代理变成了救世主（弥赛亚），他负责将和平与和睦降临世人。正如我们所知道的，救赎会在生命中出现。正统的犹太人文化遵照上帝的戒律，他们依据拉比所解释的启示律法的规定生活，把这看做是实现救世主的和睦秩序统治的不二法门。这样，法律就成为通往救赎的道路。直到耶稣基督来"实现法律"，或者是直到世界末日启示前，世俗国家的法律，是能促进此岸生活趋于完美的唯一方式。

血在救赎宗教传统中的地位被证明是很微妙、成问题的。在犹太人传统中，把溅血跟灵魂回归上帝两者联系起来，是存在一些紧张关系的。"溅血的救赎者"令我们想起这一联系，正如一般大众的观点认为以色列建国跟大屠杀存在有机联系一样。然而，在基督教对这一犹太传统的解释中，救赎跟得救存在更强有力的联系。当耶稣被钉死在十字架上，身体溅血的主题变得非常具有冲击力。这一主题，在第二个弥赛亚降临之前，一定有一场伟大的战斗，又一个天启信念出现。在一场伟大的战斗中，溅血直觉般地被理解为苦难必定在救赎前发生。约翰·布朗在内战前夕发动奴隶

---

[1] David Daube, *Studies in Biblical Law* 122—23(1947).

暴动失败，正如他在走向绞刑架前递给一个看守的纸条中所说的，"我，约翰·布朗现在十分确信，这块罪恶土地上的罪行，除了靠溅血，别无其他途径可以清洗"[2]。

但溅血本身并不能使一个国家免于罪恶。这里的意思是说从事于罪恶活动——奴隶制、大规模屠杀、迫害——其结果一定首先是人民遭受苦难。为了克服这种自我加害的暴行，他们要转向法律来作为世俗的救赎之道。他们在屈从于他们的原始本能后，再寻求社会安定。法律为他们提供了一个希望，就是法律秩序可以抵制人们不断滑入暴力和残忍暴行中。重要的一点是，法治，而不是慈善、祷告、牲畜献祭，为世俗的救赎提供了管道。

对于国家作为一个整体寻求救赎而言，他们必须寻找到一种惩戒，来对他们作为一个群体、一个社会发挥作用。个人出于奉献所作出的行为是不足够的。法律所代表的惩戒是必要的，法律最好地表达了社群之间的合作。依据法律对个人生命的损害和义务，对单独个人来说没有什么意义，个人只是关注他们自己的价值观和需要。法律所救赎的不是个人，而是作为整体的社会或国家。[3]

在希伯来《圣经》和旧约中可以看到这种法律和救赎之间的联系。这还继续影响了犹太教、伊斯兰教、罗马天主教以及新教神学家针对法律的思考。在西奈山上启示的律法和《圣约》中的律法，都不是对个人愿望的表达，而只是集体义务。通过教会或者信念来寻求救赎或得救，为清除我们身上的罪恶提供了途径，这是对个体生命的完善。

法律文化也必须寻求完善自身。不能把它们简单地看做是意志的产物。当法律文化失去给人类带来公正和谐的自然目的时，它们也就堕落到腐败和权力恣意妄为的状态。德国哲学家古斯塔

---

[2] 这句话在 Ken Burns 制作、在 PBS 播放的系列电视 *The Civil War*（第 1 集）中得到引述。

[3] 有关法律作为解决争论之手段的作用，参见，Jeremy Waldron, *Law and Disagreement* (1999)。

夫·拉德布鲁赫把法律的理念,界定为追求正义中确立规则的实践活动。[4]社群生活通过法律来完善自身。这一世俗观念,跟末世目标是为了完善上帝统驭下的世界,是并行不悖的。

寻求法律上的救赎,不能简单地看做是某人的狭隘价值观在法庭上得胜的愿望。究竟是哪些价值观发挥作用,这是很重要的。这些价值观如何在法律文化中展开辩论,也是重要的。对法律争议的辩论,应该是公开、激烈的,法律辩论的过程应该表达出对对手的尊重。在法律辩论结束时,双方都应该感觉到自己得到倾听,失败方的尊严在判决过程中也应该加以体现。这里,我们可以从传统犹太法典辩论中的典范例子中学到很多。当一个拉比问两个最伟大的智者西勒尔拉比和夏迈拉比怎么可能一直存在分歧时,得到的答复是,"这些和这些都是出自活神之口"。尽管西勒尔拉比的观点一般得到遵从,但夏迈拉比被击败时仍得到了无上的尊重。

怪不得只要是掌握政权的当局贬低政治反对力量,法律文化就总会遭殃。在专制社会里,最引人注目的一点,就是法律辩论缩小到不过是为了取悦当权者的地步。尽管国家社会主义党声称自己依据法律形式和行政常规办事,但他们对自由及相互尊重的辩论的蔑视,使得法律文化堕落了。纳粹的法律概念在两个糟糕的极端之间摇摆不定。有时候,纳粹的口号是:法律就是希特勒的需要和命令。另外一些时候,口号则变成,对德意志人民有用的就是合法性的最终渊源。[5]国社党对这些口号的操纵,以及他们对法律形式的遵守,只是导致法律文化陷入更深的堕落水平上。

第二次世界大战后,德国一个显著的特点就是,新一代的法学家试图把他们的法律概念从种族主义及与纳粹关联的状态中拯救出来、救赎出来。在犯下了令人刻骨铭心的反人类罪行之后,西德

---

[4] Gustav Radbruch, *Rechtsphilosophie* 123 (8th ed. 1973) (*Recht ist die Wirklichkeit, die den Sinn hat, der Gerechtigkeit zu dienen*).

[5] 比较 Radbruch 的回应,同上注,第 345 页。

人同样通过法治和法治国,一边繁荣经济,一边寻求救赎。依据法律生活,寻求法律内的公正,找回了德国文化中人道主义的一面。它阻止了为寻求权力的荣耀而砸烂一切束缚的空想意愿。

德国人自 1900 年起,同样有一部民法典把他们从俾斯麦的德国到魏玛共和国,再到第三帝国,再到如今的转变中连接起来。然而,在国社党的统治下,这个包含家庭法的法典,受到了种族纯净观念的玷污。犹太人和雅利安人不能通婚。当然,这一玷污在战后的改革中消失了,但被玷污的民法典留在人们的记忆中。不足为奇的是,德国人通过 1949 年制定的新宪法,以及联合起来的欧洲中的法治来寻求救赎。较任何一个寻求法律救赎的国家做得更多的是,德国人把他们的新宪法,即《基本法》看做是国家权威的焦点。宪法(而不是国家首脑)具有的神圣性,为修改后的叛国法所保护。当西德人感到战后的脆弱共和国受到共产主义者的颠覆危险时,他们组织了一个机构来保护政府的完整。这一机构所宣布的目标就是保护宪法。

《基本法》的序言一再提醒德国人必须为他们过去的罪恶赎罪:

> 深悉在上帝和人类面前的责任,愿意作为联合起来的欧洲中一个平等成员,为世界和平作出贡献,德国依据其固有的制宪权力,制定以下《基本法》。[6]

就我所知,没有哪一部宪法强调其"责任"感,并宣布其基本目的之一是"为世界和平作出贡献"。这些姿态让人回想起德国早前的侵略战争罪恶,以及对人类犯下的罪行。

《基本法》的第一条,援引了德国文化中康德式的人道主义基础:"人类尊严神圣不可侵犯。国家的所有权力皆有义务保护它和尊重它。"这一规定为解释宪法保障的所有基本权利提供了背景。对人类尊严的保护,是整个法律秩序中的根本价值观。战后德国

---

[6] 笔者自译。原文中并无"固有的"一词。加上它是为了使人民拥有"宪政权力"(verfassungsgebende Gewalt)这一主张,显得有道理。

宪法秩序中的最高美德，正是纳粹体制下曾最受践踏的部分。通往救赎的道路，就存在于重申在最黑暗时期被最为有组织违反的自由和人道主义价值观。这一点在《基本法》第二条中得到进一步发扬："每个人都有权张扬其个性……每个人都享有生命权。"

这就是德国人重新界定他们自己的宪法条款。他们不再把自己看做是是高于一切的民族。他们已经成为尊重人类尊严的国度，致力于张扬人性和人类生命神圣性的事业。对于战后的德国人而言，法律，尤其是《基本法》，成为压制邪恶冲动，以及返回到早期国民性的途径。这正是救赎在世俗法律世界的含义。

救赎的愿望使得德国的法庭强调反对过去罪恶的价值观。德国宪法法院作出了一系列有争议性的判决，这些判决在解决历史重负方面是有意义的。宪法法院判决支持一项针对集中营刽子手废除20年诉讼时效的法律。[7] 它还援引宪法上的"生命权"，废止一部允许在头3个月内依据要求堕胎的自由堕胎法。[8] 最近法院还否决了一部东德允许边防警卫对那些试图逃向西方的公民开枪的法律。[9] 所有这些判决都诉诸保护生命，和惩罚那些蔑视生命的人的这些根本价值观。然而，德国人对这些价值观的强调，并不一定会以同样的程度吸引欧洲其他国家的法院。

德国人自己杜撰了一个独一无二、很难转译的短语，来描述过去50年使他们的司法制度所陷入的争议。他们称之为"超越"或者"抓住"历史。清算历史旧账，是从罪恶中救赎出来的一个关键方面。我们不能回避过去，因为我们全都是历史的囚徒。在希伯来人能够摆脱他们根深蒂固的方式，新的一代能够寻求在法律上

---

[7] 德国宪法法院判决，1969年2月26日（发布），25 BVerfGE 269。

[8] 德国宪法法院判决，1975年2月25日（发布），39 BVerfGE 1。至于后来一个判决修正对于"生命权"的激进支持，参见，德国宪法法院判决，1993年5月28日（发布），88 BVerfGE 203。

[9] 德国宪法法院判决，1996年10月24日（发布），95 BVerfGE 96。译本见18 Human Rights L. J. 65 (1997)。英语世界中对此最深入的评论是 Manfred Gabriel, "Coming to Terms with the East German Border Guard Cases", 38 Colum. J. Transnat'l L. 275 (1999)。

的救赎之前,希伯来人不得不承受在沙漠里再漂泊40年。在实际政治的领域,我们必须现在就行动,刑事惩罚常常为我们提供了一个隔断历史的机制,这样我们可以重新来过。

内战作为救赎的途径

正如法国和德国有过恐怖统治之后寻求救赎的经历一样,美国人在内战战场也有过大规模屠杀。当林肯寻求为查尔斯顿港口的萨姆特要塞提供给养时,博勒加德将军选择炮轰联邦要塞作为回应,南北方之间长期酝酿的不和,终于演变成兄弟之间面对面的厮杀。南北军队在萨姆特要塞相互轰炮,在小圆顶(Little Round Top)拼刺刀,在威克斯堡炮击,直到(北方)军队占领控制密西西比河的要塞,他们放火将亚特兰大夷为平地,在威廉·特库姆西·谢尔曼的率领下,他们在向海洋进军的时候采取焦土政策。到处都有战死的北南两军的士兵。而且,他们还不能确信为何而死。他们头脑中只有抽象的观念,有些人为联邦而死,另外一些人则为另一个国家而死。超过60万条生命的鲜血洒满大地,这比此前以及之后美国人参与的所有战争中全部阵亡的人数还要多。

在这场大屠杀期间,亚伯拉罕·林肯勉强获得连任,他在提到这种恐怖统治时仅仅说了一句:"世人因这罪行而遭受苦难!"我们已经陷入到我们历史上最血腥的一场战争中,没有明确的目标,也不知道该怎么收场。"这罪行要来,灾难因这罪行而带给人们!"这种大规模有组织的屠杀,被看做是因为奴隶制的可怕"罪行"所引起的灾难和惩罚。林肯在他的连任宣誓就职演说中祈求救赎。这个国家因为奴隶制的罪恶而在自己的土地上溅血,它渴望美国文明的新生。

幸存者转向法律。战争开始一年后,在联邦遭到一系列溃败之后,林肯认识到旧的联邦不可能再生存下去了。"必须接受一个新的联邦。"[10]新的联邦必须奠基在新的宪政秩序之上。自由的美国人,包括被解放的黑人所组成的国家,将依据所有人都接受的宪法承担重建美国的责任。正式地讲,最初的1787年宪法还保留,但它将会发生根本的改变,它对应旧的美国正如《民法典》对应于法国的封建秩序一样,它将作为对应于此前的暴行和混乱的救赎性质的法律文化。

美国人对于新的开端,寄希望于宪法的重建修正案诸条中——第十三条、十四条、十五条——所有这些条款都是为了寻求在法律下重新界定自由和平等而制定的。第十四条修正案的第一款,明确指出新政体的成员将是些什么人:"所有在合众国出生或者归化,受其管辖的人,都是合众国的公民……"只需单单一笔,新宪法就勾掉了美国宪法历史上最臭名昭著的污点——最高法院1857年作出 *Dred Scott* 案判定非洲人后裔不能成为合众国公民。在新美国,将不存在针对血统的歧视。唯一要紧的问题就是你是不是出生在这个国家内,以及你成年后是不是掌握了语言以及具备美国文化意识。

随着新的国家—州的边界适当界定下来,最重要的事情就是界定公民的基本权利。制定这些权利的结构,追随《独立宣言》中所确立的形式:生命、自由,以及追求幸福的权利。然而,重要的一点是,所有美国人不可让渡的权利,现在不是在自然状态下实现的,而是在法治下实现的。在《独立宣言》中,自然状态意义的"追求幸福"的权利让位于最典型的法律定义产物——财产权。然而,生命、自由和财产权是不可让渡的,但不绝对。理想应该适合相互竞争的权利主张的实际需要。法律制度得决定何时个人能被公平地剥夺自由、财产,甚至是生命。因而,在美国宪法中,制定了一个久负盛名而又有影响力的条款,即,"任何一州不得未经法律的正当程序剥夺任何人的生命、自由和财产权"。法律界定了《独立宣言》中所赞颂的不可让渡权利的内容及其限度。

---

[10]　Ken Burns, *The Civil War*(第3集).

还有，法律第一次确定了各州的义务。各州政府不仅应该保障其辖区内所有人得到法律的正当程序保护,而且它们应该保障向所有人提供"法律的平等保护"。第一部宪法确实是对各州的立法权限做了一些限制。各州应该遵从联邦法律的至高无上,并且认可所有其他州公民所享有的特权和豁免权。[11]还有些具体的限制:各州不得制定褫夺公民法权的法律、不得制定溯及既往的法律,不得制定"损害契约义务的法律"[12]。然而,在战后的宪政秩序中,各州被赋予一项内容广泛的义务,就是公平地对待其管辖区内的居民。

这是一个革命性的转变。各州不再拥有从联邦分裂出去的自治主权。他们现在实际上是人民的公仆。政府的存在,是为了保障提供给所有人法律的正当程序和平等正义。地方法律不再仅仅是各州的工具。各州本身受法律所羁绊,服从于法律。

除了使各州受到法治约束,新的宪政秩序还开始一个补偿性的计划,确保在美国管辖范围内的所有公民都能平等。这一新的一致意见,其核心在于:战争中获胜的联邦政府,必须继续对涉及其公民生命的事务积极干预。它必须保护弱者不致像过去那样因企图逃跑而落入奴役状态。根据第十三条修正案,在美国不得再存在奴隶制或强制性劳役。联邦政府必须时刻警惕在公民私人之间不得再出现这种奴役关系。而且,根据宪法修正案的"平等保护条款",各州必须承认并促进其管辖区内人民的平等。为了实现这种致力于平等的义务,根据1870年批准的第十五条修正案,各州不得依据种族、肤色或以前奴役的状况,剥夺公民的选举权。

这些目标和保障本身不足以创制一部宪法、一个政府框架。还得需要一个立法授权能使得联邦政府可以实现其承诺的义务。三条宪法修正案都授权国会"以适当的立法"来执行这一新的宪法基本框架。新国会把这些看做是如第一部宪法中的许多条款的规

---

[11] U.S. Constitution, Art. IV, Sec.2, Cl.1.
[12] U.S. Constitution, Art. I, Sec.10, Cl.1.

定一样。新的宪政秩序继承了国会、行政和司法的运作结构。这些部门将赋予新的职能，但形式还保持原样。

我的意见是：这三条重建修正案制定出第二部美国宪法。这一宪法的条款可以从这些修正案中精选出来，重新编排并去除一些跟当时历史相关的具体条款后，可规定如下：

第二部美国宪法

§1. 任何在合众国出生或归化，受其管辖的人，是合众国以及其居住所在州的公民。

§2. 任何一州不得制定或执行剥夺合众国公民特权或豁免权的法律。

§3. 任何一州不得未经法律的正当程序剥夺任何人的生命、自由和财产权。

§4. 任何一州不得在其管辖范围内剥夺任何人受到法律平等保护的权利。

§5. 除非是因犯罪而适当定罪所得到的惩罚，在合众国不得存在奴隶制或强制劳役。

§6. 合众国公民的选举权不得被合众国或任何州依据种族、肤色或以前的奴役状况而拒绝或剥夺。

§7. 国会有权以适当的立法执行前述各条规定。

这七条总结了宪法重建修正案的不朽内容。[13] 这些修正案的关键规定，界定了政治身份，阐明了基本权利，并提供了立法权限的范围。经过这番改造之后，美国的政府制度将有能力保护个人权利，并增进战争幸存者的平等权。当然，我们得有一套机构——一个国会、一个行政机构以及一个司法机构——这将按照最初创设时的条件继续发挥作用。

然而，在把这三条重建修正案精炼之后，称它为一部单独的宪

---

[13] 前4条分解了宪法第十四条修正案第1条的内容。第5条则重述了第十三条修正案第1条的内容。第6条复述了第十五条修正案第1条的内容。最后一条则总结了以上三条修正案中的不同规定。

法,仍有一些东西缺失。所缺失的要素,就是提出一个新的政府框架的意识,这个框架结构依据于完全不同于以往的价值观。要找出这个意识,依我看,需要从内战中发表的一个至关重要的演说辞中寻找。这个演说辞将会带出一个崭新的世界,这使得从萨姆特要塞的炮轰,到阿波马托克斯的投降之间的史诗般战争,变得有意义了。新的法律规范、新的价值观,使一部新宪法的存在变得必要,这来自美国世俗信仰中的一篇伟大的祷告辞——葛底斯堡演说。这里有必要回顾一下这篇在美国人内心中激荡的祷告辞的一些不朽词句:

> 八十七年前,我们的先辈在这块大陆上,缔造了一个崭新的国家。她孕育于自由之中,奉行人人生而平等的原则。
> ……
> 我们要从这些光荣阵亡的将士们身上汲取更多的献身精神,来完成他们曾竭尽全部忠诚为之奋斗的事业。
> 我们要在这里立下豪言壮语,让这些阵亡者不致白白牺牲。我们要让这个国家,在上帝的福祐下,获得自由的新生。
> 我们要让这个民有、民治、民享的政府永存。

在接下来的几章中,我将更详尽地讨论整个演说辞以及其中的一些词句。但我现在要提出一个非同寻常的主张,认为这些在我们内心激荡的话语,实际上是国家统一后新的宪法秩序的序言。这跟新的德国宪法中以"深悉在上帝和人类面前的责任"的语句作为开始的序言,其意义是一样的,跟在费城制宪会议中这些经久回响不衰的语句也具有同样的意义:

> 我们,合众国人民,为建立更完善的联邦,树立正义,保障国内安宁,提供共同防务,促进公共福利,并使我们自己和后代得享自由的幸福,特为美利坚合众国制定本宪法。

宪法序言作出的是一种预示。它们提出了对未来的愿景,这为它们所引出的国家宪法,指出了宽广的目标。最重要的一点是,它们界定了那些分享宪法愿景的人民是些什么人。费城制宪中第一部宪法的序言,强调了"我们人民"作为宪法的制定者。对于林肯来说,新宪法所体现的政体,包含了在更早一代,也就是是在"八十七年前"宣布美国诞生时,凭借巨大勇气所采纳的平等原则。那些在新宪政秩序中所代表的人民,包括那些在葛底斯堡战场牺牲,以及在所有战场中牺牲的人。如果这个新的宪政秩序得以实现,他们就"不致白白牺牲"。进一步讲,因为林肯避免在他的演说中表现出党派偏见,他阐明的显然是一个既包括南方也包括北方,既包括黑人也包括白人的国家概念。最后,新的秩序的受益者将是国家的新一代人,那些在"自由的新生下"成长的一代人。

说林肯的葛底斯堡演说为新的宪政秩序提供了一个序言,这至少是一个大胆的主张。当林肯在 1863 年 11 月乘火车北上葛底斯堡时,他头脑中想到的只是哀悼慰藉那些在 7 月初四天的激烈战斗中战死的将士。战死将士的尸体被收集到一起,为防止进一步腐烂,他们将被安葬在战场上。这场在葛底斯堡的战斗,只是刚刚改变了整个战争的态势,到了总统要阐明带来长久痛苦战争的意义的时候了。而在葛底斯堡战场上,双方可怕的徒手搏杀淋漓尽致地表现了这一痛苦。

在葛底斯堡公墓的安葬献礼上,林肯是第二个上台的演讲者。著名的演说家爱德华·埃维瑞特,在总统登上讲台之前已滔滔不绝讲了两个小时。林肯手中准备的演讲词,加起来大约 268 个词。[14] 大概埃维瑞特的演讲为林肯暖好场,林肯演说中的深刻动人话语打动了听众。也许正是因为林肯演说的简短给予其力量。这一演说不仅打动了当时聚集在新公墓的悼念者,而且,渴望找到流血战争意义的整个国家也受到感染。

当然,葛底斯堡演说辞并没有法律上的拘束力,但宪法序言也从未想获得实在法的地位。它们只是用于解释为何政府有必要约

---

[14] 最早的文本里是否包含"在上帝的福佑下"这句话,或者是林肯在演讲时临时加上的,对于这个问题,还没有定论。参见,Garry Wills, *Lincoln at Gettysburg* 192—198 (1992)。

束自己，服务于某些目标。林肯的序言在全国人民的心中得到接受，它解释了战争的意义，为建设一个在民族国家、平等和民主之上的新宪政秩序提供了指导方针。激动人心的语言中，包含这一系列清楚的目标，这正是我们能在宪法序言中所能全部指望看到的。

这一宪政秩序跟在费城制定的宪法，以及1791年修订的权利法案形成鲜明的对比。它界定了组成美国这一国家，它的成员的身份，它把平等原则带到台前，它开启了将选举权延伸到几乎所有成年公民的过程。第一部宪法没有做到以上任何一桩事情。第一部宪法忽视了国籍和公民权问题，它绕过了平等问题，它降低了大众民主的重要性。

跟原初意图不相干

一开始，我应对我要提出的主张和我要使用的方法阐明清楚。首先，我并不是要讨论重建修正案背后的"原初意图"。宪法学领域中，如今存在一种趋势，认为开国元勋们的希望、愿望和意图，应该决定我们的宪法内容。此观点在智识和道德上都很贫乏。主张这一方法的人，从未解决两个主要的困难。其中之一便是，我们需要弄清楚究竟是哪些人的希望、愿望和意图真的要紧。如果我们要受到1787、1791或是1868年盛行的原则的约束，那么，我们得决定是谁的观点更要紧。我们是应该注意那些拟定宪法文本的人的意图，还是那些投票赞成这些宪法的多数派的意图，抑或各个民主机构所代表的作为整体的人民的意图？在所有这些可能的"原初意图"渊源中，存在很大的冲突。我相信即使是那些实际投票赞成或者反对各个宪法文本草案的人们，本身也存在疑虑，想法也在变化中。就算是每个投票者对他所支持的每个条款有一个明确意图，也很难在不同的观点立场中找到一个共同点。在每一项立法中不可避免存在相当不同的意愿，一个单一的意图很难把它们统一起来。就算我们假定一群人存在一个单一的意图，接下来我们会面临一个基本的问题:我们为什么应在乎开国元勋实际究竟是怎么想的?

支持原初意图说最好的政治理论,就是把立法者看做是军事指挥官。[15]指挥官要求我们展开某些行动,他们使用法律语言来让我们行动。我们应该尽量弄清楚他们的目标是什么,这样才好执行。但如果我们不那么做,怎么办?呃,指挥官实际并不能惩罚我们,但如果我们不能适当地遵从,或者至少是看起来不遵从开国元勋们的原初意图,我们就是对宪法拟定者不守信用。我得说,这个就是我对似乎从未得到明确阐释的观点的最佳重新解释。也就是说,为什么我们应该对嘱咐我们该怎样生活的机构的意愿和愿望,应如此大加关注的理由。

正如文学创造一样,在法律制定的伟大历史时刻,作者所选择的用词远远超出了原初的上下文背景而得到他人的共鸣。当殖民地代表在1776年7月对包含"人人生而平等"的文件"庄严承诺"时,他们也许只是强调作为"集体"的所有民族是平等的:新生的美国人跟英国人一样拥有同样的选择他们自己的政府形式的权利。他们也可能只是出于有限的目标,来辩论他们跟国王乔治三世拥有同样的道德资格。如果人人生而平等,那么没有人就能声称自己是按神权选定的神圣统治者。正如《独立宣言》所主张的,唯一的合法性渊源来自"被统治者的同意"。无论是作为个人还是作为一群人,他们的意图为何,他们的话产生持久的影响力。他们遗留给美国人民一个伟大信条,这个信条在适当的时候将会作为黑奴解放的战斗口号。

草拟和批准第十四条宪法修正案的人们,在采纳了致力于法律下的平等原则时,他们并未具体想到他们是否要取消学校的种族隔离。然而,针对第十四条修正案的"原初意图"是否要消除学校教育中的种族隔离问题的讨论越来越多,这直到1954年最高法

---

[15] 对这一论题不那么激烈的阐述,是把法律视为向法官作出的一系列指令。参见,Kent Greenawalt, *Statutory Interpretation: 20 Questions* (1999)。

院在 Brown v Board of Education 一案中才作出裁定。[16]这个争议跟第十四条修正案的原初意图完全是不相干的。[17]草拟、通过和批准第十四条修正案的国会及各州立法者，并未想过为黑人和白人提供单一的教育体制。当时，在他们的头脑中有太多的其他议题。我们不能把不分种族、所有美国人在同一间教室受教育的意图强加给这些立法者，我们也不能把黑人白人永远种族隔离看做是他们的意图。

制定宪法和宪法修正案的立法者，在立法时，很显然在他们心目中是有目标的，但那些目标一般是很抽象的。如果他们想为所有美国人带来平等，他们不会对每一个历史阶段平等应该意味着什么费心去考虑。如果你要问他们在九十年后学校是否应该废除种族隔离，他们可能会对这个问题迷惑不解。"哦，这就是我们为什么要设法院的原因"，可能是他们对这一问题的典型回答。宪法第十四条修正案设立了一个理想，它确认了根植于《独立宣言》的一个观念。制定修正案的立法者无疑赞同人人生而平等这一原则，因为人人生而平等，所以，他们有权得到法律的平等保护。这一措辞在实际中意味着什么，不是他们关心的东西。法院跟思考法律背后这些观念的学者一道，担起了适当解释这些构成政府原则的共同遗产的职责。

我一直对法律学者，尤其是美国的法律学者继续困惑于宪法或宪法修正案的制定者的原初意图感到惊异。世俗的法律制度，不可能比相信那些认为有拘束力的法律原则是出自神意的宗教文

---

[16] 对这一问题的考察，参见，William E. Nelson, *The Fourteenth Amendment: From Political Principle to Judicial Doctrine* (1988). 另外，关于平等保护问题的出色论述，参见，Kenneth Karst, *Belonging to America: Equal Citizenship and the Constitution* (1989). 有关平等保护的重要性类似于我自己的观点的，参见，David A. J. Richards, *Conscience and the Constitution: History, Theory and Law of the Reconstruction Amendments* (1993).

[17] Michael Klarman 认为 Brown v. Board of Education 一案明显背离了对于第十四条修正案的原初理解。参见，Michael Klarman, "An Interpretive History of Modern Equal Protection", 90 Mich. L. Rev. 213 (1991).

化更苛求,更顺从于权威。然而,犹太法典中的一则故事,很好地说明了在争论有关神的戒律的含义时,援用原初意图是多么愚蠢荒唐。一群拉比辩论某一特定的陶器是否是犹太教规定所准许的。其中有一个拉比伊莱泽认为是不准许的,另外一些拉比认为准许。伊莱泽拉比便祈求一系列神奇的征兆来支持他的观点。在他的号令下,一株角豆树连根拔起,漂过田野,溪流逆流而上,在这些停下来前,挡水墙开始坍塌。拉比们并不为这些征兆所动。接着,独战群拉比的伊莱泽绝望地援引原初意图为自己的观点辩护:"如果我是对的,让上天作证。"一个来自天国的声音宣布道:"你们怎么胆敢反对伊莱泽,他的观点在哪里都是法律。"约书亚站起来,援引《圣经》申命记中的话:"这不是在天国。"杰里迈亚解释了这句话的出处:自从西奈山上摩西五经启示给希伯来人以来,"我们不再关心来自天国的声音,因为神已经在西奈山上通过摩西五经宣示给我们"[18]。这一论点是说,一旦法律的语言拟定出来交给法学家用于适应他们时代的需要,立法者的任务就完成。他们的意图和意愿不能支配人,无论是从坟墓还是从天国。

因此,那些拟定内战后重建时期宪法修正案的立法者的意图,并不能支配今天对它的解释。当林肯1863年11月19日登上演讲台时,他的意图是什么?有些人会说,如果林肯并未有意明确为一部新宪法阐明一个序言,那么,他在葛底斯堡的演说就不可能是我主张的战后宪法的序言。如果罗斯福并没有通过他的改组最高法院的方案修订宪法,那么,最高法院随后立场的改变就不能是构成事实上的宪法修订,就不能是美国法律的激剧转变。

我们这里来看一看英国的宪政史,来理解一个惯例是如何成为逐渐积累的历史性宪制一部分的,那无须一定是开创这一惯例者的目的。众所周知,英国的宪制仍保留著名的非成文性质。惯

---

[18] 巴比伦《塔木德》,Baba Metzia 58b。在一个版本中,这个故事结尾处,拉比南森碰到先知伊拉贾。南森问道:"在拉比约书亚宣称'不在天国里'那一刻时,上帝在做什么?"伊拉贾回答说:"上帝大笑,说道:'我的孩子打败了我,我的孩子打败了我。'"

例规则确定了慢慢演变成的立宪君主制中君主的职责。仅仅是世世代代形成的惯例规定女王必须签署法案，使其成为有拘束力的法律，或者，仅仅只是世世代代形成的惯例规定女王有权在某些情形下可以打破党争僵局，挑选首相。[19]在所有习惯法的制度中，相关的方面并非那些首先开创某一惯例者的目标，而是那些见证过去历史中采用的惯例，并接受其具有拘束力。葛底斯堡演说的情形与此类似。正确的问题不在于林肯当时的意图是什么，而在于对那些把这个演说看做是解释战争，以及作为所有美国人的自由和平等宪章的人们意味着什么。如果林肯的演说没人理睬，那么，林肯当时的意图是什么无关紧要。但是，这268个词[20]的演说，被看做是美国的世俗信仰，它是对我们过去是怎样的，以及我们向何处去的现世思考，在经总统阐述后，这些词语确定了宪法的状况。它们之所以是新宪政秩序的序言，是因为我们渐渐理解到它们几乎是神圣的。尽管我们直到今天才认为这个世俗的祷告辞，是作为新的民族国家、平等和民主新宪政秩序的序言，但正是它们慢慢变成这样的。

这些词语事实上在美国比第一部宪法的序言更为人所知。学童们日常背诵它，这些界定内战后美国形象的词语，因此广受浸染。然而，正因为我们对这些引起共鸣的词语耳熟能详，我们很少停下来去聆听和思考这精心写出的每一句话的含义。让我们现在把自己置于葛底斯堡悼念者的人群中，回到那个遭受战争创痛的人们的思绪中，回到那些寻求兄弟相互残杀意义何在的人们的思绪中。

八十七年前，我们的先辈在这块大陆上，缔造了一个崭新的国家。她孕育于自由之中，奉行人人生而平等的原则。

---

[19] 参见，Jeremy Waldron, *The Law* 60 (1990)。

[20] 对字数有不同的计算，这取决于计算字数所采用的演讲稿为何，以及是否把诸如战场（battle-field）这类词当一个词计算。Ken Burns认为林肯的演说有269个词。参见，Ken Burns, *The Civil War*（第5集）。

现在，我们正打着一场大内战，以考验这个国家，或者任何一个像我们这样孕育于自由之中，并奉行人人生而平等这一原则的国家，是否能够长治久安。我们来到这场内战中的一个伟大战场。我们来到这里，要将这战场的一部分，供奉那些曾在这里捐躯、以求这个国家能够生存下去的烈士们，作为他们最后的安息之所。我们这样做，完全理所应当。

然而，从更广泛的意义上讲，我们并不能奉献这块土地，我们不能用它来献祭，我们不能赋予其神圣意义。那些曾在这里战斗过的勇士们，无论是幸存者，还是阵亡者，已经使这里变得神圣了，这远非我们的微薄之力所能改变。我们在这里说过的话，世界将会很少注意到，也不会有人长久记住，但人们永远不会忘记将士们在这里进行的英勇战斗。我们这些活着的人，倒是应当在这里，把自己奉献给曾在这里战斗过的人们一直勇敢推进的那一未竟事业。我们倒是应该在这里，把自己奉献给仍然留给我们的伟大使命。我们要从这些光荣阵亡的将士们身上汲取更多的献身精神，来完成他们曾竭尽全部忠诚为之奋斗的事业。我们要在这里立下豪言壮语，使这些阵亡者不致白白牺牲。我们要让这个国家，在上帝的福祐下，获得自由的新生。我们要让这个民有、民治、民享的政府永存。

第二章　激越的葛底斯堡演说

> 对很多人来说，他［林肯］就像从旧约中复活的小先知。
>
> ——约翰·多斯·帕瑟斯

　　林肯精心构思并在葛底斯堡发表的这两分钟演讲，是美国历史上最好的政治演说。通过这个演说，林肯创造了一个规范，一个准则与意义的世界，来帮助我们理解在美国大地上发生的大规模屠杀。这为将悼念战殁者转向解决冲突以及开始新的宪政秩序，提供了新的理解。重读那个作为新宪法序言的演说，我们能领会这些精心挑选的词语的意义。葛底斯堡演说中的用词非常铿锵有力，代表了太多浓缩的精神和智慧，这不可能在两分钟内得到理解、吸收，而需要慢慢地咀嚼。让我来逐字逐句解读这些我们经常听到的词语。

　　第一句点出了问题的核心，概括了美国人过去、现在和将来致力于的价值观。八十七年前，我们的先辈在这块大陆上，缔造了一个崭新的国家，她孕育于自由之中，奉行人人生而平等的原则。单独这句话就足以构成新宪法的序言。它预示了整个演说的主题，并且支配了美国人接下来七年的生活。让我们把这个句子中的每一个短语，作为内战后宪政秩序序言的组成部分来读。

　　八十七年前……到 1863 年，历史意识已占据了美国人的思考。将自己植根于历史中，这与 1787 年宪法的序言形成鲜明的对比。1787 年宪法的序言并没有给出历史背景，只是简单地以"我们，美利坚合众国人民，为建立一个更完善的联邦……"作为开头。在 1787 年宪法中，没有提到约一百六十年更早前建立的第一个殖民地，也没有指出新国家是英语文化在新大陆成长的结果。在

1863年,美国仍要建立一个"更完善的联邦",但增添了历史的因素,正是这既鼓舞而又困扰着这个新国家的精神。

林肯所精心选择的特定历史足以让我们吃惊,并引起我们的注意。一个人可能会想,总统会依据设立总统职位的宪法来演讲,但林肯的这一伟大演说,公然对第一部宪法未置一词。正如1787年宪法对奴隶制这一重大困窘未置一词一样,林肯忽略了种下战争种子的1787年宪法。在新宪政秩序的序言中,第一部宪法一点都未提及。林肯把这个国家的诞生追溯到1863年之前的八十七年前。只要你做一下算术,你不难发现在林肯的心目中,建国的关键时刻是1776年,也就是签署《独立宣言》的年份。对于那些了解林肯的人来说,林肯这样讲也许并不令他们吃惊,因为他在两年前就说过:"我的政治感受无不来自《独立宣言》所包含的激情。"[1]

诉诸《独立宣言》,使得林肯面临一个重大的自相矛盾之处。他是作为总统来发表演说的,他的总统职位来自1787年宪法第二条的规定。然而,他自己的思考则往前,超越了费城制宪和总统职位设立的时期。他颠覆了他自己职位的合法性。为了主张这个国家在诞生之时就奉行人人生而平等的原则,他不得不从创立联邦政府之前的时期说起,而联邦士兵正为了这个政府而流血牺牲。

这一非同寻常计算时间的方式,之前在令人意想不到的地方也出现过。在1863年1月1日生效的黑奴《解放宣言》的最后一段是这样的:

> 兹定于华盛顿市,于吾主耶稣诞生一千八百又六十三年,美利坚合众国独立八十七年。
>
> 总统:亚伯拉罕·林肯

林肯没有意识到,他把1776年作为美国的诞生,以及他根据1787年宪法设立的总统职位行使权力之间,可能存在不协调的地方。当他在这同一年11月同样提到八十七年这一数字时,他强调

---

〔1〕 1861年2月22日在宾州费城独立厅的演说。

的是这个国家存在的连续性。在林肯的眼中,那些在葛底斯堡阵亡的将士,将他们的生命并非奉献给政府或是宪法,而是为了特别完成美国作为一个国家的融合,和实现一系列的观念,尤其是这个国家"孕育于自由"之中的观念。北美各殖民地具体是在何时开始全国联合起来,对此,人们可能会有不同意见。但到 1775 年之时,这个国家已经处于战争之中。这是毫无疑问的。一年后,美国的爱国者冒着犯下叛逆罪的巨大危险,宣布独立。正是担心受到报复,他们在《独立宣言》末尾写道:"我们以彼此的生命、财富和神圣荣誉共同宣誓。"

林肯对 1787 年宪法的态度没那么恭敬。他把宪法更多看做是行动的指导方针,而不是看做是一系列对他行为的绝对限制。他作出的各种决策,尤其是在战争的早期阶段作出的决定,表明他会主张宪法之外的行政权力。因而,战争的紧急事态改造了政府。1861 年 4 月,在萨姆特要塞被南军炮轰后不久,他宣布对南方的港口进行封锁。联邦军队是否可以未经国会批准捕获船只,成为战争早期的法律争议之一。[2] 其后,林肯授权战场上的将军们中止人身保护令(法庭保留监督逮捕羁押刑事嫌疑犯权力的伟大令状),对此也非议再起。宪法允许在出现国内骚乱时中止人身保护令的保护,但没有明确规定总统是否有权单方面命令中止执行。最高法院首席大法官唐尼,当时作为巡回法官独审这一案件时,解释道,宪法规定要求中止这一令状时需得到国会授权。[3] 考虑到唐尼在 Dred Scott 案中臭名昭著的判决意见[4],他的意见在白宫分量不重。林肯只是对唐尼的判决意见不予理会,这被广泛地视为是独裁行为。林肯在 1861 年 7 月 4 日发给国会的咨文中,以紧急事态所必需为其单方面行为的正当性做辩护:

---

[2] 在系列捕获案[*Prize Cases*, 67 U.S. 635 (1862)]中,对封锁的合法性,进行了考察。
[3] Ex Parte Merryman, 17 Fed. Cas. 144 (C.C.D Md. 1861)(No.9,487).
[4] Scott v. Sanford, 60 U.S. 393 (1856).

应该忠实执行的全部法律……在将近三分之一的合众国土地上被抵制。显而易见,为了使这些法律得到执行,有必要运用一些手段,某一法律,也就是在涉及公民自由权这个特别棘手问题上,实际上它释放的有罪之人多过无辜之人,难道这一法律不能在非常有限的程度上被违反吗?……难道除了一部法律之外,所有的法律都得不到执行,政府就该分崩离析以免那一部法律遭到违反?[5]

以我们今天对公民自由权问题的敏感,回头再看这段话,真是感到脸红。林肯的主要论点是:他可以通过诉诸紧急事态所必需,来为自己违宪找到正当理由。当然,要面临这种严峻的选择——要么违反这"一部法律",要么政府"分崩离析"——我们大部分人会同意政府不应分崩离析,即使是违反了宪法。然而,没有证据显示,这个国家当时的形势要面临灭顶之灾。林肯对人身保护令的漫不经心("它释放的有罪之人多过无辜之人"),显示他对刑事程序中的宪法保护的含义缺乏理解。对林肯这一中止人身保护令的行为,而且毫不理睬唐尼宣判他的决定无效的行为,我自己的解读是,它显示对宪法的思考已经有了改变。1787年宪法在战火中被中止了。一个新的宪政秩序将从战争中产生,但没有人清楚最终它会是怎样一番景象。

当然,在战争中,1787年宪法仍名义上保持生效。尽管批评政府的一些北方人士使用了"军事独裁",但很少有人认为这一时期是军事独裁。林肯的总统任期到1865年3月结束。根据宪法,在战争进行时,他仍需要再次竞选。总统选举本身就保障了美国政治机构的稳定性,但内战后的宪政秩序究竟为何仍然不明确。在1868年众议院弹劾林肯的继任者安德鲁·约翰逊总统时,混乱达到顶点。当时,约翰逊解除了战争部长艾德温·斯坦顿的职务,这被国会认为是超出合法范围行使行政权力。弹劾的结果众所周

---

[5] 1861年7月4日林肯发给国会的咨文,参见 *Complete Works of Abraham Lincoln*, vol.6, 297, 309 (J. Nicolay and J. Hay, eds.)。

知:约翰逊依靠一票多数逃过一劫。不为人所周知的是:这场斗争的结果对新宪政秩序发展的影响。林肯在葛底斯堡中纪念阵亡者的演说,已经显示了这一场斗争的到来。

……我们的先辈在这块大陆上……这些词语圣经般抑扬顿挫的节奏,激起我们的记忆。我们知道我们在哪个地方见过这样的说法。这让我们想起在《出埃及记》中上帝向摩西介绍自己的口气:"我是你先辈的神……所以我下来救[我的子民]逃离埃及人之手,领他们出那土地,到肥沃广阔的土地,到满是奶和蜜的土地……"*林肯运用《出埃及记》的风格,毫不令人惊奇。甚至是引出开头一句的"八十七"都有一种预言的味道。《圣经》,跟莎士比亚的著作和伊索寓言一道,毕竟是林肯最爱读的书。

加里·韦尔斯认为,林肯葛底斯堡演说的风格很多来自希腊的影响。[6]韦尔斯对《圣经》对林肯的葛底斯堡演说的影响,几乎未置一词。林肯总统的思考和演说上的遣词,比任何其他总统都更多受到《圣经》成语的影响,这可能是个相当稀奇的反常现象。林肯在第二次就职宣誓演说中,到处提到《圣经》,特别是讲到《诗篇》第19:9节**中:"对神的敬畏天青日白,存到永远;神的法度全然真确、公义。"林肯把整个内战看做是神的公义裁断。如果不依靠《圣经》中的比喻,很难想象他会怎样阐明如何理解战争在美国历史中的位置的框架。

在影响林肯思考的《圣经》所有主题中,希伯来人从埃及出逃这一主题对他的影响,无疑最引人注目。1861年他在新泽西特伦顿发表的一次演说中,林肯把美利坚民族说成"几乎是他的选民"。这里的"他"当然是指上帝。人们几乎敢说,美国人所处的地位跟

---

* 对原作者援引《圣经》段落的翻译,参照了《圣经新译本》的译法,但译者根据自己的理解作了诸多改译,甚至包括关键词的重新翻译。不逐一指出。下同。——译注

[6] 参见,Garry Wills, *Lincoln at Gettysburg: The Words that Remade America* (1992)。

** 原文作者作19:10,有误。——译注

犹太人与上帝订立圣约的关系相仿。某些机构或民族取代犹太人与上帝的圣约关系的观念，是一个让人熟悉的基督教主题。清教徒在他们建立第一个殖民地的时候，是带着这一信念的。现在林肯差不多是重复了清教徒的信念。我相信这解释了为什么他在"在这块大陆上缔造了"这一短句中出现冗余之语。当时聆听演说的听众，当然知道林肯是在谈"八十七年前"的美国，不需要额外说明是"在这块大陆上"。但这块大陆是缔结新的圣约之所在。清教徒经历了长途跋涉来到这块新的土地，新土地向他们允诺了跟上帝的合约关系，这在他们没有逃出旧世界之前是不可能的。"大陆"这一个词，就让我们想起跋山涉水的旅程，能激起全部的宗教思考。

我们得记住：尽管《独立宣言》到处提到上帝及带有美国人天命观的印记，但 1787 年的宪法完全是一个世俗文献。无论是从风格还是从主旨上，林肯都追溯到 1776 年宣言的宗教热忱。

……在这块大陆上缔造了一个崭新的国家……"国家"一词的使用预示了演说中的重要主题。在剩下的 252 个词中，国家一词再次出现 4 次。[7] 强调"国家"一词，林肯跟第一部宪法序言中使用"我们人民"作为所有合法性渊源的做法背道而驰。现在，在人民的位置代之以国家，与国家诞生相关联的用语意味着美国人民是超越了数代人的，回溯到八十七年前建国时期，并包括在那场独立战争中幸存下来并活跃于战后的一代人。

"我们人民"在每一代都是主权者。一群人可以创立宪法，另一群人可以推翻它。因而，有些学者就辩称，每一代人都保留了改变宪法，或者选择完全废除宪法的权力。[8] 我对此有不同意见。如果美国人民被理解为组成一个国家，既包括了已逝者，也包括尚未出生的人，那么，单单一代人是不可以抹杀过去世代的人们所作出

---

[7] 根据对标准版本字数的常规点算，演说中共 268 个词。其中，"战场"（battle-field）算作一个词。"国家"一词出现在第 16 的位置，往下还剩 252 个词。

[8] 参见，Akhil Amar, "The Bill of Rights as a Constitution", 100 Yale L. J. 1131 (1991).

的成就,也不能向将来世代的人们背弃其固有的承诺。那些正好活在19世纪60年代的人,根本不能撤销他们之前各代美国人所批准同意的东西。通过历史延伸,美国成为欧洲意义上的国家,跟英国和法国已经实现的国家含义是同样的,与意大利和德国在统一运动中所形成的国家含义也是一样的。

19世纪中叶,是西方各国追溯共同的语言和历史根源,依据共同民族性寻求政治统一运动的时代。在美国内战爆发的同一年,意大利的民族主义也觉醒了,进入关键阶段。拜卡米诺·本索·德·卡弗尔在北方的领导和基瑟普·卡里巴迪在南方的军事才能,使意大利各邦,包括皮埃蒙特、西西里以及教皇国撒丁岛形成统一。撒丁的维克多·伊曼努尔二世成为统一意大利的首位国王。1871年,通过军事吞并、外交手腕以及贿赂收买,奥托·冯·俾斯麦将北方和南方的德意志各邦统一到德意志帝国名下,普鲁士成为权力中心。同一年又接着为全德制定了第一部刑法典。

欧洲国家的统一进程,以及与此同时所建立的政治国家形态来治理民族国家,带给我们一种民族国家—政治国家(nation-state)的观念。民族国家作为前政治实体,是在国家权力机构中得以体现。传统的观点认为美国是不同的,它与欧洲意义上的民族国家不同。对此,我持不同的看法。

我认为林肯的演说中所表达的观念,正是当时欧洲人的同一种观念。每一个拥有共同历史和语言的民族构成的国家,其民族国家存在的自然形式存在于政治国家结构之中。美国构成一个有机民族国家单位的观念,隐含地解释了南方十一个州为什么不能自行其道分裂出去。林肯在就任总统时,提到的仍是联邦(Union)而不是民族国家(nation),但此前几十年里对这个问题的争论,已经使得联邦的概念隐约具有民族国家的意义。林肯在他的第一任宣誓就职演说中,援引了"同胞之情"这一说法,甚至是在查尔斯顿港口对萨姆特要塞炮击之前,他就强调了历史斗争所结成的牢不可破的联系:

记忆中的神秘共鸣从每个战场,从每一个爱国者家里的壁炉,延伸到每一个心灵和壁炉石中,遍及这广袤的大地,奏响着联盟的乐章……

整个国家通过共同的历史经验和命运("命定说",也就是过去解释内战前数十年里的西进运动)紧紧联系在一起。

林肯 1863 年 11 月 19 日演说的目的,并非加紧战争努力,而是为了超越战争。重要的是,他所提到的"民族国家"包括南方和北方。他是在联邦公墓落成悼念典礼上发表演讲,但在整个演说中,很难看到反映党见的用语。[9]

阅读美国历史著作,给我的感觉是:我们的学者不仅忽略了《圣经》对林肯葛底斯堡演说的影响,而且他们也未能理解"我们的先辈在这块大陆上缔造的""国家"的重要性。一般的误解,尤其是法律人容易发生的误解,是把这个上下文中的"国家"理解成全国性政府,跟各州相对,或者理解成与地方性地理单位相对立的整个国家的领土。在这个有限的意义上,这个"国家"是由设在华盛顿的联邦政府组成的,或者是地图上标出、并由其他国家所认可的地理空间。国家就等同于联邦或联邦政府。与州权相对应的"全国性"政府的权力,并非问题所在。"在联邦层面上统一起来的"国家的派生含义,在林肯的演说中是作为附属的含义出现的,但不可能是他想表达的全部含义。

1863 年的美国,已经是欧洲意义上的一个民族国家。在(欧洲)大陆上,推动民族国家统一运动的理论认为,每一个民族国家能够自治。民族自治则要求每一个民族国家能组成一个政治国家。如果这是 19 世纪中期欧洲历史的核心所在,美国作为一个移民国家也可作如是观。

……一个崭新的国家,她孕育于自由之中,奉行人人生而平等的原则……到这里,他演说中的开头一句结束。我们提到的国家,其含义在这里予以明确限定。它并非单单因为一个出自共同祖先(种族身份的延伸)的国家。我们与欧洲国家相比,的确很不同,因

---

[9] 正如我在下文指出的,与"两国交战"相对的"内战"说法带有派别的意思。

为我们这个国家是诞生于一个观念之上。她孕育于自由之中,奉行人人生而平等的原则。

"孕育于自由之中"究竟意味着什么?这一表述如此芬芳,我们不用思考就能嗅出它的味道。它是指这个国家诞生于自由之中,正如在自然状态一样,还是指有限政府的国家概念?它可能意味着所有这些。抑或,它只意味着我们的第一部宪法致力于实现自由。这正如我们所看到的,确实如此。然而,言论自由、宗教信仰自由,以及携带武器的权利,权利法案中所尊崇的所有这些自由权,并没有抓住"孕育于自由之中"含义的实质。我们的自由跟我们的天赋权利一样,是持续存在的,即便当我们寻求合适的方式建立一个平等公民组成的民主国家,亦是如此。

林肯遣词造句的文风也引起我们的关注。在"孕育于自由之中"这一短语中,林肯选取的是拉丁词根的"自由"(liberty)而不是日耳曼语词根的"自由"(freedom),这并非偶然无意的事情。使用日耳曼语词根的"孕育于自由之中"(conceived in freedom)表述,含义可能大致一样,但那会缺少一种抒情韵味。我认为,其原因在于"孕育于"(conceived)与"自由"(liberty)都源自拉丁文,而不是日耳曼语。当林肯用日耳曼语词根的"自由"(freedom)而不是拉丁词根的"自由"(liberty)表达国家的新生形象时,我们在下文里还会回到这一点。

在林肯有关新秩序的愿景中,自由和平等的关系是怎样的?我们孕育于自由之中,奉行人人平等的原则。这是当时的情形,也是现在的情形。在实际生活中,实现人的平等并非易事。即使在这种热望被揉入宪法第十四条修正案后,平等的理想要在政治现实中实现,也仍然有很大的距离。妇女最终得到政治上的平等权和选举权;学校最终也消除了种族隔离。禁止不同种族通婚的法律,曾是一种令人感觉耻辱的法律,最终也被废止。然而,所有这些在1863年或者1868年,甚至是1900年,都离实现明显差得远呢。然而,林肯在葛底斯堡所作出的承诺(所有的男人和女人,作为个人都是生而平等的),成为道德上的北斗星,见证着人类尊严上的平等,不论法律上是否实现了这种平等。

这一结构(孕育于一种价值观,奉行另一价值观)所暗含着一个按顺序实现的法律文化。有些价值观在法律规则中得到体现,能够很快实现;其他的价值观则是作为一种追求的原则。后者是作为理想来追求的,等待时机来自我改进。自由是固有的。平等则是一个希望。

有些文体家反对林肯把《独立宣言》中的伟大信条看做是一个"原则"。伟大的英国诗人马修·阿诺德,据说在读到林肯葛底斯堡演说第一句的这个词时,出于文学品味上的反感,就再也读不下去了。[10]"原则"对阿诺德的品味来说,法律味太重了。但这对林肯重述他对独立宣言所提出的平等愿景,则是至关重要的。正如他在1857年6月在斯普林菲尔德的演说中所提到的:

> 他们[拟定《独立宣言》的人]仅仅是要宣示这一权利,因此,要视情形所允许尽快实现它。他们是想为自由社会设立一套标准原则,这应该让所有的人熟悉,也得到所有的人的尊敬,所有的人都应该不断朝其看齐,不断为之努力奋斗,即便是永远无法完全实现,但也要不断朝那个目标靠近,那样,才能不断扩大和深化它的影响……

联邦军队在葛底斯堡取胜不久,林肯于1863年7月4日在白宫的一次非正式谈话中,开始注意并重申1776年的"标准信条"。把平等作为一种"原则"看待,表明在现实中,它并未变成我们的生活现实。使用其他诸如"理想"或"愿景"等词语,不能很好地表达这种情形。我们孕育于一种价值观中,但生活指向另一个在我们的日常生活中并未实现的原则。

从结构上说,这意味着1787年宪法,特别是权利法案只是代表了起点线。它们尊奉我们所拥有的自由。但我们所向往的理想,则包含在道德上高于宪法的另一个宪章之中,这就是1776年

---

[10] 参见,Arthur L. Goodhart, "Lincoln and the Law", *Lincoln and the Gettysburg Address* 55 (A. Nevins, ed. 1964).

的《独立宣言》。《独立宣言》既为独立战争提供了法律纲领,同时也为批评 1787 年宪法所代表的妥协提供了标准。对英战争所实现的自由,使得 1861 年开始的另一场战争不可避免。这一场战争,使我们因对南方的"特殊制度"的容忍而得以救赎。[11]

葛底斯堡演说中大开大合的第一句,隐隐约约为战争冲突的双方都提供了凭据。联邦军队可以从美国人民有机组成民族国家这一新概念中得到支持力量。但就这一演说也为殖民地从英国分离出来给予合法这一点而言,这也同样为南方从联邦分裂出去的做法提供了辩护依据。毕竟,美国从英国分离出去,跟南方从联邦分裂出去,有什么差别?南部邦联的忠实分子也会主张,正如他们的祖父同意接受联邦的统治一样,他们有权撤回他们的同意。作为一个团体,他们与北方人民是平等的,因此,他们有权选择哪一种社会契约对他们管用。

我们有时候遗忘了《独立宣言》中"人人生而平等"这一话语上下文的背景。在宣言中,声称平等是要让听者准备接受更重要的论点:所有的人,作为平等的人,拥有某些不可让渡的权利,"其中有生命权、自由权和追求幸福的权利"。政府存在的目的是为了保障这些权利。人民同意政府作为他们的代理人来实现这些目的。但是,如果"任何形式的政府"被人民感觉到"有害于"这些目的的实现,那么,起初给予同意的人民就有权收回同意。他们有权"改变或者废除"根本偏离人民曾经给予同意的那个政府形式。因此,殖民地有权收回他们对国王乔治三世政府的同意,也就顺理成章了。

要是以这样的方式陈述的话,1776 年宣言中所主张的原则需要作一番评论考察。首先,拓殖者从未正式向乔治三世的政府表达过同意。他们是在英国君主的监护下成长起来的,他们对国王

---

〔11〕 奴隶制常常被称为南方的"特殊制度"。这种委婉说法是由卡尔霍恩(John C. Callhoun)在 1830 年新造出来,并加以推广的。参见,Kenneth M. Stampp, *The Peculiar Institution*:*Slavery in the Ante-Bellum South* 2 (1961)。

政府的依从就像孩子对家庭一样。人们最多能说,因为他们从未给予过同意,因而,当他们长大成熟达到可以给予同意的年纪时,他们有权说不。相形之下,南方邦联各州倒是的确作为邦(states)通过签署《独立宣言》加入联邦,并作为邦批准了宪法。如果他们对某一种政府形式给予同意,那么,按照 1776 年宣言的逻辑,他们是能够从那个契约中撤回来的。让人啼笑皆非的是,《独立宣言》的逻辑,较之美国人反对英国的统治,更适合南方邦联从联邦中分裂出来的主张。

进一步考察会发现,《独立宣言》的论理结构中,平等主张起着一个奇怪的作用。人人生而平等。那又怎样?这一主张又何以能加强反叛国王的理由?反叛国王的基础理由,是政府的合法性来自被统治人民的同意。如果人民对政府并未给予同意,政府就不合法。这甚至在人的尊严和身份并不全部平等的社会里也是同样的。无论一些人是不是比另外一些人更高人一等,他们都一样能拥有一项集体性权利:撤回他们对压迫人的政府的同意。

那么,《独立宣言》声称人人生而平等究竟意在何处?答案有两层。首先,这里暗含着一个主张:作为一个民族,美利坚人民跟英国人民或任何其他民族都是一样平等的。如果任何民族都能对统治他们的政府给予同意,那么,美国人民也同样享有这一基本权利。作为殖民地,就算把他们比喻成受王室哺育的孩子,也不意味着他们不能享有平等民族的位置。如果这就是《独立宣言》中平等的含义,那么,这对林肯的主张,即,这个国家奉行平等的原则,本质上是要求废除奴隶制并没有提供多少支持。

其次,对"人人生而平等"更有说服力的解读,是说所有的人彼此之间是平等的,这跟他们作为一个集体性整体的平等是一样的。他们在拥有不可让渡的权利上是平等的,不可让渡的"生命权、自由权和追求幸福的权利",每个人都拥有。这样理解宣言,可以使我们更好理解林肯对待废奴的立场。大量的证据显示,林肯认为黑人在道德和社会方面是低于白人的。在 19 世纪 50 年代,他在无数的演说中说到这一点。尽管在他所处的时代"种族主义"观念很普遍,但他还是热忱地认为奴隶制是一个罪恶。正是因为奴隶制剥夺了黑人不可让渡的生命权、自由权以及追求幸福的权利,它才成其为一种罪恶。黑人不能享受他们的劳动成果。奴隶制是一种奴隶主"从他人榨取血汗"的制度。[12]

这个国家生来就致力于实现这一有关基本人权的人人生而平等的原则。这一观念来自《独立宣言》,但其他的主张因过时而被抛弃了。在葛底斯堡演说中,林肯并未提到人民给予政府同意,也没有提如果对政府不满人民有权撤回他们的同意。但这样的逻辑对南方邦联的主张是管用的,林肯也不会赞同1776年中所使用的词语。他也不大会主张每一代人都有权对政府给予同意或收回同意。现在民族国家已经成形,这个民族国家超越了时代。没有哪一代人可以抹杀历史精心造就的成果。

林肯演说的第二句把我们带到当时。现在,我们正打着一场大内战,以考验这个国家,或者任何一个这样孕育于自由之中,并奉行人人生而平等这一原则的国家,是否能够长治久安。这部分是演说原本的主题,即纪念战争及阵亡者。林肯沿用了对这四年流血冲突的传统描述说法——"内"战。civil 一词有私人或国内的含义(如 Code civil),也有产生于全体公民的现象的含义(如 civil society)。南方偏向于使用"两国交战"的说法,他们认为战争并非叛乱,南方邦联有权根据国际法作为交战国,他们希望借这种表述能使他们的观点得到认可。林肯选择了北方偏好使用的表述,这个是他整个演说中唯一一个具有派别含义的词语。

我偏向于使用非传统的"兄弟阋墙"或是"兄弟之战"。这正是当时的情形。兄弟之间在战场上直面拼杀。更重要的是,六十二万亡灵应该理解为对兄弟情谊祭坛的献祭。为了每七个奴隶获得解放,至少有一人为此阵亡。他们奉献出了他们的生命,因此这个国家才可能"长治久安"。重要的是,在这一句中,林肯重复了民族国家的概念,他强调了战争的巨大罪恶,不在于它威胁了联邦政

---

[12] 1865年3月4日第二次就职演说。

府、宪法或是联邦。内战的巨大威胁在于,它危及了这个民族国家的生存。民族国家当然包括冲突的双方。

单一的美利坚民族国家的概念,解释了他在连任就职宣誓演说中所使用的宗教般的语言。在1865年3月4日当时,胜利已经向北方招手。林肯思考的是北方和南方因他们同样宗教热忱而紧紧联合在一起:"双方都读同一本《圣经》,向同一个上帝祈祷;每一方都祈求上帝的祐助来反对对方……双方的祈祷都不可能得到回应。"四年的大规模流血冲突,被看做是神对美国建国时罪恶的报应。

上帝有他自己的意图。"因为这罪行,这世界多灾多难!这罪行迟早会要来。因这罪行而遭罪的人们多悲哀!"这场可怕的战争是一个"灾难",而可怕的奴隶制"罪行"是祸源。所有人都犯下了这罪行,无论那些积极犯下罪行,还是袖手旁观、无动于衷的人。这个国家因其集体罪过而遭受惩罚。但它也可以通过同样的集体同情感而回到常态。林肯伸出他的手:"对任何人没有怨恨,对所有人都抱宽厚仁慈之心。坚守公义,因为上帝让我们看到公义。"总统以期待战后和平重建,以及对战争遗孀和战争受害者的声援姿态,结束了他的连任就职演说。

"对任何人没有怨恨,对所有人都抱宽厚仁慈之心"的政策,在葛底斯堡演说里可以预计得到,当时,林肯提到的是作为单一民族国家承受罪行所带来的灾难。然而,表达出来的对敌人的宽厚仁慈,与1863年秋天开始明朗化的军事目标之间,存在尖锐矛盾。为了实现新设立的解放奴隶的目标,为了实现他在1865年称之为"公义,因为上帝让我们看到公义"的目的,林肯命令他的将军们对南方平民发动了全面战争。菲利普·谢里登的部队毁坏了仙南多的庄稼,威廉·特库姆西·谢尔曼攻占了亚特兰大,接着他向大西洋进军。所有人都预计到了战争恐怖,这种恐怖在八十年后对广岛和德累斯顿的轰炸中已经变成了家常便饭。从葛底斯堡演说到阿波马托克斯投降,林肯在政治政策上保持宽厚和怀柔,但在军事姿态上则对战败者未留下公义为何的任何疑虑。

选择"内战"一词描述这一南北冲突,也表达了对反叛的南部邦联的宽厚仁慈。他们不是作为攻击联邦军事基地和杀死联邦士兵的刑事犯来看待的。相反,他们跟他们的同胞一道致力于决定这个国家的未来。

在接下来的七句话里,林肯把对阵亡者的悼念和我们致力于更高的理想结合起来:

> 我们来到这场内战中的一个伟大战场。
>
> 我们来到这里,要将这战场的一部分,供奉那些曾在这里捐躯,以求这个国家能够生存下去的烈士们,作为他们最后的安息之所。
>
> 我们这样做,完全理所应当。
>
> 然而,从更广泛的意义上讲,我们并不能奉献这块土地,我们不能用它来献祭,我们不能赋予其神圣意义。
>
> 那些曾在这里战斗过的勇士们,无论是幸存者,还是阵亡者,已经使这里变得神圣了。这远非我们的微薄之力所能改变。
>
> 我们在这里说过的话,全世界将会很少注意到、也不会长久记住,但人们永远不会忘记将士们在这里的英勇战斗。
>
> 我们这些活着的人倒是应当在这里,把自己奉献给曾在这里战斗过的人们一直勇敢推进的那一未竟事业。
>
> 我们倒是应该在这里,把自己奉献给仍然留给我们的伟大使命,我们要从这些光荣牺牲的阵亡者身上汲取更多的献身精神,来完成他们曾竭尽全部忠诚为之奋斗的事业,我们要在这里立下豪言壮语,使这些阵亡者不致白白牺牲……

让我们先在这个句子中间打住,把演讲结束语留着作更仔细的考察。作为演说的核心,作为战后宪政秩序序言的主题很显然有三个:民族国家、死亡和奉献。这三个观念通过那些彼此紧密相关联的词语表达出来。民族国家的概念,以及死亡的事实根植于过去的历史中。这些都是不能逆转的事实。这个国家诞生于历史之中,阵亡者将我们与过去的历史联系起来。对权力的幻想,和"我们人民"的热望,都不能消除历史所留下的痕迹。国家是置于历史之中的,阵亡者就埋葬在演讲台前的地下。然而,如果过去历史所留下的影响转化成我们的记忆,而记忆又因致力于这些价值观(确定这个国家特质的价值观)的实现而得以延绵不绝,逝者就能永垂不朽,这个国家也就生生不息。

对于我们应该把自己奉献给"使这些阵亡者不致白白牺牲"的"伟大使命"是什么,林肯语焉不详。长远的目标是把这个国家从"罪过"中救赎出来,从第一部宪法中容忍不平等的原罪中解脱出来。当前的使命则是结束战争、统一国家。直到演说的最后两个从句,林肯才告诉我们这个使命是什么:我们要让这个国家,在上帝的福佑下,获得自由的新生。我们要让这个民有、民治、民享的政府永存。与第一句一道,这些话对美利坚民族本身的概念,及其在这世上的使命,具有一种几近神圣的味道。它们又重回民族国家、死亡和奉献这三个主题。这个"民族国家"呈现出来,并且现在跟上帝联系在一起。这个国家将会战胜"死亡",因为,它将获得"新生",而且"永存"。这个国家以其新的使命超越死亡——让所有人获得自由。

这些话语成为美国世俗信仰的一部分。它们比 1787 年宪法的序言更广为人知。让我们再来仔细考察一下。

……这个国家,在上帝的福祐下……

向上帝祈求,表明这远离了费城制宪中刻意保持的世俗性质。《独立宣言》本身也不断提到上帝。然而,1787 年宪法刻意避免任何显示高于人民意志的权力的字眼。1787 年宪法的目的,在其序言中列明了(正义、国内安宁、共同防御、共同福利以及保障自由),其合法性完全存在于联邦政府促进这些世俗目标的可能性。宪法与那些已存在国教,并依赖宗教考察公职的国家拉开距离,这是适当的。那些东西在美国是不会有的。[13]

重要的是,19世纪30年代、40年代和50年代的废奴主义运动,在美国政治中注入了宗教激情,这在以前从未有过。西奥多·帕克及其他热忱的废奴主义运动的领导人,以这样的语气呼吁反对"奴隶制势力",让人仿佛觉得这个恶魔正在向新领土进军。认可到奴隶"也是上帝所造",也为修正1787年宪法中原来的错误提供了很强的号召力量。当然,不同的《圣经》段落也能为另一方提供支持意见,但废奴激情倚重对高级法的认知。

葛底斯堡演说,在书面准备稿中显然并不包括"这个国家,在上帝的福佑下"的话。林肯在演讲时,讲着讲着就脱离了他准备的讲稿。根据他的助理约翰·海伊和约翰·尼古拉的说法,在他准备的演讲几份草稿中都没有提到上帝。然而,在现场的四个记者,报道说他们听到了林肯提到上帝,尽管有些在场的人说林肯讲的是"这个国家应该在上帝的福佑下获得新生",而不是后来所接受的语序:"这个国家,在上帝的福佑下,获得新生。"[14]

提及"这个在上帝的福佑下的国家",强化了作为有机体的民族国家概念,作为一个单一民族像犹太人一样跟上帝订立圣约。以美国人替代与跟上帝订立圣约的犹太人(无论这听起来多么渎圣),是抵达新世界的清教徒的观念,并且成为新教神学的标准主题。这样,我们就对林肯在特伦顿演说时把美国人民称为"几近他[上帝]的选民。"[15]

内战不仅是一场将所有美国人结成牢不可破联系的战争。它也是一场被很多人,包括林肯理解成具有神学意义的战争。它从人类博爱的宗教主张中汲取力量,内战两方的领袖都从圣歌和祈祷中寻求慰藉。在他的连任宣誓就职演说中,林肯以如下的话作

---

[13] 参见,U.S. Constitution, Art. VI, Cl.3:"合众国的任何职位或公职,皆不得以宗教标准为任职资格条件。"
[14] 对演说中有关这一部分的争议,参见,Wills,同上注[6]。
[15] 1861年2月21日在新泽西州议会的演说。

结,来表达他的信念:"法律的裁断全然真确、公义。"[16]

我们可以把美国的世俗信仰的出现,追溯到这一时期美国政治中的宗教热忱。正是在这一时期,在1864年,政府开始在硬币和纸币上印上"我们信仰上帝"(IN GOD WE TRUST)的字样。很难想象,任何一个其他西方国家会允许在他们的货币(世俗商业流通货币)上刊登宗教广告。然而,不分宗教派别而表达对上帝的信仰,在美国人民的仪式中习以为常。国会开幕以祈祷开始,在宣誓就职的仪式中使用《圣经》,规定圣诞节和复活节为全国性节日,所有这些都见证了美国人民对宗教的虔诚。美国人民实际上在他们普遍对上帝的信仰中统一起来。但这并未被理解成违反宪法第一条修正案中的政教分离的原则。

"上帝福祐下的国家"这一词语已经差不多变得习以为常了。内战结束之后隔了一代人,即1892年,对美国宣誓效忠的做法开始风行全国。宣誓辞最初的版本有向"一个不可分割的国家……"宣誓效忠的话。1954年,德怀特·艾森豪威尔总统觉得里头缺了什么,这使得他加上了林肯在葛底斯堡演说中的话,变成"一个国家,在上帝福祐下,不可分割,人人得享自由和公正"。

作为一个"在上帝福祐下的国家",美国因其天命感在世界上既得到祝福,也遭到诅咒。跟上帝订立圣约,这个国家有了其天命,正如新闻记者约翰·L.奥苏利文把我们19世纪40年代的西进扩张政策描述为"命定说"。这一词语扎下根来,并且在1845年并吞得克萨斯时,在与英国谈判分割俄勒冈领地时,在领导美国一年后与墨西哥交战时,都给美国的政治家一种国家目标感。[17]这种领土扩张都是在"上帝福祐下的国家"名义之下。这些扩张确立了今天西部美国的大部分边界。

对"命定说"的坚信,以及领土扩张,不可避免导致内战。只要联邦是由一些蓄奴州和另一些自由州组成,双方就可以想象将来

---

[16] 圣经《诗篇》19:10。
[17] 参见,Anders Stephanson, *Manifest Destiny* (1996)。

会怎样。尽管遭到北方的强烈反对,南方各州指望它们的"特殊制度"能延续下去。但向西部的扩张,吸收新的领土并入联邦,在这些新州允许奴隶制会不会最终蔓延到其他州的问题上,导致了阴谋和猜疑四起。第一部宪法中接受奴隶制可能还是一个不神圣的妥协。但随着命定说以及领土扩张,这个妥协不仅仅是不神圣,而是带来不安定的因素了。

……获得自由的新生……到这,演讲临近结尾。林肯又重申了权利法案中的基本价值观。言论自由、出版自由,在"自由"各州携带武器的权利,这些都是在第一部宪法中所追求的价值观。它们将在新的宪政秩序中同样得到爱护,但第一次,自由将为所有人得享。在自由的含义中将不会存在前后的裂痕,正如在五分之三条款的妥协中,为了确定各州人口在国会的代表权,规定以"全部自由人口"和"所有其他人口的"五分之三作为计算。[18] 在新的宪政秩序的诞生中,自由人与非自由人的区分不复存在。

文字风格的问题又出现了。为何林肯在这里使用 freedom 比 liberty 更自然?不知为何,人们不会说"a new birth of liberty"。"conceived in liberty"与"new birth of freedom"用法的相对使我相信:先使用拉丁词根的自由,后使用日耳曼词根的自由,使得这些短语具有内在的和谐感。林肯这位文字风格大师,超出了我们对他的期待,他在将黑人和白人融在一起形成新的国家时,让我们想起英语具有拉丁语和日耳曼语的双重词源。

……我们要让这个民有、民治、民享的政府永存……这最后一短句话,跟"八十七年前"成为整个演说中最令人熟悉的韵律,通过这一句话,林肯阐明了内战后另外一项承诺。政府将"由人民"选举出("民治"),它应该"属于人民"("民有"),并"为人民"而存在("民享")。整个国家将通过选举来组织政府。政府将为全国服务。至少,这是一种热望。这将再需要几代人的光景,才能把黑人以及所有种族的妇女包含到拥有投票权的选民中。

---

[18] U.S. Constitution, Art. I, Sec. 2, Cl. 3.

第二章 激越的葛底斯堡演说

"民有、民治、民享",这种催眠术般的韵律,并非林肯在葛底斯堡演说中首创。在1850年波士顿的一次反奴隶制大会上,西奥多·帕克使用了类似的词语解释新的美国民主概念:

> 这是一个由全体人民的民有、民治和民享的政府。当然,这也是一个坚守永恒正义,以及坚守永不变更的上帝之法的政府。[19]

这里,美国作为单一有机联合的民族国家,与把神性带入政治中两者之间,存在强有力的联系。但是,帕克认为一个民主政府将会坚守"永不变更的上帝之法",这很难实现。民主的观念是说人民有权通过多数票自由改变法律。一个更可行的解释是说,帕克把上帝之法与"永恒正义的原则"联系起来了。随着违宪司法审查的原则最终在美国最高法院形成,这些"永恒正义的原则",为第十四条修正案的"正当程序"条款审查州和联邦法律是否合宪提供了基础。人们会接受这一观念:普遍的大众选举权在制定和修改法律上的权力,受到"正义的永恒原则"的制约。

帕克和林肯致力于大众民主,这跟1787年在费城制宪中所认可的间接民主的有限政体彻底决裂。根据宪法中所设想的精英共和制,唯一普选产生的机构是众议院,而众议院还是由有资格选举出的"各州立法机构"挑选产生。[20]各州派出的两名国会参议员则由各州立法机构选举产生。[21]总统过去是,当时仍是由各州选民挑选出的选举团选举。[22]第一部宪法不仅对谁有权成为公民未作规定,而且对是否仅仅公民有权投票,以及哪些公民有权投票的问题也未作规定。所有这些都留给州法去规定,而各州一般仅把选举权限制授予那些拥有一定财产的白人成年公民。无论是1787年

---

[19] Theodore Parker, *The Slave Power* 250(Hosmer, ed. 出版年未列明)(着重号为作者所加)。

[20] U.S. Constitution, Art. I, Sec. 2, Cl. 1.

[21] U.S. Constitution, Art. I, Sec. 3, Cl. 2.

[22] U.S. Constitution, Art. II, Sec. 1, Cl. 2.

宪法,还是权利法案,对"民主"都甚至只字未提。

战争具有一种民主化的影响。那些并肩作战的战士一旦放下武器,他们也期待能够肩并肩对国家事务作主。因而,在内战后,我们发现所有的人都对政府有新的信念,这并不令人惊奇。战后的宪政秩序对选举权的扩大作为头等大事之一。1870年,宪法第十五条修正案保障了不分"种族、肤色或以前的奴役状况"的投票权。在接下来的从第十六条修正案到第二十七条修正案这十条修正案(撇开禁酒的第十八条修正案以及废止第十八条修正案的第二十一条修正案)中,有七条修正案是涉及扩大人民选举政府的权力。[23] 简言之,林肯所承诺的大众普遍的选举权,成为新的宪政秩序的首要关注焦点。

葛底斯堡演说作为新的宪政秩序的序言强调了四个价值观,与宪法及1791年批准的权利法案形成根本对照。以下是两部宪法的结构:

独立革命宪法	内战宪法
日期: 1787年拟定,1787年批准,1789年生效 1791年权利法案修订	日期: 1863年序言,1865、1868年, 以及1870年重建修正案
权威渊源: 我们人民	权威渊源: 历史所界定的民族国家
首要价值观: 自由	首要价值观: 平等
政府形式: 共和	政府形式: 民主
最高权力: 生者的意志	最高权力: 历史的律令,神圣使命

没有比这更强烈的对比了。而且,最重要的是,四个新的方面都在葛底斯堡演说中得到很好的阐明。

---

[23] 有关对这些修正案的详尽讨论,参见第十章。

这每一个方面都以其内在一致性联系在一起。这对于赞美生者意志,并把自由视为最高权力的宪法来说有意义了。我们的费城制宪很大程度上是 18 世纪理性的产物:那一时代对人们自主选择合适的治理方式的能力深信不疑。四十年的历史证明这种自主建立的秩序,按照林肯在连任就职宣誓演说中的说法,使得人们犯下了以"可怕的战争"为代价的"罪行"。

新的宪政秩序更恭顺于上帝以及我们历史传统中体现的更精微的气质。它分享了当时主宰德国的浪漫主义思想的历史主义思考。"时代精神"(萨维尼的经典说法就是 $Zeitgeist$)在美利坚民族国家的胜利中,以及她奉行人人平等的原则中表现了出来。

作为一个引人注目的意识形态整体,新的宪政秩序紧密结合在一起。民族国家、平等和民主的价值观彼此关联、相互支撑,正如第一部宪法中的三驾马车——人民、自由与共和精英主义一样。但林肯对新宪政秩序的愿景,对于那一时代的法学家来说似乎太激越了。致力于魅化和固守 1787 年宪法价值观的保守势力渐渐淡出视野。然而,在我转而讨论内战后的这种反对力量之前,我们需要更充分理解葛底斯堡演说所昭示的宪政秩序的内在一致性。

第三章 民族国家

> 正是战争使一个民族转变成一个民族国家。
>
> ——亨利西·范·特赖奇克

在美国的政治理想中,葛底斯堡演说标志着道德精神上的一个重大突破。它为我们内战后努力实现平等公民权价值观做了准备。它开启了这一运动:扩大选举权,并将美国转变成一个大众民主国家和"民治"政府。"美国的二次革命"——詹姆斯·麦克弗森准确传神的说法——确立了重要的政治三部曲:民族国家、平等和民主。尽管这个三部曲不如法国大革命时期的自由、平等、博爱被人铭记,但它们仍成为美国政治中的引导力量。它们为第十三、十四、十五条修正案所确立的宪政新秩序,奠定了基础。

在战后美国这三个引导性价值观中,致力于建立民族国家最不受重视。我们多多少少承认平等和民主这两个价值观。我们认可第十四条修正案中"平等保护"条款,在大踏步迈向黑人与白人、男人与妇女拥有平等尊严中发挥的作用。自内战以来,大众民主已成为主流。不仅是黑人,还有那些妇女,那些无力缴纳人头税的人,那些哥伦比亚特区的居民,以及,那些年满18岁的人,根据宪法修正案,都获得了投票权。[1]政府的结构也同样有了改变。参议员如今由人民直选[2],而且,选举团被我们当作大众普选票的一个管道。

尽管我们在平等与民主的领域有了如许进步,但我们并没有承认采纳这些法律的意识形态根基。如果我们未能坚定地致力于

---

[1] 有关宪法修正案与选举权的进一步讨论,参见第十章。
[2] 美国宪法第十七条修正案。

建设葛底斯堡演说中所表述的民族国家,我们原本不可能实现美国国内各族群的平等,我们也不会对"民有、民治、民享的政府"有多少信念。林肯及其同时代的很多人,理解到正是"共同的记忆"锻造一个休戚与共的国家。[3]但这一观念,在如今我们这一代法律人、历史学家和其他评论家身上已不复存在。民族国家的概念,如同上帝的概念一样,在这场兄弟之战中各个战线的两侧,都发挥着作用。1868年当选为英国首相的威廉·E.格拉德斯通,曾讲道,杰斐逊·戴维斯和他的同胞不仅创立了一支军队,"而且创建了一个国家"。忠诚的南方人认为,他们跟北方一样,分属于不同的政治体,而且有权建立一个单独的国家。[4]然而,林肯坚定地认为,作为发表《独立宣言》那一辈先民同一后代的美利坚人民,构成了单一的民族国家。在内战临近尾声时,共和党领袖查尔斯·萨默在参议院宣称:"我们正在建立一个民族国家。"但单一的民族国家,经北军和南军将士的鲜血,已然锻造出来。

美利坚人民是否构成了一个单一民族国家,对这一问题始终争论不休。乔治·坦普顿·斯壮,在他的内战日记中曾写道:"我们从未成为一个民族国家,我们只是不同社区的聚合体而已,面临第一次严重冲突,随时就会分崩离析。"[5]对于是否存在单一的美利坚民族国家的争论,之所以出现,部分原因在于用词本身的含混不清。为了避免误解,我们必须强调"民族国家"一词的复杂性。对这一术语,有三种不同的使用方法。第一,在"全国性政府"(即全国范围内的单一政府)用语中所使用的民族国家的概念。"全国性"的含义仅仅指一个组织结构,或任何针对整个国家之内的某一现象,比如"全国性畅销书"这一表述。这种地理学意义上的"全国性",并未包含有将全国联系在一起的某些情感。

---

[3] "共同的记忆"(bonds of memory)一语出自林肯1861年3月4日第一次就职演说。
[4] 例如,有关南部邦联在葛底斯堡战斗中失败的书名提示这一点,Clifford Dowdey, *Death of a Nation: The Confederate Army at Gettysburg* (1986)。
[5] Ken Burns, *The Civil War* (第1集)中援引。

"全国性"的第二个含义用于外交事务上。任何一个试图通过延伸其法律、政策,以及领土主张来扩张自己的国家,都是国家主义性质的。但任何一个政府,无论其是否代表一个单一的民族国家,在这个意义上,都是国家主义的。前苏联贯彻一种国家主义的外交政策,但它本身则是由多个民族国家所组成的。

民族国家的第三个含义,正是我们这里所涉及的。"一个民族国家"既表达了休戚与共,也表达了因特定的历史、语言和民俗上的集体认同感,所具备的紧密联系。它包含了逝者、生者,以及尚未出生的人。地理(一起居住在一个界限明确的空间内)可能对于某些国家的形成是重要的,但确定的边界对于疆域内人民休戚与共与否,很难说是一个必需条件。犹太人、巴勒斯坦人、吉普赛人,都是寻求故土的典型民族国家例子。有三个典型的因素将人民连结成一个民族国家:语言、宗教,以及历史上曾受压迫的共同感受。我的主张是:内战产生了第三个含义上的单一的美利坚民族国家。

产生误解的原因在于,这三个不同的含义既重叠,又交叉。一个历史意义上、组织体意义上的民族国家,通常在建立国家的目标上表达了人民共同的心声。犹太复国主义政治导致建立了以色列国,这个例子说明了这一现象。一旦建立一个国家,这一民族国家可能通过,也有可能不通过一个中央集权性质的全国性政府加以体现,其外交政策有可能强调民族主义精神,也有可能不强调。确实有很多民族国家,在没有任何政府的情况下存在过多时。

我的争论要点在于:在19世纪中叶,概念上的转变正好契合美国人对自身的理解。长期演化的转变,在那时到了决定性阶段。我们已经放弃了18世纪末期的语言,放弃了1776年在费城宣布独立时的语言,放弃了1787年在费城制宪中所使用的语言,开始思考作为一个有着独特历史个性的民族国家本身。我们已不止是"我们人民"——一个有着一个政治意志的个人集合体。作为一个民族国家,我们已存在多时。而且其独有之特性,远比一个时代人们的心声更为深沉。

沃尔特·惠特曼1885年《草叶集》的引文,显著体现了这一转变。这位伟大的美国诗人,以赞颂宇宙至上力量的赞美诗风格,礼赞美利坚。在他对这片土地以及土地上生活的人民所作的赞辞中,隐含着对美利坚民族国家的认同:

> 在这个地球上,美利坚人民比起任何时代的任何民族,都可能更具诗性。美利坚合众国本身,本质上就是最伟大的诗篇……她不仅是一个民族国家,而且是众国之中的丰饶之国……[6]

> 在所有民族国家中,富有诗意的美利坚合众国最需要诗人,而且,毫无疑问将拥有最伟大的诗人,并最最善待诗人。[7]

惠特曼认为美利坚人民对诗歌拥有与众不同的欣赏力。这种看法也许是对的,也许不对。最重要的一点就是,正如拥有特别的历史、语言的其他国家一样,我们构成了一个民族国家。毫无疑问,这位诗人并不从政府结构上来看待这个国家。他说:"合众国的特色并不通过行政机构或立法机构上最佳或最多表现出来……而始终是通过普通的人民最多地表现出来。"[8]美利坚人民构成了一个民族国家,作为一个民族国家,她的伟大之处既在人民对诗歌的感受力,又在于他们跟他们身处的土地的神秘联系。

惠特曼绝不是把美利坚民族描述为一个民族国家的第一人。从很早开始,在法国人赞美他们作为民族国家之后,就有人通过跟一些欧洲国家相类比,认为美利坚是一个民族国家,并且试图表现这个与众不同的有机体自身。问题只在于程度不同而已。到19世纪中叶时,无论是欧洲人,还是美国人,在他们的头脑中都存有民族自觉意识。在19世纪早期,在南美洲新形成了一些国家,他们反抗宗主国统治,主张独立,以民族国家作为自我认同。如今轮

---

[6] Walt Whitman, Leaves of Grass (1885), in Walt Whitman, *Collected Poetry and Prose* 5 (Justin Kaplan, ed. 1982).

[7] 同上注,第8页。

[8] 同上注,第6页。

到了美利坚合众国来认识到,他们是作为一个民族国家存在的(正如林肯所主张的那样)。这一观念的根基,在于18世纪末期追求独立的斗争。但现在她已经形成了自己独有的民族特性,内部凝聚起来,要求所有的公民对其忠诚。

美利坚合众国作为一个民族国家出现,具有重要的政治意义。在接下来的几章,我会主张,民族国家的观念包含并支持这一推进力量,即,受各州管辖的所有人,在法律面前人人平等。它也促进这一开创性运动(林肯的葛底斯堡演说所显示的)朝更广泛的民主选举权方向扩散。在内战结束不久,对美利坚民族国家的自我理解,为尖锐批评和惩罚南方叛乱者的不忠提供了制高点。这些观念——平等、民主、忠于国家——彼此契合,作为一个编织在一起的整体,共同组成了第二部宪法的基础。

美利坚人民作为单一、有机联系的民族国家

转型是慢慢完成的。唯意志论者称,"我们人民"慢慢变成了一个受历史约束的有机体,这超越了选择和时间。在内战之前,最高法院的大法官们偶尔提及美利坚人民是否构成一个民族国家的问题。然而,19世纪中叶已变得稀松平常的讨论,那时候很难找到。在1793年的一个案件中,我们发现了一个暗示性问题:"美利坚人民构成一个民族国家吗?"[9]最终的答案是构成,但"民族国家"这一用语的上下文,则跟有机的民族国家观念甚少关联。正如1787年宪法中,美利坚合众国只是第一层含义的国家,拥有一个中央政府,在一定地理区域内行使治权。因此,美利坚合众国可以成为"万国公法"(亦称国际法)的对象。在最高法院作为一个全国性法庭能够拘束各州的意义上,美利坚合众国也是一个民族国家。正如最高法院在1793年判决道:"这个国家的主权存在于这个国家的人民之中,各州的剩余主权存在于各州人民之中……"要点在

---

[9] Chishold v. Georgia, 2 U.S. 419, 455 (1793).

于：美利坚合众国人民是主权者，在各州之上。

确定美利坚合众国的法律特征这些实际方面，并不需要对美利坚人民是否构成一个有机、不可分离的民族国家这一问题作答。推动人们认为存在一个有机的民族国家的观念，主要来自压制分裂，并且视我们为一股新的历史自觉意识流的浪漫主张。在每一个民族主义运动中——德国、意大利，或美利坚合众国——始终存在一种信念，从人们想象的统一体中跃升出来。废奴主义者运用了民族国家的观念，来倡导解放那些受奴役的"兄弟姐妹们"。1833年，莉迪亚·玛利亚·蔡尔德散发了一篇广受欢迎的民族主义传单，题目是："呼吁善待那些被称为非洲人的美国人"。她主张："非洲已不再是他们的土生地，正如英格兰不再是我们的土生国一样。况且，他们已不存在单独的语言或习惯上的社群……"[10] 丹尼尔·韦伯斯特甚至在主张统一的著名祷文中指出："自由和联邦，从今到永远，单一且不可分离。"这可以理解为呼吁一个有机的民族国家观念。[11] 林肯在葛底斯堡演说中曾祈祷这个国家能幸存下来。在那些导致这种观念的许多思想渊源中，这些都是很典型的。

如果只是白人受到林肯1863年演说的感染，那么，我们很难讲从战争中浮现一个单一的民族国家。然而，认同民族国家新概念的声音，既来自白人，也来自黑人。已获解放的黑奴弗里德里克·道格拉斯，曾痛切地追问是否"这个国家的白人与有色人种能够融合成同一个民族……就像同一国家之内的睦邻公民一样，在同一面旗帜下共享生命、自由，以及追求幸福的珍贵福祉"。他确信："我相信他们能够这样。"[12] 在同时代的美国黑人中，不太容易

---

[10] Lydia Maria Child, *An Appeal in Favor of That Class of Americans Called Africans* 123 (Carolyn L. Karcher, ed., rev. ed. 1996).

[11] 1830年1月26日针对富特决议（Foot's Resolution）的第二次演说。

[12] Frederick Douglass, "The Present and Future of the Colored Race in America", in *The Life and Writings of Frederick Douglass*, vol. 3, 347, 352 (Philip S. Foner, ed. 1952).

找到这样的信念。然而,在 20 世纪美国黑人分离主义运动兴起之时,不可否认的是,很多人拥有跟马丁·路德·金同样的梦想。马丁·路德·金在林肯的葛底斯堡演说发表一百年后,清晰地阐述了这个梦想:

> 我梦想,终有一天,这个国家会进步,实现她的立国真谛:"我们坚信这些真理不言而喻:人人生而平等。"我梦想,终有一天,在佐治亚的红土山岗上,昔日奴隶的子孙与昔日奴隶主的子孙,同席并坐,亲如手足。[13]

从黑人与白人共享同一观念来谈论这个国家,并非是设想这一观念会在经历内战那一代人的有生之年内顺利地实现,也并非认为美国就会超越其内在冲突。我并没有忽略这些历史:就在联邦军队在葛底斯堡获胜的同一个月,憎恨性质的种族主义激起了纽约的反征兵骚乱;在南军投降两年内,先是在孟菲斯,接着在新奥尔良,发生了针对自由黑人的集体迫害。种族歧视性质的一系列暴力事件,时至今日,仍层出不穷。然而,暴力事件,跟昔日奴隶主与奴隶后代共同拥有的和平梦想,是能够并存的。

获得自由的黑人曾拥有和平的梦想。林肯是他们的摩西。他们抵达了希望之地。通过黑奴解放,他们在法律上得到了拯救,而这些会确保他们作为自由美国人的权利得到保障。他们的爱国主义并没有被忽视。1869 年,参议员阿隆加·韦尔奇曾雄辩地告诉人们:已获解放的非洲裔美国人拥有爱国主义美德,这美德使他们有权享有选举权。[14]时光冉冉,随着新移民的涌入,我们就成了这个国家里更加资深的居民,昔日奴隶的后代占"土生美国人"(也就是《独立宣言》发表时,他们的祖先已经居住在美国的那些人,或者,至少在南军投降时,他们的祖先已经居住在美国的那些人)的比例持续上升。实际上,将来可能会出现这种情形:在他们的祖先见证过内战后法律秩序建立的美国人中,黑奴后代的比例将占绝

---

[13] 1963 年 8 月 28 日在林肯纪念堂前的演讲。
[14] Congressional Globe, 40th Congress, 3rd Session, 982 (1869).

大多数。历史上的战争塑造了我们对于民族国家的感知,毫无疑问,这段历史令黑人和白人一道对整个国家的经历,拥有共同的表达语言。

诗人和哲学家,很明显比法律人更好理解美国民族主义情绪的高涨。诗人詹姆斯·拉塞尔·洛维尔运用有关民族国家统一的欧洲人视角,看待他所处时代发生的事件。在回顾法国的亨利四世抚平16世纪法国的宗教战争创伤中起的作用时,洛维尔在林肯葛底斯堡演讲一年后写道:

> 法国的亨利四世追随国家。林肯先生则坚定地让国家追随他。一个留下了统一的法国,另一个呢,我们希望和相信,会留下一个重新统一的美国。[15]

洛维尔捕捉住了国家的关键时刻。但描述内战的文学丰碑并非诗歌,而是爱德华·埃弗里特·黑尔的短篇小说《无国之民》(The Man Without a Country),跟葛底斯堡演说同一年发表。黑尔的姓氏跟独立战争时期那位著名的烈士,即他的叔祖父内森·黑尔很相称。他的名字,正好跟林肯在葛底斯堡发表演说之前演讲的那位哈佛演说家同名。爱德华·埃弗里特·黑尔所描述的菲利普·诺兰的故事,表达了那一时期普遍的有机整体的国家感。诺兰是一名陆军中尉,小说虚构他伙同阿伦·伯尔密谋发动对美国的战争。在被指控叛国罪受审时,诺兰诅咒美国,而且放肆地声称自己永远不想再见到自己的生养之国。对他的判罚成全了他的心愿。他被判以海上终身监禁,绝不允许他再看到或听到他的故国。小说的作者详述了主人公在跟国家脱离基本联系之后遭受的痛苦。小说有个感伤的结尾。诺兰临死之前,愿望是在其墓志铭上写下:"纪念菲利普·诺兰。美国陆军中尉。他比任何人都更爱他的国家。但也比任何人更大地受到了国家的惩罚。"

《无国之民》的流行表明,到19世纪中期时,美国人已经获得

---

[15] James Russell Lowell, "The President's Policy", North American Review, vol. 98, 222 (1864).

一种新的自我认知。美国人民不再是"我们人民"的自愿联合体。他们已然结成一个有机联系的民族国家。任何人都可以想象得到，分离是对这个国家的最大威胁。然而，这种对于民族国家的浪漫观念，不仅需要情感上的基础，也同样需要哲学基础。让我们转向两位作家，他们在19世纪中期时试图解释新美国的理论根基。这两位，奥里斯梯·布朗森与弗朗西斯·利伯，政治识见不同。用今天的说法，我们可以称布朗森是保守派，而称利伯为自由派。尽管他们在很多问题上分歧重重，但对于美国作为民族国家的概念上，则是意见一致的。

两位哲学家：布朗森与利伯

奥里斯梯·布朗森1803年生于佛蒙特州，他自学成才，受到爱默生、梭罗，以及先验主义学派的影响。他对美国政治分析敏锐，对当时的各种问题著述甚丰。《美利坚共和国》一书出版于内战结束那一年。在该书中，布朗森提出了一系列的论点。林肯致力于将美利坚民族从概念上重新转化为一个民族国家，这个民族国家既包含逝者，也包含生者，以及那些尚未出生的美国人后代。布朗森的这些论点为林肯的努力提供了哲学基础。

布朗森思想的核心，是他拒斥这样的观念，即，美国作为一个自发组织的联合体，象征性地重复了根据社会契约创立政治社会的过程。与个人在自然状态下自由选择的假设相反，布朗森把民族国家置于他的社会与政府理论的中心。他认为，"个人创立政治社会，他们只要觉得适当，就能解除这个政治社会"的情况是不存在的。布朗森把上述这些哲学观点归于约翰·亚当斯名下，认为这些观点导致南部邦联主张从联邦分离出去。

为了使他的民族国家的观点站得住脚，布朗森试图超越自然与社会、个人与环境的传统区分：

> 政治社会中的人并非来自自然（状态），而是在政治社会中，这是他最自然的状态。因为社会对他来说是自然而然的，

而政府对于社会来说,是顺理成章的,而且,在某种形式上是不能分离开的。[16]

这种社群主义论点,最近在学术界更为流行。它构成了几项前提的基础。而正是这几项前提推动林肯去捍卫联邦,并在新的宪政秩序下制定了重建战败南方的政策:

> 它解释了从联邦分离出去,即便是自主自愿分离出去的做法为何是错误的,而且甚至在概念上是不可行的。这个国家有自己的生命历程,是一个"精神上"的"神秘"存在体。它不能因几个州自行其是而灭亡。
>
> 它导致这一结论:推动"分离"的领导者是对美利坚合众国的不忠,可被指控犯下叛国罪。
>
> 它说明了新宪法的必要性。新宪法源自统一后的民族国家组成一个政治国家的固有权力。"民族国家在拥有一部宪法之前,必须作为一个政治体而存在。"[17]

布朗森认为,那种把宪法视为按照投票与批准规则制定的一纸证明文书的看法是错误的。宪法源自民族国家的内质核心。它并非"我们人民"内部的不同党派讨价还价的产物,而是这个民族或民族国家作为一个共同整体的宣言。我们从 1949 年西德《基本法》的序言中,可以找到类似的观念:德意志民族国家"基于其固有的制宪权"颁布宪法。

布朗森的政治哲学,吸收了当时欧洲大陆流行的民族主义思想中的浪漫因素,但他小心地区分了美国和其他正在争取统一的其他国家。美国作为民族国家的独特性,并不表现在其单一的民族血统,而在于疆域的作用。美国国土疆域作为民族国家的构成性要素,界定了成为民族国家的政治体。布朗森认为,德国概念的

---

[16] Orestes Augustus Brownson, The American Republic, *Collected Works of Orestes Augustus Brownson*, vol. 18, 30 (Henry F. Brownson, ed. 1966).

[17] 同上注,第 74 页。

民族国家,依据的是血统,并超出传统的疆域边界,这种观念是"未开化的"。[18] 他认为,针对民族国家问题的唯一开化取向,是承认所有民族,都是不同部落与不同基因遗传源头的大杂烩而已:"一个法国人,一个意大利人,一个西班牙人,一个德国人,一个英格兰人,在他的血管里,有着上百号不同种族的血统。"[19] 如果血统并非评判标准,那么适当的起点,就应该是由共同认可的疆域边界组成的政治体。这种民族国家概念,很显然适合美国的情形。在由移民和昔日奴隶组成的民族国家,这种概念提供了共同认可的基础。

布朗森有关美利坚民族国家的概念,与林肯的相契合。这是一个部分建立在这一理念之上的民族国家:它"孕育于自由之中"。不过,布朗森强调,这一自由应该理解为法律下的自由,但这一点林肯未提及。美国是一个上帝福祐下的民族国家。布朗森很快又补充说,所有的民族都在上帝的福祐下:"每一个民族国家,从某种意义上讲,都是上帝的选民。"[20] 美利坚民族的独特之处,既不在其国家,也不在其跟上帝的关系。美利坚合众国的使命,是传播自由与法律之间的良性关联。"它的理念是自由,实际上,是法律下的自由,以及自由的法律。"[21]

布朗森对法律的尊重,使得他能理解忠诚在政治理论中占据特殊的位置,在这一点上,我跟他是有共鸣的。[22] 忠诚的概念根植于法律之中,并且追随法律。"忠诚与法律"这一对概念,与另一对概念"爱国主义与国家"形成对比。忠诚与法律,过去和现在都是政治中的定海神针。它们能带来稳定、坚持不懈与自我控制。爱国主义,以及对"神秘"国家的信念,正是"忠诚与法律"在浪漫情感

---

[18] 同上注,第 23 页。
[19] 同上注,第 43 页。
[20] 同上注,第 7—8 页。
[21] 同上。
[22] 我本人对忠诚与法律之间联系的阐述,参见,George P. Fletcher, *Loyalty: An Essay on the Morality of Relationships* (1993)。

上的对应物。它们代表了激情,以及可能的激进政治。这些激情,不受原则的限制,会带来危害(正如我们从 20 世纪的历史中所看到的)。

在布朗森的思考中,法律的观念是跟一个长治久安的国家的浮现相关的。在他眼中,美国已经从一个对革命怀有浪漫信念的国家,成熟发展到承认只有法律与忠诚方能为这个国家提供稳定的国体。他认为,内战前的美国,崇敬"造反有理的神圣权利",并且同情那些"造反者、叛乱者,以及革命分子,无论他们从哪里冒出来"[23]。"叛国贼被当作爱国志士而受人崇敬,被授予巨大荣誉,得到人们的颂扬。"[24] 内战颠覆了这些价值观的顺序。在已确立的秩序中,忠诚与忠实,使得英国人能够治理好忠实本分的殖民地。而爱国主义则为了这个国家的独立而削弱了法律。爱国主义为开国元勋们所尊崇,但南部邦联用它来撼动联邦的根基,打乱 1788 年所达成的法律秩序,爱国主义就成为邪恶了。

布朗森的思想吸引人的地方在于,他同时运用和排斥了浪漫主义传统。他依赖民族国家的概念,作为我们向往统一的根基,而他又把南部邦联视为不负责任的革命者,以及那些打碎紧密关系、破坏法律秩序的狂热爱国者的传人。

布朗森对忠诚的审慎强调,正是捕捉到了当时取胜的北方领导人中弥漫的政治情绪。对联邦的忠诚已成为重建南方的前提条件。然而,这种形式的忠诚,一如我所要详尽解释的,跟民族国家意识的形成交织在一起。

要补充一点,林肯本人可能倾向于爱国主义价值观,胜过忠诚价值观。正如他在葛底斯堡演说,以及他的连任就职演说中所显示的,他对美利坚民族国家的全力奉献,强调了统一与和解,而未虑及法律秩序。葛底斯堡演说中提到的唯一问题是这个国家能否"长治久安",而不是宪法,也非法律秩序能否长久维系下去。林肯

---

[23] Brownson,同上注[16],第 29 页。
[24] 同上。

自己对待法律的政策是明确的:法律是服务于国家及其目标的,其中包括服务于战争。这也是为什么当唐尼大法官作出裁定,否决他在巴尔的摩中止人身保护令后,林肯要拒绝执行唐尼裁定的原因。这也是为什么他强调《独立宣言》,而忽略宪法及联邦法律的原因。林肯在1861年元月初,的确把《独立宣言》跟宪法做过一个不完整的比较,他援引了《圣经》箴言中25:11的话说:"一句话说得合宜,就好比金苹果镶嵌在银画框里。"[25]金苹果象征《独立宣言》,而"围绕着它的银画框"则象征着宪法。要点在于:"画框并非为隐匿或毁坏苹果,而是为其增色,为保存它而存在。画框是为苹果而制作的,而非苹果为画框而制作。"林肯主张:《独立宣言》与宪法,"其中任何一项文件都不应该遭到污损、毁损或毁坏",但显而易见的是,金苹果比后加的画框更为重要。法律框架(宪法)只有忠实于《独立宣言》中的永恒真理,它才是不可或缺的。

联邦需要一部能表达林肯在葛底斯堡演说中阐明的基本价值观的宪法,这一见解归于林肯,这无疑是公道的。实际上,这是一部建立在民族国家、平等与民主基础上新共和国的宪法。布朗森,以及当时的其他政治理论家,对正在诞生的新宪法同样觉察到了。布朗森写下了如下的话语,其口气仿佛美利坚合众国的宪法尚未确立一般:

> 美利坚合众国的真正使命,是采纳并确立一部政治性宪法,它保留各州已有宪法优点的同时,又跟这些宪法有所不同,而具备任何州宪此前都不具备或无法具备的优点。[26]

内战永久地重铸了美利坚民族国家,这意味着一部新宪法很快应运而生。布朗森的民族国家概念,是说国家在经历战争痛苦之后统一起来,最终为宪法的产生,以及实现国家在历史中的使命做好了准备。林肯对1787年宪法的矛盾态度,是否走到布朗森这

---

[25] 文献的名称是"Fragment on the Constitution and the Union"。很显然,亚历山大·斯蒂芬斯在他1860年12月30日致林肯的信函中,使用了同一比喻。
[26] Brownson,同上注[16],第7—8页。

一概念的地步,是难以确定的。我倾向于认为,布朗森的观点作为一个外部标杆,使得我们相信林肯考虑到国家要准备一部新宪法是可能的。

布朗森哲学的巨大成功之处在于,它揭示了美国作为一个生机勃勃的精神实体,与作为政府组织之间的差异。民族国家的统一是一回事,政府的中央集权是另一回事。在他看来,没什么理由解释统一为何意味着他所谓的政府归于中央的"一统"。"如何主张联邦统一,而不流于一统,以及,如何主张州权,而不失于分崩离析?我们的政治家所面临的重要难题一直来自于前者。"[27] 正如我们将了解的,在内战后的政治中,很遗憾,这种区分并没有受到多大的重视。民族国家的难题,被简约成这样一个问题:联邦政府的集权有多大,各州保留的权力又有多少?然而,布朗森理解到这些问题是分开的。民族国家是一个精神问题,超离于政治之外。而政府组织,则是一个实际权力分享的问题。

在解读葛底斯堡演说含义方面,布朗森跟我英雄所见略同。无论他的哲学观点今天是否还吸引我们[28],他有关民族国家的概念,结合 1863 年美国人的心态解读,支持我们对于林肯演说的理解。从人民到民族国家这一用语上的转变,使得林肯跟内战后那些渴望统一与团结的人们的浪漫主义观念一致了。这一观念追求的是身份的确立,是对何谓美国人的一种自觉意识。这并不必定意味着全部权力一统到联邦政府,或者州权的削弱。

如果美利坚合众国被理解为一个在内战中铸就的民族国家,剩下的问题就是:这是否是一个跟 19 世纪中期欧洲国家所认为那样的同样意义的民族国家。没有人认为美国是源自为数有限的部族血统。问题在于,部族血统(比如,《圣经》中犹太人的自我认同)神话,在现代民族国家概念中是否应有一席之地。

---

[27] 同上注,第 9—10 页。
[28] 比如,布朗森对于家庭在建构民族国家的功能上,表达了非常保守的观点。参见,同上注,第 14 页(强调了家父制的价值)。

在这一点上,德国移民弗朗西斯·利伯饱含激情的写作,显示了欧洲人与美国人思想上的联系。他个人对这个问题的探究,也有特别的吸引力。利伯生于 1800 年,受到康德哲学的训练,年轻时曾受德国浪漫主义的熏陶。在他二十刚出头时,他试图参加希腊人的独立战争。19 世纪早期的浪漫主义青年,追随拜伦勋爵的榜样,纷纷通过投身于民族国家的解放事业。不过,利伯没能抵达希腊。他的身份文件不齐全,这使得他在罗马滞留了几年,其间,他担任一个德国神学家子女的家庭老师。当他二十大几来到美国时,他在波士顿开办了一所游泳学校。完全依靠他自己的个性能力,他努力结交当时首屈一指的知识分子。后来,他又在南卡罗来纳州一所二三流的大学里找到了一份教职,并且开始撰写有关监狱、刑法与政府的文章。

利伯一直热爱自己的出生地国德国,这一点,从他对德国爆发 1848 年革命的支持性反应中可以看出来。在一次讲课中得知革命爆发的消息时,他眼中噙满泪水。随后立即动身前往德国。当他回到德国时,发现自由主义思潮听之任之,而他以前的同胞并未做好准备,来实现他年轻时代的民主梦想。

返回美国之后,他最终成为哥大的政治学教授,而且在法学院拥有教职。利伯人生中最引人注目的成就,是在内战中实现的。通过个人关系,他得到了陆军参谋总长亨利·哈勒克将军的赏识。哈勒克委托他起草联邦野战部队的交战条例。利伯在草拟 157 条《条令》(*Instructions*)时,铭记着康德(人道主义)哲学。这后来被证明是战争法历史上的转折点。联邦军队采纳使用他所草拟的条令。这个条令也成为 19 世纪末期有关交战准则的第一个海牙公约的基础。[29]

利伯有关美国这一民族国家的思考,在他 1868 年发表的一篇

---

[29] 有关这方面的历史发展,参见, Telford Taylor, *The Anatomy of the Nuremberg Trials: A Personal Memoir* 8—11 (1992)。

文章"民族主义与国际主义"中得以表达。[30]他有关民族国家认同与政府形式关系的观点,与布朗森的观点是一致的。他认为,"中央集权制是政府的低级形式"[31]。他以英格兰为例,说明一个强大的民族国家,拥有的是权力分散的政府。按照他的观点,英格兰经过数世纪,在分权政府统治下,发展出一种民族国家的观念。对于诸如布朗森和利伯这样的哲学家而言,民族国家的问题,跟当时美国正在酝酿的有关联邦主义与州权的未来的辩论,关系不大。

利伯还把对语言方面的特殊敏感性,引入美国有关民族国家的讨论中。英语自然而然地席卷了北美大陆,取代了德语、法语和西班牙语。这一引人注目的现象,对于民族国家观念的产生,证明是至关重要的。人们操同一种语言,也许并不足以产生民族国家的观念,但共同的语言对于民族国家却是绝对必需的。正如在加拿大、前捷克斯洛伐克,以及前南斯拉夫,哪里语言上出现分离,在政治生活中,国家分裂的威胁梦魇就会如影相随。

有几个原因使得利伯敏锐地意识到英语把美国连成统一的国家。首先,他的母语是德语,这使得他比母语为英语的人更能意识到语言对于他们身份认同的重要性。其次,德国的浪漫主义运动,约翰·戈特弗里德·赫尔德的著作,强调了语言在民族自我意识形成中的作用。利伯声称,文学巨匠在政治家之前,已经指引了民族国家成为政治实体的道路:

> 但丁,以托斯卡纳方言来吟唱,为整个意大利提升了语言的尊严,这正如后来的路德通过自己翻译圣经,使得他的方言变成了德国人的语言。[32]

利伯认为,在一定疆域内聚居的民族要想成为一个国家,"聚居者操自己的语言,拥有他们自己的文学作品,以及共同的风俗,

---

[30] Francis Lieber, *Miscellaneous Writings*, vol. 2, 225 (1881)重印本。
[31] 同上。
[32] 同上注,第227页。

从而把他们跟其他或类似的民族区别开来",这是至关重要的。[33] 尽管在历史上比较罕见,但并不拥有的共同语言而合并组成一个民族国家,也是可能的。瑞士长期以来就是这样的一个例外。它是一个多语言的民族国家,拥有民族联盟的长期历史。语言对于美国形成一个共同的民族,是一个至关重要的根基。尽管美国人民在政治上分裂,但他们每次都运用英语来辩论彼此的分歧,通过这一点,他们确认了共同的身份。

正如利伯所主张的,共同的文学作品捕捉到了19世纪中期美国人独特的精神。哈里特·毕彻·斯托夫人的《汤姆叔叔的小屋》发表于1852年,一经发表,很快成为畅销书,它对于美国人形成一个民族国家(有着自己的特殊难题,以使其跟其他民族区分开)的观念有促进作用。

美国人的语言,不仅在文学作品中牢牢地占据住,并表达他们自己,而且通过报纸传递战争中各次战役的消息到全国。身临前线的新闻记者通过电报向后方发布新闻报道。有关各种各样的事件的书面报道,从联邦军队在弗雷德里克斯堡战役的大败,到其后联邦军队在葛底斯堡战役中取得转折性胜利,阅读这些新闻报道,用本尼迪克特·安德森恰当的词语来说,激起了民族国家形象。[34] 新发明的电报传播新闻消息,并使得内战成为第一场实时报道的战争。在缅因州或是田纳西州阅读新闻报道的美国人,能够想象得到,其他一些他们从未谋面的人们也在阅读同样的报纸,并随着北军或南军的进攻与失败,举行着同样的仪式。他们在同一种语言所表达的同一个国家的大剧里遭遇。

战士们同样也会意识到这一点,如果他们想一想的话,可能会觉得这是异乎寻常的:所有这些来自全国不同地方的年轻人,不管是在缅因州旗帜下,还是在弗吉尼亚州旗帜下战斗,都讲着同样的

---

[33] 同上。

[34] Benedict Anderson, *Imagined Communities: Reflections on the Origin and Spread of Nationalism* (1991).

语言。即便他们在家里讲德语或荷兰语,但在战场上,他们讲的是英语。国家处于战争之中,然而,这场战争加强了相互的认识与理解,即,所有的参战战士,拥有共同的文化。

战争的最后成就,是把以前的奴隶,也投入到统一国家的努力中。在开战之时,四百万美国黑人尚无人服兵役。1862年,国会批准获解放的奴隶服兵役。一年以后,受训的黑人军团开始投入战斗。这些黑人士兵,于1863年6月在路易斯安那州的密立肯本德战役中,首次展现他们的勇敢战斗精神,紧接着葛底斯堡战役之后,在南卡罗来纳州的瓦格纳堡,再次展现他们的英勇。马萨诸塞州的第54营非常英勇善战,他们营的名字及他们的战斗事迹,谱写了美国黑人的荣耀历史记录。那时的部队仍是种族隔离的,而且,直到1864年夏季之前,黑人士兵的军饷会较低。但黑人战士的勇敢与牺牲,较之废奴主义者关于手足情谊的所有漂亮言辞,更多激起了国家统一的观念。[35]

利伯有关形成民族国家的其中一个要素是"大量同种人口",他的这一见解并不完全对。[36]这在欧洲民族国家形成中,可能是典型特征,但这一概括并不适于美国人民。有时候,一些国家正是在他们的差异上建立起来的。他们克服了令其他国家分崩离析的困难而组建成一个国家,他们为此感到骄傲。德国人通过1648年的西伐利亚条约,将天主教和路德教派结成稳定而顺利的关系。瑞士人对于他们把不同文化地区的人民,将不同语言和方言地区的人民,结成同一个联邦,而深感自得。美国人民同样是从他们放弃国家的种族分离,转而认可不同地区的文化差异之美,通过同一种语言和共同的国家统一大剧联合在一起。

另外,对于民族国家理论,利伯也是一位敏锐的理论家,对"民族国家"与"人民"概念上的差异,也特别敏感。他认为,除了英语

---

[35] 有关细节讨论,参见,Geoffrey C. Ward, with Ric Burns and Ken Burns, *The Civil War* 246—53 (1990)。

[36] Lieber,同上注[30],第227页。

之外,其他所有欧洲语言中,"民族国家"有一种"恢宏"的意味,而"人民"则跟平凡联系在一起,就跟过去一样,代表了乌合之众。他从当时的法语词典中找到支持。[37] 语言问题可能更复杂。如今,法语词汇 peuple 很少表达利伯所提到的负面含义。[38]

我这里的辩论意见,并不视准确选择使用"民族国家"或"人民"这样的词语而定。相关的问题在于,人们是否认为美国人民是否是因"为了建立一个更完善的联邦"而联合在一起的自治个人的集合体。如果是这样,那他们就是利伯所谓的"仅仅在一块疆域内的聚居者"[39]。抑或,他们是碰巧因出身及地域,而注定拥有共同历史命运的一群人?在 19 世纪中期,人们对这一问题的常见提问方式是问这群人是否拥有"民族特质"。[40] 利伯坚持认为美国人民具有这样的特质,而且更进一步认为,"如果没有民族特质,各州就不可能维系那么长,也不可能具备政治社会的延续性,而这对我们的进步是必需的"[41]。

这些思想,就是从内战中浮现的对民族国家的哲学思考。布朗森和利伯,作为当时首屈一指的思想家中的两位代表,理解到美国的内战经历中所凝结的纽带。政治家们也理解这一点。对民族国家的认识,在主导内战后美国有关公义与不义的辩论中涌现出来。这里,我们需要倾听那些感觉因分裂与战争而遭到背叛的人们的诉说。

---

[37] 同上注,第 228 页。
[38] Bruce Ackerman 的 *We the People* 一书最新的法语译本名称为 *Au Nom du peuple*。
[39] Lieber,同上注〔30〕,第 228 页。
[40] 同上("在一个有机整体中,民族国家和人民这两个词汇,存在着首要的差异")。
[41] 同上。

第四章　忠诚与背叛

尽管我有对联邦的全部热诚之心,以及作为一个美国公民的忠诚感与责任感,但我没有办法下定决心跟我的亲戚、我的孩子们、我的家乡作敌。

——罗伯特·E.李

战争的炮火令人恐惧。当兄弟之间开始用滑膛枪和加农炮相互对射,空气中便弥漫着危险。对于人类而言,濒死的感觉具有积极或消极的作用。暴力是千态万状的。大规模的屠杀则一般是出于某一目的,有时候目的是好的,有时候则是坏的。我们学会看到其中的差异。出于自卫的杀人,完全不同于出于牟利的杀人。处决一个谋杀犯,跟冷血谋杀行为完全不是一码事(尽管有些人认为没什么两样)。事实上,我们所有人的思考跟法律人一样。我们寻求暴力的意义,把好跟坏区分出来,将文明的与野蛮的暴力区别开来,将军队的战斗与罪犯的自利行为区别开来。

理解北军和南军所造成的暴力问题,成为了有关内战的法律与哲学的长期难题之一。各式各样的讨论,范围很广泛。最简单的回答,是把彼此的攻击纯粹视为刑事谋杀。在第一次牛奔溪(Bull Run)战役中,北军士兵消灭了2000名南军士兵,这只是被理解为2000起刑事杀人。博勒加德将军统领的南军部队,所造成的3000名北军士兵的阵亡,也可以作同样的理解。然而,这种说法并未抓住战争的要素。它将南军的军事行动等同于恐怖袭击。在联邦政府的另一个敌人炸毁了位于俄克拉荷马城的联邦大楼时,我们把这次袭击完全视为杀人。当恐怖主义分子在以色列的市场安置炸弹,那里的政府视他们为刑事犯。然而,内战中的杀戮,作为战斗中的拼杀,显得更尊荣些。

战争拥有自己的特权。普通的内国刑法并不适用。两支武装起来、身着制服的"交战"部队在战场上遭遇,至少对于寻求消灭对方的战士而言,投入战斗是没有罪的,消灭敌人,不受惩罚。这是国际战争法的领域。值得注意的是,我在第三章讨论过其人生生涯的弗朗西斯·利伯,曾受命草拟了第一个交战条令。他的军事行为准则草稿成为《战场条令100条》,这个条令后来又成为各个海牙公约的基础,并且是规定战场中暴力行为的国际法主体。

那些在战争中致死、致残对方的战斗人员,一般最好以战犯对待。他们不会因常规范围内的作战行为而受到惩罚,他们会被关押在战犯拘留营,跟抵罪受罚的"刑事犯"是分开的。敌对战争结束后,战犯要予以释放。

约翰·布朗的突袭:罪行、战争,还是叛国?

然而,战争与犯罪的界限不那么容易划分。想一想约翰·布朗对弗吉尼亚哈泊渡口的突袭,回头看,这一事件被视为战争的导火索。布朗与来自堪萨斯州的18名同伙袭击了一个军械库,企图夺取武器展开行动,激起整个南方的奴隶起义。当地人在这场小规模战斗中守住了自己的阵地,将布朗一伙人逐至一个消防站藏身。年轻的罗伯特·E.李中校率正规部队抵达出事地点,轻松夺回消防站。布朗及其同伙为其在哈泊渡口造成的几个人员伤亡承担责任。他们犯下的是什么罪行?这是战争行为么?他们能够声称自己是战犯而得到特殊待遇么?

将这次突袭视为战争行为,可能性不大,弗吉尼亚州亦不打算将布朗视为一般的刑事犯来审判。弗州自相矛盾,以叛国罪指控布朗。我之所以说"自相矛盾",是因为叛国罪跟其他罪行根本不同。根据英格兰普通法所理解的叛国罪,以及美国所接受的这一概念,叛国罪仅仅适于那些因为公民身份或居民身份,而对政府承担忠诚责任的人。是否犯下杀人、盗窃、强奸、抢劫这些罪行,无须考虑侵害人与受害人先前的关系状态。他们之间的关联是无关紧要的。犯罪不考虑人身关系。电影《教父》中有一句著名的台词："即使向你的父亲开枪，也是公干，而非针对个人。"这可是理解这句台词的一个方式。

相形之下，叛国罪则完全针对人身关系。叛逆罪源自封建秩序中农奴对领主，尤其是对国王的效忠义务。在美国，我们没有国王来效忠，整个国家就成了我们的忠诚对象。然而，宪法中涉及叛国罪的条款，其目标是为了把英格兰的宽泛定义限定在两种情形的范围内。第一个是对联邦"发动战争"，第二个是"附敌、资敌"[1]。

这两个简洁的条款具有丰富的寓意。它并未规定叛国者对联邦的效忠为何，但其隐含的意义显而易见。"附"敌、"资"敌犯下的叛国罪，接受投靠和支援的对象应是敌国。那些参加战斗的人并未犯下叛国罪。如果某人是敌方的人，那么依附敌方就没什么错可言。我方的人逆附敌方，就有了问题。只有当罪犯对一个国家承担忠诚义务，那个国家声称其背叛了国家，叛逆罪才可能成立。[2]

跟叛国罪最接近的罪行是通奸罪。只有那些已婚人士才能犯下通奸罪。只有那些在一夫一妻制下的人，才可能会对对方不忠。只有那些对国家负有忠诚义务的人，才能犯下叛国罪。跟国家的"婚姻"要求较为常见，但并不总是在公民身份要求中得到明确表达。威廉·乔伊斯（呃—呃勋爵）出生并成长于英格兰，当他用自己纯正的英语口音为第三帝国作战争宣传时，他的行为有违于他对英格兰的忠诚义务，至少英国的刑事法院是这么判决的。乔伊斯内心里大有可能对英格兰没有忠诚感。他抛弃了生养他的国家，对战争中他支持的一方"资援"，完全是合乎自然的。在打消了

---

[1] U. S. Constitution, Art. III, Sec. 3, Cl. 1.
[2] 参见, 18 United States Code, Sec. 2381（规定"效忠美国"是犯有叛国罪的条件）。

起初的疑虑之后,英格兰的法庭作出判决认为,即便乔伊斯并非具有公民身份,也不考虑他对英格兰的感情倾向为何,他仍犯下叛国罪。不管乔伊斯自己的感受如何,英格兰人认为乔伊斯是他们中的一员,他应承担相应的忠诚义务。

尽管律师们如今把公民身份或永久居留权视为叛国罪成立的要件,但它所要求的关联,事实上较政治组织中的成员身份法律定义更为神秘,更难以界定。忠诚并不针对授予公民身份的政治意义上的国家,而是民族国家,这一含义上的国家对其成员有各种各样的要求,但不授予任何东西。民族国家以及不得背叛国家的义务,正是这一实体的两个方面,这个实体更多存在于人民的心中,甚于存在于法律形式之中。

因而,弗吉尼亚州指控约翰·布朗犯有叛国罪。他们对哈泊渡口的突袭,可以被看做是纯粹的重罪,抑或,走到另一个极端,被视为是军事敌对行动。然而,上述无论哪一个观点,都没有捕捉到弗吉尼亚人因布朗发动奴隶起义的徒劳之举,所感受到的特别伤害与恐惧。指控布朗犯有叛国罪,将他的暴力行为转换成精密策划的背叛之举。而且,叛国罪指控还强调了一个政治上的重点。弗吉尼亚是一个主权州,是享有自治的政治体。它跟自己的公民之间,存在那种在任何国家里都能要求的关系。叛国罪的指控还表达了一种团体联合的感觉,是对民族国家的自我认同,与人民间的自愿联合是相对立的。叛国贼该死,人们普遍这么相信。弗吉尼亚的法庭判处约翰·布朗犯有叛国罪,三个月内便将他绞死。忠于不同的民族国家,以及不同的基本价值观,布朗死到临头也没有负罪感与悔恨之心。北方人则把他作为英雄来赞颂,作为誓死捍卫黑奴解放事业的先驱来颂扬,称"他的精神继续高歌猛进"。

然而,弗吉尼亚州对约翰·布朗的叛国罪指控,充满了自相矛盾之处。弗吉尼亚州可能因布朗的行为而受到威胁,尊严受损,但作为"外州人",布朗跟他的同伙并不对弗吉尼亚承担忠诚义务。在试图运用民族主义论调界定南北方之间冲突这一点上,这正是贯穿全部过程中许多自相矛盾之处的头一个矛盾。

在19世纪中期的美国，一个突出的特点就是人们受到民族国家和忠诚议题的浸染。普通罪行利害关系不大。但正如林肯在首任就职演说中所描述的，破坏"手足情谊"，造成的则不止是皮肉伤了。关系重于后果的观念，在现代读者那里不太可能有很好的共鸣。如今我们更偏向刑事术语。国际刑事司法的前沿问题，就是有关战争的罪行以及反人类的罪行。德国将自己的人民驱往奥斯威辛集中营，这一做法的巨大罪恶在于，它有负于德国犹太人将自己托付给生身之国的信任。不过，纽伦堡法庭把这一罪行解释为：它违反了所有民族对抽象意义的人类的责任。要理解形成兄弟之战心理的观念，我们必须回到当时那个时代人们的心态来思考。我们必须领悟那个有影响力的实体，它既把我们跟历史紧密联系起来，也构成了我们的生身之国。

甚至在萨姆特要塞被炮轰之前，有关忠诚的用语就指引人们表达他们的责任感，以及他们所承受的不公正。已经担任南部邦联军队指挥官的罗伯特·E.李，实际上对联邦是忠诚的，而且他还反对奴隶制。尽管如此，他仍然选择了把对弗吉尼亚的忠诚，对他的亲戚朋友的忠诚，置于对关系较远的政府的忠诚之前。这一决定，不能理解为道德上对或错的决定。忠诚问题超越了传统的道德问题。这也是李采取自己的个人立场，并因自己的诚实而赢得尊敬之所在。

在忠诚与背叛问题上，北方的领导人同样运用类似的言语。在1861年7月4日一次重要演讲中，为自己的战争政策辩护，林肯反复称南部邦联士兵是叛国贼。最高法院在1862年年末发布了一个非常重要的判决（我将会详尽讨论这一判决），我们可以看到这样的话："他们（南部各州）已经抛弃了对联邦的忠诚，对联邦政府宣战，因为他们是叛国贼，所以他们成了我们的敌人。"[3]这种语言，在那些描述处于兄弟对立之行为的人们嘴边，是很容易溜出来的。

---

[3] The *Prize Cases*, 67 U.S. 635 (1862).

捕获案：战争，非战

忠诚与背叛的问题，在1862年12月的捕获案中困扰着最高法院。当时案件涉及北方封锁南部各港口的有效性问题。1861年4月底，南部对萨姆特要塞炮轰不久，林肯宣布对南部各港口进行封锁。联邦军舰拦截了几艘挂墨西哥和英国国旗、试图穿越封锁的船只。联邦军舰捕获了船只，没收了船上的货物。货主提起诉讼，想索回货物。争论的问题在于，总统在未经国会宣战的情况下，是否有权下令封锁叛乱各州的港口，以及，是否有权将违反封锁的船只视为国际法下的非法行为，从而将船上的货物作为禁运品加以没收。

这些问题涉及方方面面。林肯在未经国会授权下，是否有权作出封锁令？我们先暂且不讨论林肯是否违反了1787年宪法所规定的总统职责。正如我在前文已经指出的，在当时的战争紧急状况，及有必要建立新的宪政秩序情形下，林肯并未认真看待1787年宪法所规定的总统责任。更紧迫的问题是美国跟外国列强之间的国际关系，这些国家出于棉花贸易的原因，站在南部邦联一边，予以干涉。林肯需要最高法院的判决，以向英国和法国解释，为何美国有权根据国际法采取封锁行动，并捕获那些试图来往于南部港口的船只。

国际法的基本规则是，在"敌对方"之间处于交战状态下，政府有权实施封锁行动，以隔离冲突。[4]林肯需要最高法院支持他的命令为合法，但他又不想让最高法院的这一支持，变成是对南部邦联军队作为国际法下的一支独立的外国军队的认可。他一再把南部邦联的军事行动称为叛乱或暴乱，而不是称之为战争。难题在于，如果不把南部邦联视为国际意义上的交战方，封锁又怎能按照国际法宣布为合法。最高法院中的五名大法官，试图消弭这些自相

---

[4] D.P. O'Connell, *International Law*, vol.2, 651 (2nd ed. 1970).

矛盾。靠勉强多数,最高法院判定,在1861年4月底,"内战"状态作为事实已然存在,总统有权独自采取军事行动镇压叛乱。[5]判决随后指出,根据国际法,中立国有义务承认事实上的封锁。如果中立国的船只突破封锁,它们应被拦截和捕获。最高法院在不承认南部邦联代表发动全面战争的独立交战方的前提下,令人匪夷所思地努力达成这一结论。

林肯的立场,无论在国内还是在国外,都获得全面的胜利。他的权威得到支持,联邦军队的炮艇可以捕获违反封锁的船只及船上的货物,南部邦联也没得到它想要的承认。不仅捕获根据战争法是合法的,而且,分离主义分子仍被打上叛国贼的烙印。这是一场国际战争,也同时是一场国内战争。南部邦联莫名其妙地成为外敌,他们的货物被捕获,而与此同时,他们又是国内的叛国贼。格里尔大法官代表最高法院多数派法官撰写的判决意见推理道,南部邦联的领导人是叛国贼,"因为他们是叛国贼,所以他们成了我们的敌人"[6]。兄弟阋墙之时,这是应该可以料想得到的逻辑。

在"净化"一词发明之前的净化

随着战事进行,我们在理解和描绘战场另一端对手方面,遇到了不可避免的矛盾。然而,在南军投降之后,我们遭遇一系列崭新的难题。我们如何把以前的叛敌吸收进国家的政府中,以及地方社区中?针对这一难题,至少存在三种不同风格的政策。其中之一便是林肯的和解政策。他主张对那些因内心的激情而迷失方向的人采取和解的态度。这些人在沉迷于不切实际的分裂战争前,本是善良的美国人,现在既然战事结束了,他们仍将是善良的美国人。林肯在动员国家从事战争之时,放任自己使用贬损对方的语

---

[5] 宪法对于总统处理叛乱的权力未作规定,不过,宪法的确规定国会有权"制定召集民兵执行联邦法律,镇压叛乱,抵抗外侵的条example"(U.S. Constitution, Art. I, Sec. 8, Cl. 15)。大法官们也部分依赖了国会其后对捕获的批准。

[6] 67 U.S. at 674.

言,把对方斥为叛国者,随着战争出现逆转,我们看到他在葛底斯堡演说中采用了中立的语气。在1865年3月他的连任就职演说中,他明确地讲出了已经隐含在葛底斯堡演说中著名的和解话语:

> 对任何人没有怨恨,对所有人都抱宽厚仁慈之心。坚守公义,因为上帝让我们看到公义。让我们力争完成我们正从事的事业。消除战争的创伤。关怀那些承受战事重负的人们,照顾好他们的遗孀和遗孤。在国内,以及跟所有的国家,力图创造并珍惜一个公正、持久的和平。

与和解愿望相对立的是人们的天性倾向,在政治家和人民中,都有人要想惩罚那些战败者,并确保分离主义倾向从各州政府中永远根除出去。这两种倾向之间的冲突,在当代从专制政体到民主政体的转型努力中又再现了。普遍的难题是:一个曾长期笼罩在暴力与背叛阴影下的国家,如何救赎自身并重新开始?在经历了大乱之后,如何将那些过去曾被视为敌人的人融入这个国家?这正是德国在第二次世界大战后碰到的难题,也成为东欧和拉丁美洲无数国家普遍面临的问题,这些国家如果说不是寻求"自由的新生",至少也是第一次接受林肯在葛底斯堡演说中所推动的那些价值观。

自从1989年东欧剧变之后,西方一再面临的难题是:我们如何才能跟历史和解?我们要控告那些前共产党人吗?我们要剥夺他们从事公职的资格么?抑或,我们仅仅是暂时忘掉记忆,希望随着时光流逝,以前的背叛者会死光,新的一代会取代他们的位置。

在东欧的转型政治中,出现了两种模式的和解与惩罚。以匈牙利为代表的一类国家,清算历史的适当方式,是授予那些遭受迫害的殉道者以荣誉,但并不剥夺前共产党官员的参政资格。因而,匈牙利人以隆重的仪式重新安葬了一些已死的英雄,其中有改革派政治领导人伊姆雷·纳吉,在1956年暴动失败以后,纳吉迅速被共产党人处决(匈牙利人有一句自嘲性质的格言,表达了他们这种偏好象征性质葬礼的倾向:"匈牙利人知道如何埋葬死者")。缅怀死者,让生者(有些有历史污点)活下去。20 世纪 70 年代和 80 年代共产党的改革派领导人如今仍保持他们的影响力,其中有些人,比如朱拉·霍恩,甚至在民主选举体制下掌握了政权。

另外一种模式以捷克斯洛伐克为例,以及,联邦德国在跟前民主德国统一之后更为激进的做法。在"天鹅绒革命"后不久,捷克颁布了"净化"法,以阻止前共产党人参与公职。而德国人的做法则更激进,他们把东德的所有法官和法律教授都予以停职,并对这些人员逐一进行审查,以确定他们是否适合在民主的法律制度下从事法律职业。自从那时候起,西德的"外来投机分子"差不多占据了东德各大学现有的全部法律教授席位。

"净化"的话题在美国内战后的重建时期大为盛行,尽管这一词语在政治上的使用,要等到一个多世纪之后。我们对这一问题之所以感兴趣,原因在于:忠诚与背叛问题所表现的方式,显露了美国人潜藏的民族国家感。那些赞同林肯和解政策的人,对于民族国家有强烈的观念,认为国家能够经受得住 1861 年到 1865 年降临到这块土地上的灾祸。那些主张"净化"的人们,极力主张散布"他们"与"我们"之间不是一路人。

"另一方",指的是那些同情南部邦联的人,被视为事实上对联邦不忠诚,不适合在战后法律秩序中有一席之地。然而,整个国家已经被美国政府不同部门之间猛烈冲突,搞得四分五裂。依据未经证实的不忠诚推定来剥夺公职资格的政策,受到最高法院的尽力阻止。当时的一个重大案件是 Cummings v. Missouri,这一案件使得最高法院关注到整个战争期间,蓄奴州密苏里普遍的紧张局势。[7] 密苏里州地处北方与南方的交界处,是整个战争的一个缩影。在该州,有超过 10 万的年轻人为联邦奋战,而另一方面,又有 3 万人为南部邦联而战。密苏里州并未正式脱离联邦,但密苏里州州长克莱伯恩·杰克逊,却策划跟南部结盟。克莱伯恩·杰克逊

---

[7] Cummings v. Missouri, 71 U.S. 277 (1866).

拒绝执行林肯在1861年5月征召军队的命令,而是在圣路易斯市郊外驻扎了密苏里州自己的守备部队。当这支军队被怀疑亲南部邦联时,一名年轻、脾气暴躁的联邦将军内森尼尔·莱昂,率部猛攻他们,获得了胜利。不过,杰克逊重新部署了军队,之后在威尔逊溪打败了联邦军队。在战争的大部分期间,究竟谁在该州主政,闹不清楚。杰克逊曾在1861年秋召集过一次立法机构的会议,但到席人数凑不足法定人数。

随着内战临近尾声,密苏里州开始草拟新宪法。1865年6月,通过人民的投票,最终采纳了一部新宪法。新宪法剥夺了所有那些不愿宣誓证明自己在内战期间绝对效忠联邦的律师和牧师的从业资格。一个名叫卡明思的天主教神父拒绝宣誓,他被课以500美元罚金。密苏里州将其投入监狱,以迫使他缴纳罚金。卡明思在1866年年底将其案件上诉至最高法院。他辩称,密苏里州在宪法上无权依据他过去的行为或他拒绝宣誓来剥夺他的职业资格。[8]另一个与此相类似的案件也上诉至最高法院。在该案中,一名律师被剥夺了执业的权利,理由是他曾经在南部邦联担任过州一级的官员(尽管他已经得到约翰逊总统的完全赦免)。[9]两个案件都涉及这一问题,即,无论是州层面还是联邦层面的立法机构,是否能够依据一个人未能宣誓或过去曾效忠过南部邦联的状况,来推定他如今丧失政治资格。

这些就是"净化"法,一清二楚。净化法的观念是说,在重建一个社会时,那些过去曾经为敌的人被排斥在外,不能参与。要做到这一点,从一个人过去的背叛行径推定他现在同样不可靠,就行了。不过,从一个人的过去推定到现在这种做法,有些矫枉过正。每一个曾经反对过联邦的人,都被扔进同一个筐里,推定他们不适合公职。这既对受到影响的个人不公平,对重建进程也不利。法律上的难题在于,最高法院采取怎样的方式干涉这种做法。尤其

---

[8] 同上。
[9] Ex Parte Garland, 71 U.S. 333 (1866).

是在密苏里州的这个案子上，采取怎样的方式，来否决该州过于宽泛的政策，这一政策是根据推定的背叛而剥夺牧师和律师的从业资格。

这一年是 1866 年。1865 年批准的宪法第十三条修正案已经终结了奴隶制。但新的宪政秩序尚未发挥效力。为分析这些争议问题提供适当框架的宪法第十四条修正案的"正当程序"与"平等保护"条款，还得两年后才获得通过。最高法院全部能够运用的，就是 1787 年宪法中的几个条款，尽管当时国家正处在按照新的法律秩序的重建运动中，但这些条款依然支配着当时的司法辩论。

最高法院必须对参与战后重建是否必须作出忠诚宣誓的问题作出判决，因此，最高法院援用了 1787 年宪法中一个不引人注目的条款。该条款禁止任何州通过"褫夺法权"的法律。[10]（英国）议会通过的褫夺法权的法律，一般会列明政府敌人的名字，并对这些特定个人课以罚金。而这些法律是根本不同的，因为它们并未列明特定个人的名字。密苏里州的法律确实规定那些因拒绝宣誓而有罪的人说明自己的身份。按照最高法院的立场，褫夺法权的法律与溯及既往的法律（同样遭到 1787 年宪法中同一规定禁止）的基本特征在于，它们都是要么未经法庭审理（褫夺法权），要么追溯既往（溯及既往）而加诸惩罚。对卡明思处以的惩罚是多重的：罚金、监禁、禁止担任牧师。[11] 依照最高法院的观点，后者已经足以使密苏里州的宪法规定转变成褫夺法权的法律。此外，该规定还是一个溯及既往的法律，因为它是对背叛该州的行为，施以剥夺职业资格的额外惩罚。[12]

最高法院以五比四的勉强多数干预处理这些案件，这表明最高法院愿意支持全国和解的政策，同样在面对那些追查、惩罚背

----

[10] U.S. Constitution, Art. I, Sec. 10, Cl. 1.

[11] 如今，在这方面的禁止会让我们感觉违反了第一条修正案的"宗教自由"，但当时这一条款并不适用于各州。

[12] Cummings v. Missouri, 71 U.S. at 328—329.

叛者之时,愿意保护个人权利。最高法院的判决也说明,老宪法足以应付解决种种难题,这些难题是因将曾经的背叛者重新融入内战后的政治与社会生活而产生的。"净化"政策并未污损到老宪法,也许我们可以无须通过对背叛者复仇来度过内战后的年代。

然而,国会的心思不同。当时激进的共和党人让宪法第十四条修正案顺利获得通过,在合法性存在疑问的情形下[13],修正案包含了几个条款,这几个条款明确旨在惩罚南方,以及惩罚那些支持南部邦联分裂事业的人。该修正案的第3款针对的正是背叛者,即,那些曾经作为官员宣誓拥护联邦宪法(杰斐逊·戴维斯正是这样的情形),而后又支持南部邦联的人,被推定剥夺担任重组后联邦政府公职的资格,他们唯一能求助的是向国会请愿,请求国会个别豁免。[14]该修正案的第4款则一笔勾销了所有欠南部邦联的债务,并且宣布因解放奴隶所支付的赔偿金为非法。[15]

该条修正案的第2款要点则有所不同。它的目标是对那些拒绝授予黑人选举权的州予以制裁。这一条款还间接地对那些曾经的背叛者执行净化和戴帽的政策,因为它规定一个州可以不受制

---

[13] 参见,Bruce Ackerman, *We the People*: *Transformations* 8—11 (1998)。

[14] U.S. Constitution, Fourteenth Amendments, Sec. 3. ("任何先前曾作为国会议员,或是合众国官员,或任何州议会的议员,或任何州的行政或司法官员的身份,宣誓维护合众国宪法,以后颠覆或反叛合众国,或有资敌行为,概不得担任国会参议员或众议员,不得担任总统和副总统选举人,不得担任合众国或任何州属下的任何文职或军职官员。但国会有权以两院各三分之二的多数票取消此种限制。")

[15] U.S. Constitution, Fourteenth Amendments, Sec. 4. ("对于经法律批准的合众国公债,包括因平定暴乱或叛乱而支付服役官兵的军饷与抚恤金而产生的债务,其效力不得怀疑。但无论合众国或任何一州,都不得偿付或承担因援助对合众国的暴乱或叛乱而产生的任何债务或义务,亦不得偿付或承担因丧失或解放任何奴隶而提出的任何索赔;所有这类债务、义务和索赔,都应被认为非法无效。")

裁地剥夺那些"参与叛乱"者的投票权。[16]从 1866 年到 1868 年,从卡明思案到第十四条修正案,这可是一个相当显著的变化。最高法院采取了强硬的立场,赞同和解并保护个人权利。国会,以及批准宪法修正案的那些州,则倾向于把他们对曾经背叛过联邦的人的不宽容政策写入宪法中。

对于处置背叛在政治上的用途,则有多种形式。约翰逊总统明显想利用净化法来摧毁大种植园主的势力。根据他在 1865 年 5 月 29 日发布的文告,他赦免了所有参与叛乱的人,并恢复了他们的财产权(当然除他们以前拥有对奴隶的财产权之外),但这个大赦有一些例外,特别是那些拥有价值超过 2 万美元应税财产的南部邦联主要官员,被排除在外。这一批人,即那些既富有,又背叛联邦的人,必须向总统申请特别赦免。约翰逊的计划,是使得经济精英丧失权威,并阻止他们参与设计内战后新政府的制宪会议。与此同时,他也希望限制非洲裔美国人在政治上的参与(在 1870 年通过宪法第十五条修正案之前)。既没了精英,也没了黑人的影响,这就大致为小农场主、南方的自耕农获取权力打开了道路。[17]

相形之下,获得解放的奴隶,成了一支典型的忠心耿耿的力量。共和党人赞颂他们的爱国精神。[18]如果献身于国家是重点所在,那么,黑人毫无疑问赢得了选举权。然而,世上没有这么简单的理论来推动选举权的分配。对于一些人来说,他们的动机是惩罚和剥夺背叛者的选举权。对于另外一部分人来说,策略是出于

---

[16] U. S. Constitution, Fourteenth Amendments, Sec. 2. ("众议员的名额应按各州人口比例进行分配,每州人口统计包括该州除未纳税的印第安人之外的全部人口。但在选举合众国总统和副总统选举人、国会议员、州行政和司法官员或州议会议员的任何选举中,一州年满 21 岁并且是合众国公民的任何男性居民,如其上述选举权被剥夺或以任何方式受限制(因参加叛乱或其他犯罪而被剥夺者除外),则该州代表权的基础,应按上述被剥夺或被限制选举权的男性公民人数占该州年满 21 岁男性公民总人数的比例核减。")

[17] 对这些政治计谋的分析,参见,Eric Foner, *Reconstruction: America's Unfinished Revolution* 1863—1877, at 183—85 (1988)。

[18] 参见,参议员韦尔奇的评论,上文第 63 页(原书页码,本书边码——译注)。

政治考虑的:仅仅支持那些把选票投给本党的人士。忠诚与背叛的重大问题,消解成追逐党派优势。

杰斐逊·戴维斯作为南部邦联的象征

所有这些争议问题,无论是和解,还是对背叛者的惩罚,以及净化、政治优势,都在解决战败的南部邦联总统杰斐逊·戴维斯的命运问题上,达到公众关注的顶点。戴维斯的生平,是爱国忠诚在错误时间走错方向的故事。作为墨西哥战争的英雄,以及来自密西西比州的前国会众议员和参议员,戴维斯是热爱美国的爱国精神典型。不过,他们优先对他们生活的本地区以及他们的生活方式献出忠诚。戴维斯是如此忠于南部邦联的事业,在李将军于1864年4月9日向联邦投降之后,戴维斯仍然负隅顽抗。他率领南部邦联的残余政府躲进了南方腹地,直到5月11日才被抓获。戴维斯被抓获之后,被关押在弗吉尼亚州门罗要塞中的单人牢房,身心憔悴。当时讨论的首要话题,就是戴维斯是否会以叛国罪受到指控,或者是否甚至会以谋杀罪被指控。在当时参与讨论的人中,有一个法国观察家阿道菲·德·钱布鲁姆侯爵。此人当时正好访问美国,并受到当时的一些头面人物,包括查尔斯·萨姆勒和林肯本人的接见。钱布鲁姆对戴维斯的同情,在他的日记中有所表达,当然,他的日记在很多年后才出版。[19]

19世纪早期,当拿破仑的前途未卜之时,在忠诚上变换门庭的难题也曾困扰过法国人。钱布鲁姆回忆起米歇尔·内依元帅的命运。内依起初是拿破仑的副官,在拿破仑退位并被流放到厄尔巴岛之后,内依为路易十八效劳。但当拿破仑逃离厄尔巴岛,开始他的百日王朝时,内依又成了拿破仑的人。拿破仑在滑铁卢被彻底打败后,内依面临尴尬境地:他两次变换阵营,遭到两次失败。贵族院实在难以容忍他的不忠表现,判决他有罪,并在判决次日执行

---

[19] Marquis Adolphe de Chambrun, *Impressions of Lincoln and the Civil War* (1952).

枪决。

钱布鲁姆把那些支持拿破仑的人和那些为南部邦联战斗的人相提并论。他对胜利者将如何惩罚像内依或戴维斯这样站在失败者一边的英雄,感到忧虑。无论你是否同情约翰·布朗或杰斐逊·戴维斯,这都跟抽象的道德与正义没有关系。这取决于你站在哪一边。

正如约翰·布朗被指控对一个南方州犯有叛国罪,并被定刑一样,戴维斯也被指控对美国犯有叛国罪。不过,审判从未进行。北方的许多重要人物,包括霍拉斯·格里利代表戴维斯介入这一案件。1867 年,戴维斯最后得以释放,并获准回归平民生活。钱布鲁姆记录了当时那些重要人物的矛盾心理。在南部邦联的首都里士满陷落之后,钱布鲁姆跟林肯同乘一部马车。按他的说法,当时"不可能发现林肯有任何要对战败者复仇或怀恨的想法"[20]。当有人提出要绞死杰斐逊·戴维斯时,林肯重复了他在连任演说中的话:"让我们不要审判,以免我们受到审判。"很显然,"林肯主张无论如何都要宽恕"[21]。

按钱布鲁姆的说法,林肯的副总统和继任者安德鲁·约翰逊则是另一类人。"约翰逊赞成对那些罪大恶极的叛乱者流放,甚至处以极刑。"[22] 钱布鲁姆引约翰逊的原话说,"我要教训他们,叛国罪是一桩罪行,也许是所有罪行之首恶"[23]。

对戴维斯叛国罪的分析,因为当时还缺乏确立的战争法,以及详尽规定的战争罪行与反人类罪行(这类罪行在纽伦堡审判中适用),困难重重。弗朗西斯·利伯当时正在为联邦军队草拟交战条例,这些条例最终构成了各个海牙公约的核心。但这个条例,并未解决战争行为本身是否可以视为刑事行为的难题。20 世纪定型的战争法,隐含重要的一点,即,普通的战争是豁免了刑事责任的。

---

[20] 同上注,第 84 页。
[21] 同上注,第 105 页。
[22] 同上。
[23] 同上注,第 109 页。

只有那些被描述为战争罪行、侵略、种族灭绝，及反人类罪行的极端暴行，才会构成刑事定罪的基础。

所有这些概念在19世纪中期时还在不断变动中。国际法与国内法有关杀人罪与叛国罪的相对清晰界限，在当时人们的意识中，仍是理解不了的。争辩的各方，那些赞成和解的人，那些赞成惩罚"叛乱分子"的人，都在摸索着寻找概念来表达他们的道德见解。从最高法院到平头百姓，他们都不清楚该如何标明他们所经历的不义。当约翰·布朗带领一帮人突袭哈泊渡口时，弗吉尼亚州称之为叛国罪，但到1867年，人们对于杰斐逊·戴维斯的行为应算作哪一类，却分歧重重。

当是之时，美国需要对自相矛盾及自我欺骗有一个大度的宽容。南部邦联是由叛国贼组成不假，但他们是北方不得不与之相处的人民。南方虽曾与北方交过战，但在林肯看来，南方并未离开联邦。1868年，南方只有在接受第十四条修正案之后，他们的参议员才能参与国会。[24] 他们批准第十四条修正案"自愿"不假，但他们有债务要还啊。这些断裂，在美国人的思考中很难经得起任何推敲。

国家需要一个框架来理解和弥合它的矛盾。葛底斯堡演说的吸引力与日俱增。原因在于，尽管战后的形势错综复杂，但在1863年11月19日发表的这个演说的要旨，却依然清楚明白、简单明了。美利坚合众国定要成为单一的民族国家。它的人民"孕育于自由之中，奉行人人生而平等的原则"。这个国家并未灭亡。我们要经历"自由的新生"，我们正走向民主——"民有、民治、民享的政府"。

这些有关民族国家、平等与民主的伟大信条，之所以进入美国人的意识，正是因为它们如此简单明了、直截了当。然而，这些还有待于接受考验。民族国家的主张将会面临复活的州权主张。但作为内战后美国的三个理想，并不存在核心前提在道德上的复杂性。那些核心前提正造就了《独立宣言》与宪法。

---

[24] 有关批准第十四条修正案的法律问题，参见，Ackerman，同上注[13]。

第五章 平　等

> 民主产生于这一观念：在任何一个方面平等的人们，在所有方面亦平等。
>
> ——亚里士多德

葛底斯堡演说的神来之笔，在于它沿用了《独立宣言》中的措辞，而其意义又能体现出适合于美国民主的重建。在1776年，"人人生而平等——全面的平等"的理念，在政治领袖的宣言中尚无先例。即使是十三年后，在法国革命中诞生的伟大的人权宣言，也只是宣扬了相当有限的平等："人人生而享有法律上的平等。"[1]在当时的历史背景下，"人人生而平等"这一著名措辞的功能是相当有限的。它旨在削弱乔治三世国王基于君权神授理论的统治权主张。如果所有人都享有上帝之下的平等，那么，任何人就不能根据超自然的权威主张神圣的统治权。与此同时，"人人生而平等"这一普遍真理也能理解成是指作为集体的人，即，"所有民族都是地位平等的"。声称所有的民族国家，所有的政治国家都拥有自我治理的权利，这并没有什么特别新奇之处。在20世纪坚定不移主张的民族自决原则，来自同一渊源：每一个民族国家，都有权作为国际大家庭的成员保存自己的文化，促进自己的语言，表达自己的意志。国际法基于这一观念：各个民族，以政治国家的形式确立，形成彼此的法律关系。体现为政治国家的民族，拥有法律上的人格。国家产生债务，值得注意的是，这些债务并不随政府形式上的革命性变化而消灭。国家形式来回变换，但民族长存。因此，不足为奇

---

[1] Declaration of the Rights of Man 1789, Art. 1: *Les homes naissent et demeurent libres, etégaux en droits.*

的是,《独立宣言》会声称,美国人民跟所有其他民族一样,同样有权决定他们自己的政府形式。

"人人生而平等"这一著名措辞,有两层含义抓住了美国人反叛英国的含混性质。它既是一场革命,也是反殖民的独立战争。革命精神在断然拒绝君主制上得到体现。而反殖民本质,则表现在主张美国人有权依照"被统治者的同意"进行统治的平等诉求。

然而,较这两个原始含义更为深远的是个人主义者的解读:所有的人都享有同等的尊严。在造物主眼中,他们生而平等,活亦平等。因此,白人高于黑人,男人优于女人的主张,是没有根据的。当然,一些签署《独立宣言》的人本身是奴隶主,而且他们中的大部分(如果不是全部)都是一家之主。然而,他们流传给这个世界的华丽辞藻,较他们原本的意旨蕴含更深的含义。随着《独立宣言》成为美国废奴运动的神圣文本,这一镶嵌在文本中的华丽辞藻所蕴含的更深层含义,很快展现出活力。

法律文本常常表面上具有一层含义,而同时带有更深的意义,这需要超越信念与个人的投入。摩西十诫中的禁止杀人提供了很好的范例。请允许稍微离题讨论一下十诫中的禁止杀人律令。这证明了这一现象:一个文本表面上具有一层意思,而在表层含义之下则隐含有更为根本的意义。

希伯来人对第六诫的表述是 *lo tirtsach*,这一般理解为:汝不得谋杀。"谋杀"一词隐含了只禁止不正当杀戮,暗示允许出于自卫的杀人行为。然而,对犹太法律渊源的考察显示,这一用语在许多基督教国家的翻译中也解释为:汝不得杀人。"汝不得谋杀"是一个我们可以指望人们遵循的诫条,然而,"汝不得杀人"则很难得到严格的执行。不得杀人的道德律成为一个热切的期望,激发人们在跟不完美搏斗中去实现,无论人们是否放弃自卫(正如孟诺派教徒所践行的),这都是一个个人道德实践的事情。无论人们能否将禁止杀戮延伸到一切生物(正如一些值得推崇的精神领袖所践行的),这取决于人们的道德进化。那些肉食者并非罪犯或罪人。他们仅仅是未能达到最高境界。我们应该尊敬不杀生的佛祖,但那些达不到佛祖境界的人，并不因此遭到谴责。

同样的对比，也可以适用于所有民族的平等及所有人类的平等问题上。民族间的平等已经成为国际法律秩序的先决条件。对于有关各个民族中的哪一群体的人民在国家社会中有权自决和作为代表，可能存在争议，但各民族平等的原则已被普遍接受。在国际社会中，平等已得到认可。在联合国大会中，各国的平等投票权作为准则，毫无困难地得到执行。

人跟人之间的平等尚未达到这一程度。平等所指的含义究竟为何，我们为何要承认所有人平等，以及，我们在现实中究竟实现怎样的平等，这些问题都并不十分明确。即便是林肯，他也并不赞成黑人在所有方面（包括社会与婚姻关系上）跟白人是平等的。即使我们认为所有的孩子在上帝眼中是平等的，但我们还是会把自己的财产遗留给自己的近亲。多大程度的平等，以及平等采取怎样的形式，仍然是一个经久不息的辩论话题。

至于在"不得杀人"问题上，在给予平等领域方面，从来都是超出我们力所能及的范围。底线是承认拥有平等的"生命权、自由权和追求幸福的权利"。这一底线，毫无疑问要求废除奴隶制。然而，在平等行使基本的法律权利，比如拥有财产的权利，担任陪审员的权利，以及在法庭上作证的权利方面，也存在问题。直到20世纪，有些基本的法律平等权利才授予妇女。接下来的领域，是政治上的平等权，即表达意见的权利、投票权，以及担任公职的权利。更进一步的平等权，是在经济竞争领域的机会平等。每个人应该有权在同一起点进行竞争，享有教育上的同等权利，以及市场中所需要的基本资源上同等分配的权利。

在平等领域的这个问题上，我们开始从机会平等转向结果平等。每个人对于世界的资源拥有平等的权利主张。套用布鲁斯·阿克曼的恰当比喻，生命的甘露应该平等分配。[2]人的天赋生来不平等，但生来天赋较少的人，应该因其缺失而得到某种形式的

---

[2] Bruce Ackerman, *Social Justice in the Liberal State* (1980).

补偿。正如约翰·罗尔斯所主张的,所有非此的其他结果,"从道德的角度看,都是专断的"[3]。对于那些在人生道路上有所缺失的人,有人极力主张也给予他们类似的补偿。有些人在男女之事上运气不佳,未能生养后代,遭受无嗣之痛。极端的平等主义者可能会认为这是不公平的,要求对这种存在差异的人生予以补偿。

我们也许把这一层可能性也视为平等的一个方面。正如在禁止杀戮问题上,人们能跨越这一问题的初始阶段,但对究竟该走多远,则没有把握。对于平等究竟要到哪一高度,在那样的高度上与承认人人生而平等的理由之间,应该存在强有力的关联。在这个问题上,拿它跟禁止杀戮(或谋杀)的诫律相类比,再次证明是有启发意义的。无论一个人多么深信杀戮不正当,他都需要为自己的信念找一个理由。为了否认自卫,你需要一个理由,诸如暴力只能滋生更多暴力之类。如果你想效仿艾伯特·史怀哲的榜样,你得讲类似这样的话:所有的生物都是上帝所造,它们应得以生存。这样讲,并非是要你的理由必定是对的,但你需要一个理由支持你所信奉的观念,表明它是有道理的。

废奴主义者同样也得对他们所坚信的那种平等(为北方与南方同胞所拒绝)持有理由。亚伯拉罕·林肯在挖掘《独立宣言》的更深含义时,也遵循内部的逻辑。如今,对于我们把人类平等严肃认真地视为社会正义与政治公正的基本理想,我们也同样需要理由。

找出理由还真不是件轻而易举的事情。作为描述性主张,"人人生而平等"的命题显然是错的。在任何可以想象到的方面(身材、力气、智力、音乐才能、美貌),人跟人之间存在差异。但平等并不意味着完全一样、同一或相似。人与人之间的平等是一种奇特的关系,它的原型来自算术等式关系。等式两边规定相等,但这对于那些未受过训练的人来说,未必一目了然。举例说,$17 \times 17 = 289$,等式两边的数字符号形式上并不同一,但在数值上是同等的。

---

[3] John Rawls, *A Theory of Justice* (1971).

这让我们联想到,人与人之间的全部差异,就跟这个等式两边的数字符号形式一般。我的 DNA、生平、才能,跟你的当然并不相同,但这些差异在更深层次的同等道德价值上,就显得无关紧要了。是什么给予我们这种深层的价值平等呢?

一些哲学家试图通过探寻造成我们平等的某个单一要素,来分析人类的平等。我们之所以人人平等,是因为我们都能运用语言,说出"我跟你一样优秀"之类的话。[4] 功利主义者认为,我们之所以平等,是因为我们都感知快乐与痛苦。[5] 约翰·洛克认为,我们之所以平等,是因为我们都是上帝的造物。[6] 或者,像当代的一些非宗教思想家所称的那样,我们之所以平等,是因为大体上我们都能理性行事、通情达理。[7] 所有这些主张都面临同样的反驳意见。假定某人是哑巴,那他就跟其他人不平等了?假定某人感觉不到快乐或痛苦,那她就得被排除在人类社会之外?如果有人不理性,那他就不是我们中的一员了?这些标准中,没有一个可以单独成为考察平等的充足标准,除非有一个补充性质的理论,可以解释为何单单那一要素足以产生强烈的平等感。洛克论证平等的有影响力论点,即,我们都是上帝的造物,也同样价值不大。动物也同样为造物主所有,但这并不使得它们跟人类平等。

在有关平等问题上,现代哲学研究统统存在同样的缺陷。他们强烈地坚信某种形式的平等,但他们表达并不明确,对于他们为何如此强烈坚信这一在英美已经非常有影响力的价值观,没有提出理由来说明。人人平等似乎成为了不容争辩的前提——"不证自明"的真理。那些东西显然不需要什么理由作为根据。在当代的自由文化中,平等是人们深信的价值观之一,既没有质疑,也没

---

[4] 同上注,第 56 页。
[5] Jeremy Bentham, *An Introduction to the Principles of Morals and Legislation* (J. H. Burns, and H. L. A. Hart, eds. 1970).
[6] John Locke, *Second Treatise on Government*, chapter 2, section 6, lines 10—14 (1690).
[7] 这是描绘约翰·罗尔斯对人类平等深切关注的一种方式,同上注[3]。

有论证。

鉴于人们长期以来普遍相信某类人(男人、白人、基督徒、美国人)的天生优越感,对平等的哲思信念是对普遍观念的批判。在大众文化中,仍然存在许多偏见,认为有些人天生就比其他人更为优秀,有权享受更大的特权,这一点是显而易见的。然而,长远的大众趋势则有利于压制我们的偏见,而偏向于人人平等的信念。美国革命通过废除贵族特权而迈出了第一步。1787年宪法禁止各州及联邦政府授予"贵族称号"。[8]美国建国时的平等就这么多,而宪法中所确立的奴隶制"特殊制度"却是对平等的重大破坏,这罪过只能在葛底斯堡和安提塔姆的拼杀战场上得到赎偿。

在美国内战后的历史中,葛底斯堡演说中的平等思想,延伸到那些更为边缘群体的解放中。在解放黑奴之后,为妇女争取选举权的运动风起云涌,最终在1920年取得胜利,随后又在当代隐隐约约延伸到平等对待同性恋、"非婚生"子女、残疾人,甚至是非法移民的努力中。[9]推动越来越多的群体包含在平等享有特权的内圈之中,已经成为美国生活的主题之一。然而,即便是内战的胜利也并不完全。奴隶制的标记与痕迹,依然弥漫在这块土地上。对奴隶制原罪寻求救赎,在我们这个时代仍在继续。

我们的感知取决于我们的历史。无论争取平等的斗争多么艰难,我们毕竟拥有能够引以为傲的历史。美国人民是第一个将平等的伟大真理形成概念,并描述为不证自明真理的民族。就我所知,还没有其他哪一个法律制度,毫不含糊地以人人生而平等原则作为根据。现代的所有法律制度以及国际人权文献,如今都赞成法律面前人人平等的原则。美国影响的典型例子是法国1789年《人权宣言》,在它的第六条第二款规定:"无论是保护性的法律还

---

[8] U.S. Constitution, Art. I, Sec. 9, Cl. 8 (federal government); Art. I, Sec. 10, Cl. 1 (states).

[9] 有关进一步的细节,参见下文第九章对最高法院法理的讨论。

是惩罚性质的法律,法律面前人人平等。"[10]

法律面前人人平等,这是人类平等的最低限度。这种形式平等,仅仅适用于受到同一法律管辖的公民与居民。更为高远的主张,来自像阿克曼和罗尔斯这样的哲学家的论述。他们认为,平等是社会正义的首要原则。在平等原则的外围,是葛底斯堡演说中所援引的伟大真理,即,在上帝眼中,人人生而平等。

让我们把思考暂时局限在最低限度的主张上,即,所有人,无论黑人还是白人,男人还是女人,同性恋还是异性恋,婚生子女还是非婚生子女,依据法律,都应该平等对待。1787年的宪法并未认可这一原则。这一原则,是随着宪法在1868年第十四条修正案的批准,实际上由法院适用,而进入我们的实在法。然而,我们转变对法律上平等的态度的根由是什么?我们需要更为激进的人人生而平等信念,来发现法律面前人人平等的绝对律令么?法律上的平等是否局限于美国人?如果真是这样,为何宪法第十四条修正案字面上规定的是保护所有的"人",免受各州剥夺他们在法律上的平等保护的侵犯?这些正是我要讨论的难题。

民族国家作为平等的熔炉

葛底斯堡演说打造了民族国家与平等思想之间的紧密联系,这一点我们时常遗忘。权力有限的国家与无限的平等之间的联系,具有自相矛盾的寓意。这个国家奉行人人生而平等的原则。迈向平等的努力具有普世意义。无论是1863年的林肯,还是1776年的开国元勋,他们都没有声称只有"美国人"是人人生而平等。他们所主张的是所有人(原则上是这个地球上的所有人类)生来拥有同样的尊严。然而,这种普世主义思想将我们对平等的信念稀薄到纤弱的地步。

---

[10] 原文是:Elle [la loi] droit être la meme pour tous, soit qu'elle protége, soit qu'elle punisse。

在同声相应、同气相求的环境下,平等方可勃兴。彼此的友爱与帮携,在友爱的家庭、朋友、部族,以及扩及相互忠诚的国家中,才能涌现出来。国家有限的政治领域,为承认拥有共同历史的其他人作为同类提供了便利条件。如果黑人和白人,北方人与南方人,以及男人与女人,都能彼此尊重他们作为美国人参与同一国家的生活,那就会为承认彼此的平等奠定基础。他们无须是手足兄弟或朋友,但他们最终能够认可彼此是作为拥有共同的语言、同样的历史与共同的未来的同胞。

情感上的密切与平等之间的联系,其渊源在犹太教—基督教传统之外,来自古希腊哲学。亚里士多德在《政治学》和《尼各马可伦理学》中对此做过最充分的论述。人类普世平等的观念对亚里士多德来说是陌生的,但他的确相信在友情和其他密切交往中,彼此是承认平等的。己所欲,施与人,这是友谊,或广泛意义上友情的基本要素。亚里士多德相信,正是这一要素为所有的德行提供了必要的基础。[11]

平等在公正美德中,与在友谊中一样,都是中心主题。一个公平的人,无非是一个既适当地顾及自己的利益,也适当地顾及他人利益的人。这是分配正义的一个方面,它一般要求每个人得到他应得份额或相称份额的好处。亚里士多德把这个相应份额描述为几何学上的平等。同样,当一个人侵害了另一个人,就必须予以惩罚。这一类正义同样基于平等,所谓算术上的平等。侵害人与受害人都应该恢复到侵害发生前的原状。通过强制侵害人用他侵害所得来补偿受害人,以弥补受害人所遭受的损失,来恢复原状。

有关友谊与正义的美德,都需要培养,因为这有利于产生更多拥有美德的人。把亚里士多德有关友谊的意见,套在全体美国人平等这一民族主义论见上,就是这样的说法:我们应该平等对待美国这一国家的所有成员,就像对待我们的朋友一样,同等关心他们的生活。这样做,作为一个国家,我们将会繁荣昌盛,作为个人,我

---

[11] Aristotle, *Nicomachean Ethics* 1155a—56b.

们同样也会因跟同胞携手一道（正如我们跟朋友携手一道一样）而兴旺发达。

每一个民族国家为了繁荣昌盛，必须追求平等。以下这句犹太语最贴切地表达了这种同呼吸、共命运的感觉：*Kol Jehudim eruvim ze bze*（所有犹太人彼此负责）。在美国的民族主义辞藻中，美国人代替犹太人作为上帝选民的隐喻，作为令人耳熟能详的比喻，反复出现。有机的团结感隐含其中。美国对其所有成员的责任，对所有那些归化或生于美国领土，以及受到其法律管辖的人的责任，在宪法第十四条修正案有明确规定。

民族主义如果在推动国内人们之间的相互尊重时，能够避免对外来者的仇视，那它就能成为美德。这也正是林肯在葛底斯堡演说以及连任演说中寻求和解的抱负所在。倘若美国人接受他"新生的国家致力于人人生而平等的原则"的理念，原本会使得美国人民无须通过追逐私利和彼此的仇恨来议定战后的秩序。然而，正如我们已经看到的，这一幕并未发生，特别是在福特剧院发生令人震惊的（刺杀）悲剧之后，尤其如此。

安德鲁·约翰逊的重建计划备受诸多争议的困扰。这些争议涉及曾背叛联邦的人是否仍是这个国家的正式成员的问题，也涉及解放了的黑人的地位是否应该得到进一步提升，并拥有跟白人平等条件的选举权的问题。林肯曾设想，黑人与白人之间，北方人与南方人之间，在一个共同的民族国家之中，打下平等的基础。在1865年到1870年之间，随着派系倾轧在国会甚嚣尘上，民族国家的观念变得模糊了。忠诚、个人应得的惩罚、政治上的自私自利，在这些问题上的意识形态争议，变得更重要了。黑人选举权的问题跟民主党人的恐惧联系在一起。民主党人担心自由黑人与共和党人联合起来，会主宰战后的南方。

但这些不应令我们感到惊讶。政治仅仅是占据我们生活的表层。日常冲突中的妥协，会令我们轻易忘记我们共同的目标和永恒的原则。内战引领我们致力于实现所有公民之间的平等。无论为批准宪法修正案曾有过怎样的斗争，平等原则在宪法中已经生效。到 1868 年时,我们宪法第十四条修正案有了一个在美国宪法历史上独一无二的条款:"任何州不得剥夺任何人的法律平等保护。"这一条款在实际中意味着什么,没有人确切知道。然而,我们的确知道,平等的法律概念并没有历史意味。宪法已经规定了"特权与豁免"[12],而且权利法案保护人民的"生命、自由和财产",未经"法律的正当程序",不得剥夺。[13]但宪法之前从未包含法律面前人人平等的观念。

这种理想性质条款的显著特征是,它保护了在各州权力范围内的所有人,所有那些受到州司法权力管辖的人。这很难说是草拟这一条款的一个不言而喻的方式。在我们平等思想的民族主义背景下,一个人能够很轻松地构想出这样的条款:"任何州都不得剥夺在其管辖范围内任何美国公民在法律上的平等保护。"因为我们首先是作为美国同胞一起同呼吸共命运,人们就会指望平等应该首先及于全部美国人。德国的魏玛宪法就是这样非常自然地规定平等:"所有德国人在法律面前平等。"[14]直到第二次世界大战后,1949 年西德的基本法才承认平等的普世性。现在的规定是:"法律面前人人平等。"[15]引人注目的是,美国人早在 1868 年就有了平等的普世原则。

正如魏玛共和国时期德国著名的宪法学者及哲学家格哈特·利伯霍兹所指出的,西方的平等理论将两股不同的思想结合在一起。[16]第一个是亚里士多德的原则,即平等对待的美德是基于亲密的友情,或者推及更远一些,是基于民族国家的紧密联系。内战使得不同文化类型(有些具有影响力,另一些则没有)的美国人民能够看到,他们是单一民族国家里的同胞。在同一场战争中,相

---

[12] U.S. Constitution, Art. IV, Sec. 2, Cl. 1
[13] U.S. Constitution, Fifth Amendment.
[14] Weimar Constitution, Art. 109 (1).
[15] German Basic Law, Art. 3 (1).
[16] Gerhard Leibholz, "Die Gleichheit von dem Gesetz und das Bonner Grundgesetz," 7 Deutsches Verwaltungsblatt 193 (1951).

互认可对方作为同一民族国家之内的同胞,这激起了一种感觉:他们(至少美国人)是生而平等的。

利伯霍兹所论述平等主义中的第二个重要原则,则强调了上帝对所有人的爱是普世的。这种普世主义来自圣经中的信仰,即,所有人都是上帝按自己的形象所造。[17] 第一个原则受到情感上的认同联系的限定与限制。第二个原则打破了民族畛域,延伸至陌生人及未曾想象得到的人身上。让我现在稍微离一下题,探讨这些宗教观念,以便理解在宪法第十四条修正案之下发展的平等理论是如何受到这些观念的强烈影响。

平等的宗教基础

废奴主义运动,紧接着19世纪头30年发生的第二次宗教大觉醒而来。整个国家洋溢着追求宗教上的自我完美,人们到处谈论着千禧年(在基督降临前的千年和平),以及天托人事。美国的宗教复兴派接受了犹太人的观念,认为我们人类在世界上的目的就是为了完成与完善上帝的造人。正如历史学家威廉·G.麦克劳林总结这个时代的宗教热情时所讲的:"新的共识还包括这一信念:美国人民是一个特殊的民族,他们是上帝挑选来完善世界的。"[18]

在第二次大觉醒中,许多牧师支持废奴主义事业,但也有很多牧师并不支持。信仰上帝,以及对天启高级法的信念,使得一些人敢于反抗他们所目睹到的不公正,而又使另一些人选择退隐,为他们自己的个人获救寻求慰藉。宗教信仰也支撑着那些赞成奴隶制的人。林肯曾经对内战中宗教信仰的彼此矛盾作用有过概括:"双方都在读同一本圣经,双方向同一个上帝祈祷,而每一方都祈求上帝的祐助来打击对方。"[19]

---

[17] 对这一问题的详论,参见,George P. Fletcher, "In God's Image: The Religious Roots of Equal Treatment under Law", 99 Colum. L. Rev. 1608 (1999)。
[18] William G. McLoughlin, *Revivals, Awakenings, and Reform* 105 (1978)。
[19] 1865年3月4日连任演说。

宗教信仰,很难说为人类平等铺好一条笔直的道路。然而,很多伟大的废奴主义者,比如威廉·劳埃德·加里森,以及西奥多·帕克都是牧师,他们的信仰激发了他们全力反对奴隶制这一重大原罪,这也并不事出偶然。这些牧师对圣经了如指掌,他们无须通过圣经解释上的共识来支持他们的政治事业。弗里德里克·道格拉斯声称奴隶制是原罪,因为"一个人受到另一个人的专横控制,这违反了摩西十诫的第一条诫律……"[20]他所诉诸的是一神教的基本原则。但对于那些拥有共同的基本直觉,认为奴隶制是可憎的人们来说,过于复杂的圣经解释实属多余。林肯认为,那些"祈求公正的上帝祐助他们以压榨他人血汗来谋生"的人,很显然是错的。[21]这些就是对罪恶存在的强烈直觉,这些直觉受到了宗教信仰的引导,但显然并非是由圣经所决定的。

《独立宣言》毫无疑问吸引了废奴主义宗教人士。在《独立宣言》中,他们能得到宗教精神上的鼓舞,而在称之为宪法的世俗不朽作品中,他们只能徒劳无获。"我们认为这些真理是不证自明的:人人生而平等。"在那些被创造出来的人背后,还有一个造物主。这个造物主与我们的一些基本人权一道(《独立宣言》接下来列举了这些基本人权),是不言自明的:"造物主赋予他们一些不可剥夺的权利,其中包括生命权、自由权,以及追求幸福的权利。"这种含混的自然神论主题贯穿了《独立宣言》。上帝仅仅被称为"大自然的神",依靠它,每个人有权在国际大家庭中获得"独立平等的地位"。这是美国人民声称未经他们同意,不得有政府统治他们的这一主张的基础。在费城通过的《独立宣言》,其目标跟另一句向更高权力的祈求是相似的:"坚信上帝的祐护,以我们的生命、我们的财产,以及我们神圣的名誉,彼此宣誓。"

在《独立宣言》中,宗教意味的语句反复出现,这与1787年宪

---

[20] Frederick Douglass, "An Antislavery Tocsin"演说,1850年12月8日发表于纽约州罗彻斯特,载John Blassinghame, ed,. *The Frederick Douglass Papers*, vol. 2, 260—72, 262 (New Haven: Yale University Press, 1982)。

[21] 1865年3月4日连任演说。

法平淡无奇的世俗语调形成鲜明的差异。1787年宪法中,没有出现任何诸如"上帝"、"造物主"、"神"、"神启"之类的字眼,或任何其他同义词。宪法并不承认有任何超越"我们人民"意志之上的更高权力。然而,宗教热忱与美国政治的紧密联系,在19世纪初期的大觉醒中,又回来了。大觉醒在这一时期,不仅导致了废奴主义运动,而且在国家的外交政策中也开始表达宗教激情,它在西进扩张运动中,以命定说的观念形态表现得最为突出。

林肯在葛底斯堡演说中对上帝的祈求,可以说既是偶然之举,也可以说是完全可以预计到的。之所以说是偶然,这是因为林肯在演说将近结束时,是自然而然地加了一句,来祈祷上帝的祐助。[22]但这一新做法又是可以预计到的。林肯把民族国家与上帝联系在一起,这源自他内心深处的信念。他认为美国人民"几近上帝的选民",继承了犹太人跟上帝的关系,而美国人民跟上帝的关系,能够被看做"几近一个圣约"[23]。到了19世纪中期,人们相对比较容易相信,我们是受到了可能源自更高权力的一股重大历史力量的控制。"我们信仰上帝"成为流行格言,在1864年第一次出现在国家的铸币上。信仰上帝会产生不同的结论,但这并不明显减少当时人们对于上帝和《圣经》的信仰,正是这种信仰产生了人类平等的激进主张。

对于那些不会用直觉去思考《创世记》和《赞美诗》中语句的现代读者来说,现在值得去回顾一下那种从《圣经》里寻找平等主张的做法。产生普世仁爱或普世性的手足情谊概念的核心观念在于,我们都是按上帝的形象所造。流传下来的《创世记》第1、26与27节的故事说:

> 神说,我们照我们的样子来造人[亚当],让他们管辖海里的鱼、空中的鸟、所有的牲畜,以及地上所有的爬行动物。于

---

[22] 参见 Gary Wills, *Lincoln at Gettysburg: The Words that Remade America* 104 (1992)。

[23] 1861年2月21日在新泽西州特伦顿对新泽西州议会的演说。

是,上帝照自己的样子造人,照他自己的样子,他造了亚当,造了男男女女。[24]

究竟该如何正确地理解这段话,尤其是涉及《创世记》第二章中关于造人的自相矛盾的故事时(这个故事证明女人是附属于男人的),还且有得说的。正如我在别处讨论的[25],我认为,对这一段话的正确解读,是说上帝造了单一的雌雄共体的人。上帝创造了这个生命之后,取名为亚当,让他管辖所有动物,但并不管辖尚未造出的女人。只是到了后面的伊甸园故事中,才出现夏娃成了祸根,并要服从男人的叙述。对于那些把《圣经》作为人类尊严指引的人来说,一个人究竟是主要信赖《创世记》第一章中的平等主义思想,还是信赖《创世记》第二章中的故事,把女人看做是祸水,应"受丈夫的统治"。

照上帝的样子造人,在废奴主义文化中产生了共鸣,这无可争辩。拥护解放黑奴的人士,从"人人生而平等"这句话中,看到了《创世记》第一章中所叙述的造人景象。如果你相信一个人是照上帝的样子创造出来的,那你很难否认他或她最基本的存在价值。没有比上帝更高的价值,每个人分享上帝的价值,这赋予每个人最基本的人的尊严。这一要点在《创世记》9:6 禁止杀人的根据中为人所熟悉:

> 溅人血的,人也必溅他的血;因为,神造人,是照他自己的样子。

潜在受害人所拥有的极大尊严,导致对杀戮的绝对禁止。受害人所拥有的尊严,跟任何想要杀死他的人所具备的尊严是一样

---

[24] 这一译本,有性别上的词汇,跟 19 世纪中期所用的任何译本都类似。我本人的观点是,这一段正确地翻译成英文,应该是:"So God created the human being in God's own image, in the image of God created God it, male and female God created them." 参见,《创世记》1:27 的新译文,*The Five Books of Moses: A New Translation with Introductions, Commentary, and Notes* (Everett Fox, ed. 1997)。

[25] 有关对圣经文本更详尽的分析,参见我最近的论文,同上注[17]。

的,因此,对无辜者的杀戮绝不会正当。这对杀害外来人,杀害"非我族类"为家常便饭的时代来说,真是一个显著的转变。

《创世记》中的基本观念,在康德的道德哲学中得到最好的体现。康德接受了《圣经》中上帝照自己样子造人的观念,而留给我们普世人道观念。我们作为人类大家庭的成员,本质上是一样的。我们都共同拥有人类的极大尊严:

> 在目的王国,任何事物都有其价值或尊严。无论是什么只要它能被其他相等的东西替代,它就拥有价值。另一方面,如果任何东西高于所有价值,没有相等的东西,那它拥有尊严。[26]

我们如今视为西方文明之共同基础的人类尊严观念,已经变成了我们当前对于人权与反人道罪行的信念。

宪法第十四条修正案,在平等主义思想中具有象征性作用。对修正案的制定者究竟打算实现多大程度的平等,我们知之甚少,坦率地说,他们的意图并不要紧。每一代人都必须尽力尝试在平等正义道路上他们会走多远,或者,相对照的是,他们愿意对等级制度残留下的反平等价值观作多大的低头妥协。内战后,在平等地位上,黑人男子很显然走到了白人妇女之前。黑人男子起码名义上获得了投票权和担任陪审员的资格。白人妇女与黑人妇女直到进入20世纪以后才获得这些权利。

有人可能会争辩说,既然美国在承认妇女的平等法律权利上落在后面,那么,1863年的精神对于承认男女平等是不利的。[27]当林肯说"人人生而平等",他指的是男人,只是说男人在上帝眼中平等。林肯在谈论人的尊严时,曾明确地提到过妇女。1857年,林肯在一次抨击 Dred Scott 判决的演说中,明确提到了黑人妇女的尊严及与生俱来的平等:

---

[26] Immanuel Kant, *Fundamental Principles of the Metaphysics of Morals* 51 (Thomas Abbot, trans. 1949).

[27] 我感谢罗伯特·波斯特让我注意到这一反对意见。

> 在某些方面,她当然跟我并不平等。但在她拥有天赋权利吃自己双手劳动挣来的面包,无须得到任何其他人准许方面,她跟我是平等的,跟其他人是平等的。[28]

即便没有这样的文本证据,我们仍应该把"人人生而平等"解释为包含所有的人,包括各式各样的妇女、男人与孩子。这样统摄所有人,是从这一真理来自人类是照上帝的样子所造这一观念:"上帝照上帝自己的样子造人。上帝照自己的样子造了第一个人,他还造出了男男女女。"[29](我承认有人在解读《圣经》的文本时,依照在不同宗教传统中广为接受的观点,认为上帝的确是按自己的样子造出了男性的亚当,后来从亚当身上取下一块肋骨,而造出夏娃。)

然而,承认妇女在 1863 年拥有与生俱来的道德上的平等,并不意味着她们当时会像黑人男子那样得到法律与政治上的完全平等地位。"各得其所"的观念,当时仍盛行。又过了几十年,美国人才意识到平等政治不再容许强迫妇女待在家里,做一些跟政治无关的工作,也不会再接受某些误入歧途的社会组织理论,允许将黑人降到少数几个低等职业中。

人的尊严作为平等的象征

在内战后法律秩序中备受推崇的那些价值观中,有一个基本的价值观却缺失了,这真令人难以理解。将我们从奴隶制罪恶中赎救出来的运动,原本应该很快致力于一个较平等更为基本的价值观:人的无限价值。在大屠杀过后,德国人意识到,在 1949 年《基本法》(宪法)中,用这样的方式引出各项基本权利是恰当的:"人的尊严神圣不可侵犯。国家的全部权力有义务保护和尊重这

---

[28] The Dred Scott Decision, Springfield, Illinois, June 26, 1857.
[29] Genesis 1:27.

一价值。"[30] 这一规定明显带有康德道德哲学的印记,它把尊重人的尊严视为所有个人,包括国家官员的绝对义务。[31]

德国《基本法》第一条的结构,跟美国宪法第十三条修正案有着惊人的相似。第十三条修正案的核心规定是:"在合众国疆域内,禁止奴隶制与强制劳役存在。"如果我们把禁止奴隶制与强制劳役看做是对人的自主权的肯定,那么,第十三条修正案的被动语句,可以在不改变其内容的情况下,依照德国《基本法》的形式,改写成:

> 人的尊严与自主权神圣不可侵犯。国家的全部权力有义务通过消除奴隶制与强制劳役,来保护和尊重人的自主权。

这样表述第十三条修正案的规定,无可否认,是一种不合常规的方式。对这一条修正案通常的评注只是强调,它遗漏了在权利法案以及第十四、十五条修正案中对州官员的行为要求。然而,显而易见的是,在内战后的秩序中,需要宣布一项基本的价值观,以作为新合众国的象征。这一动机,跟德国的宪法制定者,寻求将他们的战后宪法奠基于有关人的尊严的人道主义价值观之上的动机是相类似的。在人的尊严与自主权之间,也许存在一些有趣的、重大的差异,对于这一点,我在后文还会论述。就眼前而言,单单注意到内战后的法律秩序,是以全部国家权力致力于消除自合众国建国始就祸害不已的罪恶作为开端,就已经很重要了。

值得注意的是,无论是人的尊严,还是人的自主权,无论是法律的正当程序,还是平等,都超越了民族国家的畛域。并非只有我们的国民才有权享有这些基本权利。整个人类,所有的人,都应该拥有同样的权利(至少只要他们在保障这些权利的国家的管辖范围内)。我们对民族国家的信念,激起相互的共鸣,使得我们从个

---

[30] German Basic Law, Art. 1. (*Die Menschenwürde is unantastbar. Sie zu schützen und zu achten is Pflicht aller staatlichen Gewalt*)

[31] 有关对康德道德哲学的详述,参见,George P. Fletcher, "Law and Morality: A Kantian Perspective", 87 Colum. L. Rev. 533 (1987)。

别走向普世。我们会逐渐理解,在民族国家的背景下,基本权利的含义是什么,但我们不得不认识到所有人,无论他们是一个民族国家的成员与否,都有权受到同等对待。

另一种解读

并不是每个人都赞同,所有人的平等代表了第十四条修正案在道德上的成就。同样依据民族国家价值观,查尔斯·布莱克在他对内战后的法律秩序的另外一个版本的解读中,强调了第十四条修正案第一句中对公民身份的依赖:"在合众国出生或归化合众国,并受合众国管辖的人,均为合众国及他所居住州的公民。"公民身份现在根据出生在美国而确定。国籍往往在法律中认可为公民身份,这带来了新法律秩序中最基本的权利。布莱克推理认为,这一修正案将公民权置于新宪政秩序的中心。"无论何州均不得制定或实施任何剥夺合众国公民的特权或豁免权的法律。"因此,新秩序的中心,应该是公民权,以及公民权所拥有的"特权与豁免权"的详细规定。

布莱克对内战后的法律秩序的解读,吸引人的地方在于,它也同样汲取了《独立宣言》与葛底斯堡演说的精神。在他对《独立宣言》的解读中,核心的词汇并非是平等信念,而是之后的一个句子:"造物主赋予他们一些不可剥夺的权利,其中包括生命权、自由权,以及追求幸福的权利。"布莱克猜想,这些话跟宪法第九条修正案(该条暗示"由人民保留"一些未列明的权利)的语言表达是结合在一起的。这些"不可剥夺的权利",应表达为一系列的人权,包括性隐私权、生殖自由权,以及为"追求幸福"所必需利用政府服务的权利。[32] 后者似应包含教育、医疗、最低标准的福利,可能甚至还包括保障就业。

---

[32] 参见最新版,Charles Black, *A New Birth of Freedom*: *Human Rights*, *Named and Unnamed* (1997)。

有关布莱克对宪法文本的解释,还有得讨论。他试图把我们的法律文化梳理成一个整体,然而,他的写作似乎缺乏内在的连贯性。他把自己的意见落脚在我们所熟悉的那些权利字眼上。他的解释是基于战后法律秩序中的一些重大方面,即民族国家与联邦公民观念。然而,他的论辩内容又回到权利字眼,例如不可剥夺的权利、人民保留的权利之类。他所援用的这些辞藻,让我们联想起我们18世纪的宪法,是更为推崇自由,而非平等。正如布莱克的书名《自由的新生》提醒我们的,没错,林肯的确用"自由的新生"这一句话搭建了跟旧法律秩序的联系。然而,布莱克忽略了平等与民主的基本价值观,这两个价值观跟民族国家一道,象征着内战后法律秩序的基石。

像布莱克那样把公民的"特权与豁免权"看做是新秩序的关键价值,产生了法律平等的本身难题。为什么只让公民,而不让侨民拥有"生命权、自由权以及追求幸福"之类的不可剥夺权利?难道移民,甚至是非法移民就不拥有作为人的权利?《独立宣言》中的普世主义语言,很难跟某一特定政府体制下公民的狭隘范围相匹配。如果人人生而平等,如果造物主赋予我们某些不可剥夺的权利,那就不可能说这些权利局限于某一主权国的公民。

内战后重建时期的各条宪法修正案必须界定合众国的公民身份,这固然至少是为了修补因 Dred Scott 案判决所留下的分裂性创伤。最高法院在该案中裁定一个以前的奴隶,永远无权成为任何州的公民,这一不光彩的判决,只是为战争煽风点火。这就是为什么第十四条修正案中增加规定在合众国公民身份以外,也包括为"其居住所在州"公民的原因所在。因此,各州可以利用已经完善的法律来保障相互认可彼此的"所有特权与豁免权"[33]。然而,正如历史所显示的,第十四条修正案的"特权与豁免权"条款对宪法

---

[33] U.S. Constitution, Art. IV, Sec. 2, Cl. 1.

辩论没有任何影响(至少到目前是这样)。[34]这一规定潜伏在第十四条修正案文本中,并没有得到多少援用。至于它为建立在平等和正当程序基础上的宪政体制是否会找到合适的目的,还有待观察。

布莱克在解读林肯"自由的新生"这一话语中,追随了自由主题,但忽略了整个短语中实际所需强调的重点,即新生。只有直面我们犯下的"罪过"(那意味承认着奴隶制的罪恶,并为此作出补偿),国家的救赎与新生方有可能。能够促进国家新生的问题,因而不在自由本身,而在法律平等所锤炼的自由。

然而,正如应该尊重布鲁斯·阿克曼和阿克尔·阿玛的不同观点一样,对于布莱克对我们历史的解读,仍有理由击节赞赏。阿克曼关注第十四条修正案所造成的事实上的政府转型,认为残余国会所制定的修正案违反了宪法的明文规定。[35]阿玛对历史的解读也有自己的一套。依他的观点,内战后的法律秩序,转移了权利的关注点,从能够使我们参与政府的权利,转到展示个人自由的权利上来。[36]但愿所有这些解读都能活跃下去。不同的解读,见证了内战后的法律秩序中,美国在第二次建国时所内在具有的含义的先天多样性。无论是当时还是现在,我们所面临的唯一难题,是我们对于这个国家的革命性重建究竟应走向何方,并没有十足的把握。

革命的新篇章

到1868年,随着第十四条修正案的批准,我们来到宪政革命的门口。一个完全崭新的法律秩序,从19世纪60年代的动乱中清晰地显现。这个新秩序的基础在葛底斯堡演说中已有大胆的阐

---

[34] 有关特权与豁免权条款影响不大的论述,参见 Saenz v. Roe, 526 U.S. 489 (1999)(维护旅行权,反对州的居民资格要求)。

[35] Bruce Ackerman, *We the People*: *Transformations* 8—11 (1997).

[36] Akhil Amar, *The Bill of Rights*: *Creation and Reconstruction* (1998).

述:民族国家、平等与民主。实施这些倡议的机制,将是各条修正案中最后一个条款对国会的新授权:"国会有权以适当立法实施【这些条款的】规定。"一个更强有力的中央政府,是这一新宪政秩序的关键部分。这将是一个提高收入所得税的政府。这在战争期间就开始做了。这个政府将会制定福利性质的法律来照顾战争造成的遗孀、遗孤。最为重要的是,这还是一个有能力监督私人关系的政府。宪法不再仅仅关注个人防止其个人自由受到政府侵犯的斗争。政府在保护和保障公民的自主权方面,将发挥积极作用。正如我在改写第十三条修正案中显示的,保障和保护劳动自主权,将成为各州政府的职责。政府必须对所有的劳动契约保持警惕关注,以确保不再发生类似奴隶制或强制劳役的劳动关系。

到1866年时,国会通过禁止在所有公共设施中的歧视做法,开始承担起其责任,防止在废除奴隶制之后产生的"余震"。非洲裔美国人是公众的一部分,与其他成员地位平等,应有权进入公共交通设施、剧场与旅店。第一个民权法案,用哈伦大法官后来的话说,旨在消除"奴隶制的印记"。[37]

新宪政秩序所要致力于的头一个也是最重要的目标,是给予所有受合众国法律管辖的人以平等待遇。没有人知道,在美国生活中实现平等的共同承诺,会带领我们走多远。可以想象得到的是,第十四条修正案原本足以保障所有人的投票权,无须第十五条修正案、第十九条修正案,以及后来的各条修正案的规定来保障选举权。

有了这些理想在,我们不得不承认,战争的炮火仅仅平息了非常少的社会根本冲突。内战后的政治狂暴与混乱,使得这个国家陷入相互内斗。获得自由的黑人渴望在他们曾为奴的地区获得权力。来自北方的投机分子与支持联邦的南方白佬沆瀣一气,按工业化北方的样子改造以农业为主的南方。南方的阶级结构,伴随着土地乡绅支配奴役劳工阶级的局面,到了生死攸关的当口。然

---

[37] *Civil Rights Cases*(异议意见)在下文第六章有讨论。

而，在政治冲突的背后，潜藏着完全改变美国的政府概念。各州通过任何必要的法律途径来斗争，以获取他们在刚刚过去的战场上通过牺牲也难以获得的地位。

  按克劳塞维茨的著名说法，如果战争代表了政治斗争以另外一种方式的延续[38]，那么，内战后的法律争斗，也代表了战争以另外的方式在延续。导致各州兵戎相见的所有争执，在1865年之后，开始折磨各个法庭，争议牵涉到战争原本应该赢得的诸多价值观。州权、对黑人采取被称为种族隔离的奴役形式、限制妇女的选举权，所有这些问题在至少一百年内，都一直是核心争议。

---

[38] Carl von Clausewitz, *On War* (1832).

第六章　子虚乌有的革命

> 只是在李将军向格兰特将军投降时,南部邦联才诞生。[1]
> ——罗伯特·佩恩·沃伦

革命从来就不是请客吃饭。新政权下的人民,跟万恶旧秩序下的人民,是同一拨人。不可能指望他们很快就改变。解释新法的法官,基本上仍是解释旧法的同一号人。即使法律改变了,即便有了名义上的新宪法,对新法的操作仍偏向旧法。政权更替了,但人民仍依旧如故。

古以色列人在沙漠上漂泊了四十年,才形成了一个新民族,摆脱了作为"埃及的煮肉锅"心态。现代的政治环境很少会提供如此奢华的条件。苏联人曾梦想改造出"新人"来,梦想这些新人在共产主义制度下会自然合作。历史根本就不给他们这一机会。但德国人在柏林墙倒塌、国家统一之后,却能完成激进的转型。西德吞并了前德意志民主共和国,几乎完全用西德的新人员更换了东德的法院与法学院。

对于内战后的美国人来说,阻挡彻底变革的障碍令人生畏。解放黑奴是一码事,转变对黑人的态度,则完全是另一码事。19世纪60年代的美国人,基本上仍是包容奴隶制的同一拨人。在 Dred Scott 案中,法官曾判决非洲裔美国人永不能成为合众国公民,不管他们是生来自由还是生来为奴。而内战后的法官,仍跟 Dred Scott 案中作出判决的法官拥有同样的背景和教育。

作为对前南部邦联重建的一部分,获胜的北方试图清洗前叛

---

[1] Robert Penn Warren, *The Legacy of the Civil War* 15 (1961).

乱政府中的"叛国"分子。宪法第十四条修正案包含一个条款,该条款剥夺任何曾宣誓支持宪法,而后又"从事违反宪法的暴乱或叛乱"者在州政府或联邦政府中担任公职的资格。这一修正案作为叛乱州恢复其在国会代表权的代价,预计各叛乱州会批准。[2]可以想见,这一规定清除了南方各州中支持以战争谋取南方独立的人员,但这一规定并不能解除北方的法官与政治家对所有公民平等的矛盾态度。从 *Dred Scott* 案作出判决的1857年,到内战后第一个重大宪法案件作出判决的1872年,其间最高法院法官的人事发生了彻底的变动。然而,新上任的最高法院大法官,他们头脑中仍带着内战前他们年轻时代就有的价值观,乃至疑惑。他们不可能轻易接受全新的民族主义精神与强烈的平等信念。他们的司法并未表达战胜者的愿景,相反,从他们勉强作出的判决中可以看到,战败者同样有自己的一面之词。

通过宪法修正案白纸黑字规则的形式实现法律名义上的改变,并非一件难事。宪法第十三条修正案,在战争结束后不久便得到批准。第十四条修正案则在五年内获得了通过。到1870年时,语言上的彻底变革已经到位。唯一的问题是,这些纸面上的言辞是否会在美国人的自治中带来翻天覆地的变化。

葛底斯堡演说中的三个允诺(民族国家、平等与民主),原本应该在解释治理内战后美国的各条宪法修正案上作为指导性价值观。这几条修正案具有新宪法的形式。它们阐明了政府的基本原则。而且,每一条修正案,都授权国会以适当的立法来实施修正案的规定。这几条修正案唯一所需的,就是当时正在运作的政府三个部门的结构背景。它原本无须人们挖空心思在法律上设计,而只简单地将现存的联邦政府结构并入到新的宪政秩序中。

倘若美国能够从头再来,任命受到葛底斯堡演说中体现的价值观和愿景熏陶的法官,新一代人未曾接受过旧的思想习惯,林肯在葛底斯堡演说中的预言就会实现。致力于建立一个黑人和白人

---

[2] U.S. Constitution, Fourteenth Amendment, Sec. 3.

组成的"单一民族国家"的信念,就会为法庭中的平等法学提供基础。联邦政府就会成为私人关系的监督者。私人关系就不会走得过于靠近宪法第十三条修正案中所规定的"奴隶制"或"以前的奴役状态"的禁区线。《独立宣言》中的"不证自明的真理"(生命权、自由以及追求幸福的不可剥夺的权利),就会为新的宪政秩序奠定基础。然而,这却并非内战后美国的命运。

问题的部分原因,在于我们看待战争中惨痛牺牲的方式。在葛底斯堡,在安提塔姆,在威克斯堡,在所有这些战场上,美国人为了茫然不清的原则而奋勇献身。如果我们没有林肯在葛底斯堡阐述过的战争伟大目标,整个战争事业就充满了荒谬的味道。一个南军士兵可能会说:"我为自己的权利而战斗。"但他并不清楚这些"权利"究竟为何。在战场的另一边,一个北军士兵也可能会带着怨恼的情绪说:"我为联邦而战斗。"而为一个政府结构而献身,也有点荒唐可笑。

葛底斯堡演说蕴含了一种情感,即,战争表达了美国人的兄弟情谊。不仅是向那些获得解放的黑奴表达兄弟情谊,而且对那些肩并肩一起战斗的20万黑人士兵也表达情谊,尽管这些黑人士兵组成了单独的部队去跟白人一起解放那些仍受奴役的黑人。[3] 民族团结——"情谊纽带"[4]——向武装起来的南方人,同样也作出这样的表达。依林肯之见,南方人从来就是美利坚民族的一部分。这是一场兄弟之间的战争。这场战争,对于解决家庭内部在合众国究竟要成为一个什么样的国家问题上不可避免的纷争,是必然的。

在"为民族国家而战"之后的几十年,随着美国历史按本身的轨迹前行,这个国家背弃了林肯在葛底斯堡祭奠那些英烈时所赋予的深层意义。战争的意义被已有的政治与法律语汇吸纳了。我

---

[3] 参见,Eric Foner, "The Strange Career of the Reconstruction Amendments", 108 Yale L. J. 2003, 2005 (1999)。
[4] 1861年3月4日首任就职演说。

们原本可以庆祝我们有了一套崭新的政治语汇,一套跟迈向内部团结民族国家的欧洲人共同的语汇。然而,回归旧的语汇,我们忽略了新语汇的魅力。我们把葛底斯堡演说中呼吁的团结抛之脑后。我们转换了观念,把这些原本应该变成崭新、活跃的民族宪章的观念,转变成缺乏活力的隐藏宪法。

内战后美国所关注的诸多争议问题,并非林肯在葛底斯堡演说与连任演说中所阐明的团结与和解观念。主张新观念秩序的林肯在1865年4月被暗杀,美国随之成了一个饱受权力斗争困扰的国家。战后时期的重大争议中,充斥着权力机构之间的紧张冲突。

林肯所在的党在国会中成了激进派。林肯的继任者安德鲁·约翰逊,来自前南部邦联田纳西州的自耕农阶层。他在贯彻对各叛乱州政府的清洗政策方面,不如国会那般热心。第十四条修正案将各州置于联邦政府的持续监督之下,他对此也反对。他跟林肯任命的战争部长埃德温·斯坦顿政见不合。而斯坦顿则赞同对南方采取推倒重建的政策。因担心约翰逊会免去斯坦顿的职务,国会通过一项法律,规定免去总统内阁成员时,需得到国会批准。约翰逊抗拒了国会的要求,免去了斯坦顿的战争部长一职。作为报复,众议院启动了对约翰逊的弹劾程序。经过辩论激烈的审判(约翰逊本人并未出庭),总统仅凭借参议院一票之差(宪法规定成功弹劾总统需参议院三分之二多数票)得以幸免。经此之后,约翰逊锐气大挫,对国会的各项政策,包括制定第十四条修正案,较少阻挠。

在合众国历史上第一桩总统弹劾案风暴背后,是国会与总统之间的权力斗争。从战争中浮现出的宪政结构,会更接近欧洲的议会民主风格(议会主导的行政内阁)么?抑或,总统还能保持独立的政府第三方势力么?战争会打开这类基本问题的大门,而且,通过发动社会内部的争斗,一场内战会不可避免地引起对政府权力的重新界定。一系列新的争议问题摆上了宪政讨论的议事日程。

在所有这些问题中,最重要的当属联邦政府与各州之间的适当关系。这是一个依旧缠绕美国宪政律师的"联邦主义"问题。毫无疑问,经历战争之后,联邦政府比过去更强大。联邦政府已经征收过收入所得税,它有能力着眼于更有效的财源。联邦政府已经协调过各州的部队。它会承担起指导南方的经济恢复建设,并把南方融入到由一套新的价值观治理的社会中。现在的问题在于,在以联邦政府作为首脑的新政府结构下,各个州能否保持第十条修正案中所规定的各州保留的剩余政府权力——"宪法未授予合众国,也未禁止各州行使的权力,分别由各州或由人民保留"。

在权利法案批准的1791年,第十条修正案确认联邦的全部权力源自各州及人民,这说得通。宪法当时代表了先前已有各州之间的一纸契约。但从建国到内战结束这一期间加入联邦的二十三个州,很难说跟创始十三州那样拥有先前作为独立州的同样历史。[5] 新加入的各州,除了得克萨斯州以外,是经联邦法令批准而成立的。它们几乎全部是由合众国已经拥有的准州领地产生而来。它们先是被设为行政单位,而后才作为州被承认。在它们本身是被联邦政府设立的情况下,还认为它们拥有授予联邦政府之外的剩余权力,这恐怕是只有律师才能够发明的自欺欺人把戏。

到1865年为止接纳的新州,只应拥有联邦政府允许它们拥有的自治权。然而,在美国宪政理论中,一个重大的迷思(myth)在于,新州地位就跟创始十三州一样,这一理论还占了上风。或许,在保持各州地位平等方面,这套花招还是不可或缺的。这不会导致人们认为创始十三州组成了一个国家,而高于其后所承认的各州组成的第二个国家。然而,内战之后,对体现了拥有平等地位的美国人所组成的民族的合众国来说,承认第十条修正案对其已经丧失了实质性,并无什么不妥。

这并非是说,为了促进行政效率,区分联邦政府与州政府的职能是没有道理的。职能上的这一类有效划分,在反对把民族概念作为政府权力基础方面,是有道理的。或许,对行政效率的关心,

---

[5] 内华达于1864年作为第36个州加入联邦。

正是律师在谈论州权与有限联邦政府问题时的全部意思。然而，这一讨论仍然难免时不时受到以下这个迷思的困扰：在美国建国之后所接纳的各州，居然可以追溯既往，授予创设这些州的联邦政府以权力。

有一个机构冒出来阐明并维护了这一迷思，承认各自治州拥有第十条修正案规定的剩余权力。这一机构正是最高法院。自首席大法官约翰·马歇尔在1803年解释宪法时，称最高法院有权宣布联邦立法与州立法违宪以来，最高法院便拥有了违宪司法审查权。[6]自此之后，一直到内战开战时的这55年间，最高法院很少动用这一权力。[7]然而，在内战后的机构重组中，最高法院越来越频繁地动用该权力，推翻政府其他机构的决定。最高法院阐述了这些观念。用我们现在的话说，最高法院赋予一些基本概念以"含义"——勾画出废除奴隶制后美国的民族国家、平等与民主的命运。

最高法院如何完成这一重新阐释的任务，构成了美国智识历史中的重要篇章。它是一部这样的历史：最高法院运用了内战后法律秩序的语言，却背离了这些语言的内在含义，而将新的法律秩序融入原有的1787年宪法中。把新的语言掺杂进旧的习惯，这使得新的法律秩序愿景被废弃。本应鼓舞内战后美国的诸原则，变成了隐藏的宪法，在它们重新出现来塑造美国法的轮廓之前，几十年里一直隐而不显。这一历史也许令人沮丧，但必须得讲出来。要探究最高法院这一重新解释的过程，我集中讨论当时最高法院的两个重要判决，头一个是 *Slaughterhouse* 案的判决，另一个是 *Civil Rights Cases* 的判决。

---

[6] Marbury v Madison, 1 Cranch (5 U.S.)137 (1803).
[7] 违宪审查权最引人注目的一次行使，却最丢人现眼。参见，*Dred Scott* 案的判决，最高法院判定禁止奴隶制的密苏里妥协违反了宪法第五条修正案的正当程序条款。Scott v. Sanford, 60 U.S.393 (1857).

第六章　子虚乌有的革命

新奥尔良屠户的困境

1869年,在内战结束四年后,路易斯安那州议会通过了一项立法。这一立法让我们认识到,有关经济自由的争议(这可以追溯到近代欧洲大陆与英格兰法律历史中的最早阶段)是多么的持久。这一案件的重要价值在于,它提醒法律界,有关自由的许多争议,跟寻求维护民族国家团结和解放黑奴的战争毫无关联。

当时,在新奥尔良大约有一千人从事屠宰业务。他们在收到通过密西西比河船运下来的活牲货物之后,屠宰这些牲口,把这些肉类食品打包,分销全美各地。路易斯安那州1869年制定的这项法令,旨在集中管理牲畜屠宰业,将之限定在几个区域。这项法律规定,活牲货物的卸货与屠宰业务只能由其中的两家业主经营。该地区所有屠夫都有权使用两家业主的业务设施,但必须向拥有特许专营权的业主支付规定的费用。合并屠宰业的冠冕理由,是"为了保护新奥尔良市民健康"。[8] 法令的名称,就叫做"一项保护新奥尔良市民健康,设置活牲卸货与屠宰场地点,以及成立新奥尔良市活牲卸货与屠宰场公司的法令"。该法令列出了有权设立屠宰公司的17人,并进一步规定,任何违反这一专营特许的行为,将被处以罚金。这一法令激怒了那些被排除在外的当地屠户。他们认为,作为土地主,他们有权使用他们的土地,按市场需求仓储、屠宰活牲。他们的要求并不复杂,不过是在他们的土地上,按他们认为合适的方式做买卖。

假定该州议会诚信行事,在授予新奥尔良市屠宰公司专营权事情上没有贪污受贿的情形,这个争议就显得比较简单(至少按照当代的公共管制标准是如此)。这不过是州为了促进公共福利,合理行使其"治权"而已。单一的屠宰场,性质上即为一个公用事业公司,跟得到政府特许经营权,向某一地区提供服务的电话公司或

---

[8]　参见,*Slaughterhouse I*, 83 U. S. 36 (1872)。

电力公司相类似。在描述这一案件时,查尔斯·布莱克认为这一争议只不过是小事一桩。[9]屠户们提起的诉讼,原本不应该产生重大的宪法问题。

然而,值此之时,这一争议因引起至关重要的问题而受到关注。案子在内战结束后第七年诉至最高法院。内战后有关南方重建的宪法修正案的批准仍历历在目。这个时代洋溢着对未来的愿景,不过,最高法院却并不如此。

法庭上的辩论势均力敌。不过,州权拥护者最终在最高法院赢得了他们在拼杀战场上没能赢取的胜利。最高法院的五位大法官,支持路易斯安那州授予新奥尔良市屠宰公司专营权的1869年法令。三份清晰有力的异议意见全部支持自营屠户的经济自由权,认为他们有权从事自己的买卖,而无须向路易斯安那州议会批准的特许专营商缴纳费用。斯蒂芬·菲尔德大法官坦率地讲出了自己的直觉,作为支持异议意见的法律论据:"没有人会否认,抽象正义站在自营屠户一边。"

我希望,读者们能原谅我对1872年这个案件的判决多费口舌,尽管作出判决的大法官们的名字如今我们很少记得了。对于宪法史来说,双方的对峙是如此激烈,又彼此纠缠在一起,彼此的冲突成了波澜壮阔的史诗。代表最高法院多数派支持州权自治的大法官塞缪尔·米勒,在1862年由林肯总统任命。而在另一边,是激情四溢的异议意见,同情自营屠户面临的困境。我这里重点讨论米勒与菲尔德之间的冲突。

持异议意见的大法官菲尔德所提到的"抽象正义",源自对历史的看重。在资本主义的早期阶段,自营企业家身处封建领主和税务官的封建体制下。代表屠户的律师,历数大革命前法国的历史:

农夫若没向贵族付费,便不能过桥,若没花钱买个许可,

---

[9] Charles Black, *A New Birth of Freedom: Human Rights Named and Unnamed* 58 (1997).

他也不能把自己出产的农产品拿到市场上去卖。在把谷物送到领主的磨坊研磨之前,他不能享用自己收获的粮食。未买得许可,他自己不能纺布,也不能用自己的磨石磨快自己的工具,也不能自己酿酒、榨油、榨果汁。[10]

对技匠的困境,律师同样也表达得淋漓尽致:"政府到处窥探的眼睛,随着屠户进了屠宰场,随着面包师傅到了烤炉边。"[11]

如今再读到这一饱含激情的语言,我们能领会到为什么很多人感觉到"抽象正义"站在屠户一边。满怀激情为劳动权与保住劳动成果的斗争,是19世纪的一大主题。激起屠户提起争议、反对新奥尔良市的正义感,也是激起马克思在同一历史时期(19世纪中期)为之奋斗的同样正义感。

难题在于如何在具体的法律条文中找到对屠户造成的抽象不公。美国法理词典中刚刚加上了宪法第十三条、第十四条修正案中的高调词汇。对屠宰业的这些限制,算得上第十三条修正案所禁止的"强制劳役"么?抑或,这种限制违反了州或联邦层面的公民权"特权与豁免权"么?或者,这种限制是州违背自己向其所辖的所有人提供法律的正当程序与平等保护的责任么?

在触及如此丰富的宪法论点之前,屠户的代理律师用了一个简单的策略。他们认为路易斯安那州的立法违反了英格兰的普通法,而英格兰普通法的一些基本原则已经成为了美国法的根基。这其中的一个普通法原则就规定:专营垄断本身就是无效的。17世纪首屈一指的法学家爱德华·库克爵士,曾经在当时的一个案子中阐述了这一原则。当时的案情是:国王将某一特定类型的扑克的买卖业务的专营特许权授予伦敦的一个商人,有一个竞争者被起诉,竞争者声称自己有权自由从事自己选择的买卖。法庭支

---

[10] *Slaughterhouse I* at 45.
[11] 同上。

持了企业自由经营的原则,宣布这一专营垄断是无效的。[12]

要不是律师必须跨越两个障碍,这个案例原本可以成为支持屠户立场的有说服力先例。这头一个障碍是:新奥尔良屠宰专营特许得被明确定义为"垄断"。这个后来证明问题多多。持异议意见的大法官们没怎么费事就得出结论认为:要求屠户付费使用唯一的屠宰场就"跟法律授权公司牲畜专营特权一样是垄断"[13]。但米勒大法官所领导的法庭多数派,则拒绝接受这一立场。最高法院欣然接受"垄断"这一描述,但否认"屠户们因此而被剥夺了他们在屠宰职业上的劳动权"[14]。

如果类推普通法上的垄断得以成立的话,律师面临的第二个难题是:议会立法仅仅因为违反了库克法官在另一个重要判例中所称的"普遍正义或理性"[15],法庭就有权宣布这一立法无效。英格兰人的这一习惯得移植到美国来。没有证据显示,美国的各个法庭愿意或者能够仅仅因为立法违反了"普通法",就宣布其无效。最高法院从未没有依据这一原则来抨击路易斯安那州的立法。最高法院在解释库克法官在 *Case of Monopolies* 一案中的判决时,认为这个案件涉及的是国王是否有权准许专营垄断权的问题。库克法官大概站在议会下院的一边反对国王,但对于议会是否有权准许专营垄断权的问题,则悬而未决。对于立法上不准许的问题,则以一个反问句打发掉了:"谁质疑议会变更、修订普通法的权力呢?"[16]立法机构有权管制经济这一观念占得上风。人们选举出的民意代表,在立法机构里享有广泛的机动权,来制定至少名义上能促进公共福利的措施。

新奥尔良的屠户要想到撤销路易斯安那州的立法,他们必须

---

[12] 11 Coke's Reports 85(King's Bench 1602), *The Selected Writings and Speeches of Sir Edward Coke*, vol.1(Steve Sheppard ed. 2000)重印。

[13] 83 U.S. at 102.

[14] 同上注,第61页。

[15] 参见,Dr. Bonham's Case, 77 Eng. Rep.638, 652(C.P. 1610)。

[16] 83 U.S. at 65.

援用宪法上的禁止性条文来推翻立法机构的权限。那个明确的条款必须具备有利于屠户的"抽象正义"的意义,必须捕捉到是非感。按照菲尔德大法官的意见,即没人能对此否认。

在讨论律师们以及法庭在本案中的意见中,我们主要的关注点是:林肯在葛底斯堡演说中所提出的理念作为战后法律秩序基石,其命运为何。我们的任务,是思考民族国家、平等、民主这些理想的命运。我们的任务,是去理解美国的第二次建国如何(至少名义上那个)与第一部宪法和权利法案发生冲突与融合的情形。

民族国家与公民权

尽管林肯尽力唤醒美国人的民族国家意识,但这一观念在律师的心目中并未产生多少共鸣。"民族国家"一词在内战后的宪法修正案中并未出现。我甚至怀疑,代表屠户一方的律师是否会想到在法庭上提出这样的辩论意见说:美国作为一个民族国家授权给独立商人一项权利,以使得他们无须缴纳税费而从事自己的职业。商人的权利如果说来自什么地方的话,那也是来自支配自由市场以及职业人士尊严的普世原则。然而,这一辩论意见(即民族国家是第十三条与第十四条修正案所获得权利的渊源),在1883年一份气势恢宏的法庭异议意见中非常引人注目地表达了出来。[17]

19世纪70年代时,有关美国民族国家的观念或许已经存在,然而,这一观念还不是最高法院可以直接吸收用来解释抽象正义的概念。美国作为民族国家的概念已成为美国人的信条,但仍不是美国法中确定不移的特征。它已经与《独立宣言》中所阐明的"追求幸福"的不可剥夺权利相提并论、平起平坐。后者时不时在

---

[17] 对哈伦大法官意见的讨论,参见第133—137页(原书页码,本书边码。——译注)。

法庭判决中被提及[18]，但它从未成为法庭判案的说理基础。它一直作为一个信条而存在，正如视美利坚民族为一个单一民族国家的信念。

对于美利坚民族国家的信念，同追求幸福的不可剥夺权利观念一道，构成了美国的世俗信仰。它与在流通货币上体现"我们信仰上帝"信念的常规祷文是并驾齐驱的。这些都是我们所生活的背景前提。民族国家的观念是同样真切的。1892年，对国旗和民族国家的世俗祈祷（即效忠宣誓）自发性地横贯全国。[19]它代表了这样一种观念：美国是一个"不可分离的民族国家"。这是三十年前发生的"兄弟阋墙"所留下的遗产。然而，无论这些观念在美国世俗信仰中是如何的重要，无论它们在美国社会以及政府中是如何支配美国人的思考，但在法庭的判案中，仍不适于作为司法原则援引。

民族国家的观念带有浪漫主义味道。它打动不了倾向于分析的头脑，而只能打动感怀用事的心灵。在思想与情感之间，法律职业人更偏向于思想。而民族国家观念的感召魅力，则留给诗人。法律职业人选择了具有分析特征的对应物——公民权。正如第十四条修正案中所使用的词语，公民权纯粹是一个形式上的观念，完全取决于一个人的出生地。在最高法院法庭上辩论新奥尔良屠户的权利问题时，公民权及其特权的概念，成了任何最终渴望表达民族国家所拥有的权利的救命稻草。

也许，正如查尔斯·布莱克以及其他学者所主张的那样，一个民族国家的公民所拥有的特权与豁免权，无论如何也跟这个国家的宪法相关。他们的这一立场是站得住脚的。不过，照我看来，在有关民族国家的观念问题上，超出法律范围之外的浪漫主义观念，跟公民权的法律形式概念之间，存在重大的差异。然而，让我们先

---

[18] 比如，在 Corfield v. Coryell, 6 Fed. Cases 546 (No. 3230 E. Dist. Pa. 1823) 一案中，将此作为界定州公民所拥有的"特权与豁免权"的一个因素。

[19] 有关效忠宣誓的历史，参见，George P. Fletcher, *Loyalty: An Essay on the Morality of Relationships* 101—16 (1992)。

把这些差异搁在一边,设想一下,如果民族国家的观念要在宪法中起到一定作用,它必须在公民权概念下转化。

第一部宪法既认可各州的公民权,也认可了合众国的公民权。只有不同州的公民(不仅仅是居民)才能在联邦法院提起诉讼。[20] 更重要的是,1787年宪法通过"各州公民有权拥有其他州公民的全部特权与豁免权"这一规定,从而保障了全国各地公民在法律地位上的平等。[21] 合众国的公民权,无论是通过一定期限,还是通过出生所获得,成为有权竞选联邦政府公职的必要资格。[22] 然而,1787年宪法,在一个人如何才能成为某一州的公民或是合众国的公民问题上,未置一辞。这一问题完全交给州法去解决,正如眼下欧盟的情形一样。在内战之前的美国,正如现在的欧盟一样,一个人要获得(较美国各州或欧盟各国)更大政治体的公民权,他得首先跨越当地公民权所设置的地方障碍。把公民权授予的问题交给各州,意味着蓄奴州能够剥夺黑人或任何他们所选定的人的公民权。这种安排在 *Dred Scott* 案中被证明是灾难性的。当时,先是密苏里州,接下来最高法院都判定非洲裔血统的人被永久剥夺公民权。[23]

第十四条修正案生效后所碰到的第一个事务,就是确定:作为形式条件,哪些人隶属于美利坚合众国。为找到一个简单的界定,宪法(第十四条修正案)采纳了英格兰的传统规则,即,不是由血统而是由出生地来决定:"在合众国出生或归化合众国,并受合众国管辖的人,均为合众国和他所居住州的公民。"对每个出生在美国土地上的人(除了外交官的子女以及其他"不受管辖"的人之外),适用属地法的传统规则,完全消除了家庭及种族历史因素在美国公民权界定上的作用。

---

[20]　U. S. Constitution, Art. III, Sec. 2, Cl. 1.

[21]　U. S. Constitution, Art. IV, Sec. 2, Cl. 1.

[22]　U. S. Constitution, Art. I, Sec. 2, Cl. 2.(当选国会众议员,需7年公民权身份);Art. I, Sec. 3, Cl. 3(当选国会参议员,需9年公民权身份);Art. II, Sec. 1, Cl. 4(只有"出生时具有公民身份"的人才能当选总统)。

[23]　Scott v. Sanford, 60 U. S. 393 (1856).

这一部分的规定是简单而直截了当的。而一旦注意到合众国与各州公民权之间的差异时,问题就趋于复杂了。要是只有单一的全国性质的公民权概念,问题就会更简单些。实际上,在世界上的其他任何一个国家,都只有单一的全国性质的公民权。要是内战后重建南方的各条修正案真的是全新的宪法,那各个法庭就可能完全忽略州公民权的概念。唉,第十四条修正案自身却提到了州公民权的概念:每一个合众国的公民是他所居住州的公民。问题更复杂的是,每一种形式的公民权都有自己的特权与豁免权。第一部宪法规定每一个州都必须尊重其他各州公民所享有的特权与豁免权。[24]第十四条修正案则把这一义务延伸到对待合众国的公民上。

因此,最高法院在 *Slaughterhouse* 案中所面临的难题是双重的:首先,它要如何解释两种不同的公民权之间的关系;其次,它要如何去把有利于屠户诉求的"抽象正义",贴合到每一种形式的公民权所拥有的特权与豁免权界限内。

在本案中持异议意见的大法官菲尔德,对第十四条修正案作出了绝妙的解释,其结果有利于屠户们的主张。第一步,是在1787年宪法中禁止兄弟州之间的歧视条款上找到了平等对待的原则。尽管第一部宪法并未提及"平等"这一字眼,但"特权与豁免权"条款可以解读为,至少针对公民,各州应该无视于出生所在州,而给予平等对待。现在,让我们设想路易斯安那州制定了一部法律,禁止外州的屠户使用新奥尔良市屠宰场。正如这一领域的判例法所显示的,这种偏向于一类屠户的做法显然是违宪的。[25]按照这一逻辑,如果路易斯安那州无权任意歧视他州公民,那么,允许他们对本州的一群屠户进行歧视,那就显得匪夷所思了。在内战前通过的各项宪法修正案中,为数有限的几个条款规定了各州应对本州

---

[24] U. S. Constitution, Art. IV, Sec. 2, Cl. 1.
[25] 首要的判例是 Corfield v. Coryell, 6 Fed. Cases 546(No. 3230 E. Dist. Pa. 1823)。

公民造成的不公承担责任。这其中最著名的是禁止各州制定具有溯及既往效力的法律，禁止各州制定褫夺公民法权的法律，以及禁止制定损害契约义务的法律。[26] 不过，这些规定很难有效攻击新奥尔良市立屠宰场屠户的特权。

菲尔德大法官在司法推理的这一关头，提出了一个惊人的主张：合众国公民权规定的目的，正是为填补宪法中其他条款所遗漏下的空隙。要求联邦法院对外州屠户提供的保护，更优于对本州州内屠户的保护，这在道理上是说不通的。为了实现这两类人的平等（即受到宪法保护的外州公民与本州未受到宪法保护的公民之间），合众国公民权的概念应该使得本州的公民免于遭到本州行为的侵害。

这一案件所碰到的智识难题，跟第二次世界大战之后国际法领域所发生的情形是类似的。国家间的法律秩序保护了外国的居民免受德国人的暴行，但它却不能保护生活在德国的犹太人免受他们自己政府的暴行。这是国际法框架中一个离奇的疏漏。为了纠正这一遗漏，纽伦堡法庭的设计者们创造了反人道罪这一观念。如今，无论是在卢旺达还是在科索沃的冲突中，我们理所应当地认为，各国有义务根据国际法对待其公民。*Slaughterhouse* 案则在各州与其公民关系问题上，努力寻求同样的突破。

1872 年时所面临的概念上的障碍，跟 1945 年所面临的如出一辙。要想一个国家对其公民承担责任，这些公民必须被视为是归属高于这一国家之上的某一实体的成员。换句话说，无论是公民还是国家，两者都必须置于更高的法律秩序之下。纽伦堡审判中，把德籍犹太人置于更高的法律秩序中，这个更高的法律秩序被称为人道。饱受德国人恐怖暴力的受害人之所以受到保护，原因很简单：因为他们是人类。照我的观点，菲尔德大法官正确地认为，合众国公民权的概念，类似于合众国公民作为高于各州的法律秩

---

[26] 这些针对各州的限制，以及其他较次要的限制，在 U.S. Constitution, Art. I, Sec. 10, Cl.1 中列明。

序的成员,各州理应承担这样的义务:即,对待本州公民不得差于对待合众国内其他州的公民。

在菲尔德大法官的分析中,存在一个小小的疑点,尽管当时在 Slaughterhouse 案中被法庭所拒绝,但最终成为了解释第十四条修正案的指导原则。这一分析的适当归属,其最终结果不是归于公民权条款的双重概念,而是置于同一修正案中的相邻条款,即正当程序条款与平等保护条款。要知道,这两个条款直接针对"任何人"(正当程序),或"在管辖区内的任何人"(平等保护)的保护。因此,第十四条修正案草拟之时,已经预见到了作为纽伦堡审判中反人道罪原则基础的理论。根据纽伦堡审判所设立的标准,国际秩序要求民族国家体面对待自己的公民。在内战后的法律秩序中,同样的结果也源自联邦宪法原则。

不过,这稍稍超越了历史。最高法院的多数派为何拒绝,又是如何拒绝菲尔德大法官把两个层面上的公民权协调起来的绝妙解释,仍成其为一个问题。要谨记得失攸关之所在。各州受到更高的法律秩序的管辖,这一点毫无疑问。唯一的问题在于,那个更高的法律秩序是否为联邦政府所确立的法律秩序,或是否为人道主义观念所隐含的法律秩序。生活在路易斯安那州的屠户们,他们最首要的特征是他们作为合众国的成员吗?抑或,他们作为"人"的地位,能使他们有权得到法律的正当程序及平等保护吗?

菲尔德的辩论意见赢得了其他四位大法官的赞成票。最高法院的另五位成员,则在这一观念前打了退堂鼓:各州应对被称为合众国的更高法律秩序负有义务。合众国的公民身份,并不具备消弭本州公民与外州公民间差异的作用。按照这五位大法官的意见,如果如此这般解读内战后重建时期宪法各修正案,将会"束缚各州政府,并使其因受制于国会的控制而遭到贬低"[27]。按照最高法院多数派的理解,本案首要的争点在于各州是否能保留其管辖本州居民的专有权威,这一权威在"治权"条款中有明确的规定,

---

[27] 83 U. S. at 78.

授权各州出于公共福利的目的制定法律。这一意见的潜台词意味着,如果各州出于服务于本州居民的整体福利,而调整本州公民间的私权与义务,他们是可以这样做的。授予新奥尔良屠宰场公司特别专营许可权这一做法,仅仅只是该州所拥有的造福某些公民而损害另外一些公民(都是州内)之广泛权力的一个写照罢了。而试图促进本州公民的利益高于外州公民利益的(歧视)做法,则是被禁止的。

我们应该注意到,这实际上是以另外的方式延续内战的争斗。对"州与联邦政府彼此之间以及两级政府对人民之间关系"的特殊关照,使我们想起19世纪30年代时的讨论,当时的讨论针对的是新州是否有权决定蓄奴与否的自治权问题。仿佛内战仅仅是达成了一个目标,即,解决了分离的问题,而对于合众国作为民族国家的界定,或是在建立合众国公民间的平等原则问题上,则毫无所为。

尽管如此,米勒大法官在代表法庭多数派撰写判决意见时,对于何谓合众国公民的问题,还是解释了一套貌似可信的理论。不过,结果看起来仿佛是呈现出一个恳求者面向一个遥不可及的保护者的画面。公民应能够向合众国政府的民意代表本人提交陈情,提出针对更高权力机构的控告,而作为一个海外或在公海上的公民得到保护。这并不特别过分,但这毫无疑问并未表现出对内战遗产民族国家与平等的承诺。

在这些更重大的问题上,最高法院的判决意见,后来证明是极令人失望的。米勒对于我们作为民族国家统一体的理解,在以下这一值得注意的一段话中偶然冒了出来:

> 援引首席大法官唐尼在另外一个案件中的话说,"就建立联邦政府的所有伟大目标而言,我们是同一个民族,拥有同一片国土,我们都是合众国的公民……"[28]

---

[28] 同上注,第80页。

这所谓另外一个案件的日期在判决中并未提及,但我们都记得唐尼首席大法官撰写了 *Dred Scott* 案的判决意见,在那一判决中,他的确承认我们是同一个【白人】民族,而黑奴的后代,绝不是这个民族的一部分。在美利坚民族国家问题上援用唐尼的话,就好比在法治问题上援引艾尔·卡蓬*的话。

平等

平等,是那个在第一部宪法里明显的遗漏吗?人们还停留在内战前的观念上(正是这个观念主导米勒法庭),第十四条修正案又如何修正1787年的罪过?最高法院里占多数派的五个大法官原本可以适用"平等保护"条款,而达到菲尔德大法官根据他的双重公民权解释所设想的同样结果。他们原本可以轻松得出结论说:依赖于新奥尔良市屠宰场的屠户们遭到了歧视,这是不允许的。那结果也不是什么特别极端的结果,那会在内战后的宪法中确立对平等的永久承诺。不过,最高法院没有这么做,最高法院为了克服一个范围狭小的历史不公,而在更重大的原则问题上扭头退缩。最高法院的判决意见写道:"平等保护这一条款所要纠正的罪恶,在于新近获得解放的黑人所居住的一些州的法律中存在针对他们的歧视,导致对他们的重大不公与困苦。"[29] 换言之,对平等的崭新承诺的唯一要点仅仅在于剪除奴隶制以及相应的法律制度。可是,如果消除奴隶制仅仅是内战后重建时期宪法各修正案的唯一目标,那第十三条修正案已经做到了。那就没有必要通过第十四条修正案,以及其承诺实现所有在"管辖区内人"的平等这一更重大的平等原则了。

苏珊·B.安东尼当时已经开始了争取妇女选举权的运动,然

---

* Al Capone(1899 — 1947),意大利裔美国人,人称"疤脸客",系美国禁酒时期最臭名昭著的匪徒,他领导的黑社会组织导致芝加哥成为无法无天的城市,是那一时期美国法律与秩序陷入崩溃的最大象征。——译注

[29] 83 U.S. at 82.

而，在 *Slaughterhouse* 案发布判决之时，很少有人赞成把平等保护的尺度往上提一丁点儿，将妇女纳入平等保护的范畴内。在解决 *Slaughterhouse* 案争议不久，最高法院就接手了迈拉·布拉德韦尔申请在伊利诺伊州律师执业的上诉案件。[30] 在有关她是否适格的问题上不存在争议。她是合众国及伊利诺伊州的公民，接受过法律训练，而且也具备成为一个好律师的品格。只有一个难题：她是一位妇女。就她身为女人这一点，就足以使伊利诺伊州将她挡在律师界的门外。除了仅有的一名持异议意见的大法官外，最高法院判决认为，伊利诺伊州的这一行使州权的做法是可以接受的。在 *Slaughterhouse* 案判决之后，米勒大法官认定律师执业并不属于公民的"特权与豁免权"范围，这是一个较小的曲解。在布拉德韦尔这个案件中，令人惊异的特点在于：法官们甚至一点也没有想到，对妇女的歧视怎么能跟"法律的平等保护"相容。最高法院的判决书对于平等问题只字不提。这就是那个时代的风尚。1874年，另一位妇女维吉尼亚·迈纳向最高法院上诉，辩称密苏里州剥夺了她的选举权，这违反了第十四条修正案。最高法院全体法官一致表决通过了判决。[31] 最高法院的判决甚至根本没有提及这种歧视有可能违反了法律的平等保护条款。

平等保护条款有朝一日将延伸到保护所有的人，显而易见，这大大超出了19世纪70年代大法官们的想象力。平等保护条款不仅保护少数族裔，而且也保护妇女、非婚生子女、外国人，以及遭到专横的社会与法律排斥的所有群体。这些大法官们忽略了"抽象正义"，而这个抽象正义已经从崭新的宪政框架中的大胆言辞向他们发出了尖叫。然而，他们却狭隘地解读了这些言辞，把它们限制在历史形势下，其结果，则是挫败了创建一个崭新、更为公正的社会的愿景。最高法院的大法官们本质上是一伙保守的人，但他们很少有像内战后的那些大法官们那样反动。内战后重建时期的最

---

[30] Bradwell v. Illinois, 83 U.S.130 (1872).

[31] Minor v. Happersett, 88 U.S.162 (1874).

高法院,尽其所能地把一个新秩序的愿景转变成我们隐藏的宪法。

然而,民族国家与平等的价值观不可能永远隐藏不现,不可能永远掩藏在宪法思想的深层结构里。它们会在政治舞台以及法庭上重新申明自己。*Slaughterhouse* 案中的辩论未能严肃地对待民族国家或平等的问题。持异议意见的法官并未抓住平等问题,因为他们满足于找到路易斯安那州的立法违反了合众国公民所享有的"特权与豁免权"。法庭的多数派也从未触及平等议题,因为,就他们而言,第十四条修正案的功能相当有限,就是消除在立法上对非洲裔美国人的歧视。最高法院认为,"法律的平等保护"条款的目的,仅仅是保护黑人免受类似种族隔离立法上的侵犯,这一立场显然目光短浅,不可能维持长久。十四年后,最高法院将平等保护原则延伸到旧金山的华裔洗衣工身上,这些华裔洗衣工当时受到当地歧视性的分区管理限制。[32] 这是迈向明智的平等法理学的第一步。

Slaughterhouse 案争议的历史联系呈现出多维度的特点。对于为屠户的经济权辩护的律师来说,关键的维度在于,这是从封建束缚中解放出来的工匠与劳工的一段漫长历史。而对于持异议意见的法官来说,案件所提出的挑战在于,一个单一的民族国家的诞生,要求各州有义务对本州人与对外州人同等对待。而对于法庭的多数派而言,该案的争点应该是一个由内战所解决的问题:即,各州政府与联邦政府对于权力的争夺。不幸的是,这种对权力的争夺,此后几十年在争来吵去的诉讼中一直困扰着最高法院。

剧院里的种族隔离

把 *Slaughterhouse* 案解读为最高法院扭头避开美国的种族平等问题,这是迷惑人的。事实上,我们应当记住,这个案件跟歧视前黑奴的问题并不直接相关。然而,这个案件的确标志着对各州自

---

[32] Yick Wo v. Hopkins, 118 U.S. 356 (1886).

治权的强烈关注,有利于对抗联邦政府的州权的复苏。这还产生了一种司法理念,即对各州在行使其治权时表示尊重,即便其行政机构与立法机构的决定实际上构成了对前黑奴的歧视。然而,在其后的几个判决中,最高法院确立了一项基本原则,至少在刑事司法领域,各州不能视黑人为低等人。在 1880 年的一个判决中,最高法院支持了联邦政府针对弗吉尼亚州官员的惩罚,该官员剥夺了黑人担任陪审员的资格。[33] 在同年的另一个案件中,最高法院推翻了西弗吉尼亚州法院判定一名非洲裔美国人有罪的判决,(理由是)这一案件排斥了黑人的陪审团参加审理。[34] 在有关非洲裔美国人行使公民基本权利方面,尤其是刑事司法领域,最高法院还是够警觉的。

而在确定被解放的黑奴如何在美国社会中作为自由公民活动问题上,争议更为激烈。前黑奴并非理所应当拥有最基本的权利。1866 年制定的第一部《民权法案》,依据的是第十三条修正案清除奴隶制与强制劳役的承诺,它确立了前黑奴最基本的民权:在法庭提起诉讼的权利;担当法庭证人的权利;享有同等司法救济的权利,以及,跟其他公民一样承担同样的罚金与税负的义务。这部法律规定,任何官员若基于种族、肤色或是外国人身份,而使任何人没得到这些法律上的基本平等待遇,将被处以刑事惩罚。[35]

难弄的问题在于,国会是否能根据第十三条修正案制定适当的法律,来保护前黑奴免受尽管并非正式但仍苛刻的歧视风气,比如,餐馆、酒店不接待黑人,剧院搞种族隔离。1875 年《民权法案》第 1 节规定,任何人无论其种族、肤色,或从前的奴役地位,都有权平等享用"旅馆、水陆公共交通工具、剧院,以及其他公共娱乐设

---

[33] Ex parte Virginia, 100 U. S. 339 (1880).

[34] *Strauder*, 100 U. S. 303 (1880).

[35] 《权利法案》最初在 1866 年 4 月 9 日由国会通过,法规标题为 14 Stat. 27, Ch. 31。1870 年 5 月 31 日针对《实施法案》(Enforcement Act) 的第 16、17、18 节作出修改后重新通过,法规标题为 16 Stat. 140, Ch. 114。

134　隐藏的宪法

施"[36]。第 2 节则对出于被禁止的理由拒绝他人享用这些设施的违法者处以罚金及 30 天监禁的惩罚。根据这些规定,联邦政府在全国范围内(纽约、旧金山、田纳西)以其拒绝他人享用剧院及其他公共设施为由指控多名违法嫌疑人。值得注意的是,提起指控的所有这些地方在内战中都曾经是忠于联邦的地区。各被告人上诉称,陪审团给他们定罪所依据的《民权法案》超出了国会的权力范围。他们的上诉在最高法院合并审理。[37]

最高法院的八名大法官作出判决认为,国会在防止公共生活中的种族隔离的立法,超越了第十三条修正案与第十四条修正案授予他们的权力范围。据此,最高法院推翻了各个法庭作出的有罪判决,释放了这些在公共设施中使用种族标准的各个被告人。最高法院对内战后重建时期各宪法修正案的解读,跟我们在 *Slaughterhouse* 案中所见识到的方法一样,采取了同样的压制与阉割。按照最高法院的解释,这种在公共运输、旅店、剧院设施使用上的种族歧视并不构成"强制劳役",因为(正如最高法院轻率地指出),这些公共活动是属于"社会中人们以及种族的社会权利"领域。[38] 第十三条修正案的目的仅仅是为了"宣布并确认这些基本权利属于公民权的实质部分"[39]。毫无疑问,这显然是基于种族的歧视。为何不能以违反第十四条修正案的"平等法律保护"来予以限制?最高法院针对第十四条修正案的措辞咬文嚼字:任何州不得拒绝给予在其管辖下的任何人以平等法律保护。只有各个州才能违反这一修正案。任何特定具体的人在火车、旅店、剧院中实施种族限制,他们并非州的代理人。他们的行为并不构成任何政府的立法行为,也不构成代表州权威的任何官员的执法行为。因此,州政府对这些拒绝给予黑人公民"社会权利"的私人行为不承担责任。最高法院的结论是:如果不法行为仅仅是社会性质或私

---

[36]　18 Stat. 335.
[37]　*Civil Rights Cases*, 109 U.S. 3 (1883).
[38]　109 U.S. at 30.
[39]　同上。

人性质的,联邦政府不能依据出于实施第十四条修正案的立法来惩罚。

这种对宪法的狭隘与背信的解读,经过岁月流逝之后,对我们来说已经一目了然,而在当时也同样显而易见。当时唯一持异议意见的大法官约翰·马歇尔·哈伦,以其洞见暗指最高法院背叛了本应具有的战后宪政秩序。哈伦精确地指出了导致最高法院误入歧途的智识路径。在各州行为的问题上,哈伦认可纯粹私人行为与各州作为政策的行为之间存在范围上的差异。要抓住这个问题的微妙之处,想一想以下从家里的纯粹私人行为到州官员的纯粹公共职能之间的行为范围:

1. 在家里、在家庭中与朋友一起时的行为。
2. 向公众提供服务的私营公司职员的公开行为,如小店店员拒绝向黑人售货。
3. 具有公共职能的组织的职员的公开行为,如歌剧院的引座员或火车车厢里的售票员拒绝让黑人就座。
4. 得到州专营许可的私有公用事业公司在特定地区提供服务,如贝尔电话公司拒绝向前黑奴提供服务。
5. 地方官员违抗政府的政策,擅自采取的行为,比如,一位地方法官拒绝把黑人包含在陪审团名单内。
6. 政府的官方政策、歧视性立法,以及行政裁定不雇用黑人。

除了纯粹在家里的私人行为,以及另一个极端的官方政策,这一行为范围显示了私人决定与官方政策是掺和在一起的。要使得第十四条修正案能够契合这不同行为范围的现实要求,最高法院原本可以坚决主张把第 6 阶段作为包含在第十四条修正案范围内的下限行为要求,从而把联邦法院的监督权力限定在对州官员的官方行为上。但很显然,从一开始这就没多大意义。对合理的法律的歧视性适用不能逃脱联邦政府的监督,不能仅仅因为州官员越权行事才接受联邦监督。把反种族歧视限定在"州行为"以及州的官方政策,会纵容官员超出其法律权限外行事。因此,第 5 阶段的行为应包含在各州需承担责任的行为范围内。

最高法院在1883年的致命错误,是判定第5阶段之前的各个行为完全可以归为私人或"社会"行为一类。哈伦大法官的异议意见强调了第2、3、4阶段的行为同样是公共领域的行为,州政府以不同的方式牵连其中,有的是作为执法者,有的是作为替代性私人企业的受益者,或者,是通过直接或间接的资助(比如税收激励)。考虑到第十四条修正案所要达到的目标,解读这一修正案时,要对"州行为"有更宽广的理解。合宪行为的范围,至少要包括提供交通、住宿、教育、文化设施等实现公共职能的行为。如果最高法院如此解释州行为的概念,那么,无论是维持1875年《民权法案》的法律效力,还是对违反要求剧院和其他向公众开放的设施提供平等享用的法律规定而作出的有罪判决维持有效,就不存在困难了。

正如哈伦大法官指出,除此之外,最高法院在解释重建时期各宪法修正案所确立的崭新权利时,可以把它们仅仅看做是针对州政府的另外一些限制,就好比禁止各州制定褫夺公民法权、禁止损害契约义务、禁止颁授贵族头衔一样的限制规定。[40]因此,最高法院可以仔细分析针对各州权力的具体禁令,确定"州"是否应该为那些有违于平等开放公共设施规定的不法行为承担责任。

哈伦大法官对这个案件头脑是很清楚的。照他看来,最高法院忽略了重建时期各宪法修正案的关键特点,即,每一条修正案都授权国会以"适当的立法"来贯彻各修正案。宪法修正案包含有对国会权力的扩充,这在我们历史上是头一遭。[41]因此,这是让国会自己决定如何才能更好地贯彻实施第十三条修正案与第十四条修正案所明确规定的一般性承诺。在这一领域,国会也由此获得了广泛的治权,这跟最高法院在 Slaughterhouse 案中支持州立法机构所拥有的广泛治权是可以等量齐观的。

哈伦最具有杀伤力的论点,是他认为最高法院长久以来一直

---

[40] U. S. Constitution, Art. I, Sec. 10, Cl. 1.

[41] 授予国会的此权限,其后在各宪法修正案中变成了常规,特别是扩大选举权方面。比如,第十九条修正案(涉及妇女选举权),第二十三条修正案(涉及总统大选中哥伦比亚特区的选举团)。

接受国会对奴隶制状况拥有广泛的立法权。1787 年的宪法文本规定了奴隶主有权索回已经逃到自由州的奴隶。[42] 根据这一条,国会制定了 1793 年《逃奴法》,其方式类似于受到质疑的《民权法案》。《逃奴法》规定,任何拒绝返还逃亡奴隶的人,将被联邦政府处以惩罚。[43] 哈伦大法官推理道,如果国会能够依据宪法条款作出详尽规定保障奴隶制,那么,在重建时期各宪法修正案规定铲除奴隶制,并保障平等的法律保护的情况下,根据这一明确的立法授权,国会也应该拥有类似的权力。

哈伦大法官的立场最终占了上风,不过一直要等到我们所处的时代。经历了一段漫长的诉讼过程后,最高法院扩充了国会针对所有影响"州际贸易"事务上的立法权(起初针对的是新政福利立法的合宪问题)。[44] 这成为 1964 年《民权法案》的基础,该法最终针对歧视作出了范围广泛的保护性规定,而这些保护正是最高法院在 1883 年宣布超出了国会的权限。将国会消除歧视的立法权限置于国会有权管制州际贸易的权力基础之上,这意味着一场法律革命。国会在消除歧视方面的更好权力基础,原本应是国会最初在 1875 年《民权法案》中所主张的。

哈伦大法官对林肯的战后宪政秩序愿景的忠守,在他诉诸民族国家概念时变得清晰了。在内战后所判决的重要案件中,对所有这些案件判决意见的考察,哈伦是唯一把美国作为单一民族国家政治体的法官。而这样的术语出现在其他判决意见中时,永远是以形容词"national"出现的。而在哈伦的判决意见中,到处散布着我们在葛底斯堡演说中听到,并在当时一些诗歌和哲学作品中出现的用词。民族国家不单单是一个政府。它是一个有机体,是权力的渊源。民族国家的字眼在哈伦大法官的判决意见中差不多

---

[42] U. S. Constitution, Art. IV, Sec. 2, Cl. 3.

[43] 参见,Robert Cover, *Justice Accused* (1975)。

[44] U. S. Constitution, Art. I, Sec. 8, Cl. 3(国会有权"管理与外国的贸易、州际贸易,以及与印第安部落的贸易")。但请参见,United States v. Morrison, 529 U. S. 598 (2000)(该案判决维持了 *Civil Rights* 案中的推论)。

出现了三十次,如(我们这个)"民族国家已经解放了"[45]黑奴,(我们这个)"民族国家已经在这片疆土上确立了普遍的自由"[46],黑人在 Dred Scott 案判决中被剥夺了公民权,但"凭借(我们这个)民族国家的明确授予",他们获得了平等的公民权。[47]

跟奥里斯梯·布朗森与弗朗西斯·利伯的论证一样,哈伦大法官明确地区分了民族国家与联邦政府(或全国性政府)。民族国家才是让政府具备合法性的权力渊源。这一民族国家概念,跟葛底斯堡演说的精髓是相契合的。这在他强调民族国家的意志在逻辑上的先在中是清楚无疑的。比如,哈伦写道,为确保(我们这个)"民族国家的目标不遭到质疑或落空……(我们)制定了第十四条修正案"[48]。同样中肯的话语中,还把宪法中的权利与特权看做是"源自(我们这个)民族国家"[49],以及强调"那正是这个民族国家通过国会所要实现(的目标)"[50]。

约翰·马歇尔·哈伦的全部哲学,表达了处于异议中的隐藏宪法的精神,可用以下这段文字予以概括:

> 在民权方面免于种族歧视,在一个共和制政府中,是公民权的根本所在,正如我们所看到的,它是一项崭新的权利,是由民族国家所创设的,通过对国会的明确授权,通过立法来执行源自民族国家的宪法规定。[51]

显而易见,在这一段话中,这个民族国家跟政府是区分开的,它创设了各项权利,授予公民权,它有要实现的目标,但它必须通过规定的法律程序行事。民族国家首先以宪法修正案的程序行事,接下来,它通过国会,通过授权立法的方式行事。这个民族国

---

[45] 109 U. S. at 41(着重号为作者所加)。
[46] 同上注,第 42 页(着重号为作者所加)。
[47] 同上注,第 46 页(着重号为作者所加)。
[48] 同上注,第 43—44 页。
[49] 同上注,第 51 页。
[50] 同上注,第 54 页。
[51] 同上注,第 53 页(着重号为作者所加)。

家通过重建时期各宪法修正案表达了自己的意志,而这些宪法修正案又授权给国会来制定在 *Civil Rights* 案中遭到最高法院抨击的法律来执行。这一论证逻辑追溯了民族国家的起源。先是把民族国家看做是存在法律之前的有机体,而后民族国家在政府结构中表达了自己的意志。

有人可能会探究这样一个问题:民族国家表达自己的意志,究竟跟"我们人民"为了创建一个更好的政府协调行动有何区别。无可否认的是,这种区别是很细微的。也许哈伦大法官心目中的重点,在于通过战争将民族国家历史性地紧密连结在一起。并非巧合的是,"我们人民"的表述在他的异议意见中没有出现。他所针对的难题并非人民可以自己作出决定的。"哪些人构成了一个民族国家?"这一问题并不能求助于民主表决来回答。民族国家的问题,在逻辑上是先于政府与大众意志的。一个民族国家为了作为"民有的政府"表达自己,它得首先存在才行。

一个民族国家并非通过大众投票或通过政府的决议而构成。正如林肯看待我们的历史一样,它是通过一场历史性的搏斗而锻造成一个紧密的联合体而存在的。这个紧密的联合体随着1774年首次独立骚乱(抑或最迟至1776年7月)而结成。将解放的黑奴包含在民族国家中,是兄弟阋墙之战的唯一结果,这使得整个民族国家寻求救赎变得有意义了。

引人注目的是,判定1875年《民权法案》无效的八位最高法院大法官,并没有使用人民或民族国家的字眼。他们没有美利坚民族国家的概念,或者至少没有一个跟他们的法律分析相关的民族国家概念。当然,他们提到了全国性政府,这一用语中,"全国性"的意思跟"联邦的"或"中央的"同义。然而,他们使用"民族国家"这一词语指代法国![52] 我猜想,在最高法院多数派法官的心目中,美国并不构成一个民族国家,而只是在18世纪80年代制定并批准的宪法下生活的一伙人民。

---

[52] 同上注,第28页。

没有人决定创建一个由北方与南方,白人与黑人,土著人与外来移民所构成的美利坚民族国家。毫无疑问,很多人不喜欢这种观念。然而,这正是 1863 年我们所面临的情形。林肯理解到把我们的历史根植于争取独立所激起的认同感中。历史已经把来自不同出身的人民锻造成一个独一无二的民族国家。哈伦理解到了这一民族国家已经变成怎样一番模样,并且理解到了它能够如何促进其内在的和谐。他气势恢宏的异议意见,留给我们一份历史记录,记载了在内战后那一时期宪法思想原本可以是怎样一番景象。

Civil Rights 案没有把民族国家与对平等的承诺结合进宪法讨论中,它使得林肯的愿景潜入宪法思考的底层结构中。最高法院造就一些表层的探讨,掩盖了我们隐藏的宪法。它遗留给我们一个有关州行为的狭隘概念,致使我们至今仍为突破这样一个狭隘的概念而挣扎。更要命的是,通过削弱联邦政府清除奴隶制所附带的问题及印记的权力,最高法院助长了美国社会中的种族隔离。又过了十几年,最高法院支持了在公共设施中(包括在学校中)采取"隔离但平等"的措施,这使得数代人之久的种族隔离形成了制度。[53] 与此同时,最高法院使得战后的法律秩序沉潜不显,使得昔日奴隶主的后代组织起来,协调一致采取行动挫败了宪法第十五条修正案的目标。各式各样的手段,包括人头税、识字测试、有组织的暴力,都用来阻止非洲裔美国人行使自己的投票权。在选举上,民主党很大程度上依据种族隔离主义原则得到南方白人的忠实支持,掌权超过半个世纪之久。[54]

然而,在法院背叛第十三条、第十四条修正案与人民挫败第十五条修正案两者之间,存在重大的差异。关于重建时期各宪法修正案的头两条,法院从内部破灭了对新的宪政秩序的热望,使得很多(法律)职业人士教导人们说,我们的宪法就是种族分离主义法

---

[53] Plessy v. Ferguson, 163 U.S. 537 (1896).

[54] 参见, Walter Dean Burnham, "Constitutional Moments and Punctuated Equilibria: Political Scientist Confronts Bruce Ackerman's *We the People*", 108 Yale L. J. 2237 (1999)。

庭所宣布的原则。这种看重最高法院的倾向,很大程度上源自理论上的怀疑态度,是在理解宪法的真正要求问题上,对高级法压倒司法权的可能性存在怀疑。

宪法成了最高法院手里捏的泥人儿。法条主义占了上风。南部邦联的法律哲学,无论是在主旨还是在风格上,都获得胜利。[55] 对于 19 世纪下半叶的法律人来说,葛底斯堡演说中的理想变成了陈年往事。然而,对于整个国家来说,葛底斯堡演说中的价值观(民族国家、平等与民主),仍作为承诺保留着,这些原则最终会回到司法领域。

至少对民主的承诺已经在法律人的正式文书中开始出现。宪法第十五条修正案的措辞,联邦政府直接保障投票权的第一项措施,这些标志着大众民主的开端。任何州不得剥夺非洲裔美国人的投票权,至少理论上如此。然而,缺失的并非是宪法上的措辞,而是执行这一规定的意愿。消除限制黑人投票权的障碍的努力花了数代人的时间,这其中包括制定另外的宪法修正案与法律来废除人头税和识字测验。正如隐藏的宪法将在美国的政治中重新申明自己,我们对第十五条修正案的承诺也就更加看重。

第二次世界大战之时,白人与黑人尽管按种族隔离为不同的作战单位,但这是他们又一次肩并肩作战。第二次世界大战之后,争取平等的意志再次升起。最终通过在饭店的静坐示威,以及抵制公车的运动,来纠正 *Civil Rights* 案所造成的重大错误。1964 年,是民权法案在最高法院首次受挫后的 81 年,这个国家终于再次宣布,平等享用剧院与公共膳宿设施是这个国家的法律。

如果我们一并去打量 *Slaughterhouse* 案和 *Civil Rights* 案留下的遗产,我们应该注意到,除了内战后崭新的法律秩序愿景落空之外,另还有两个损害。在前一个案件中,律师提出了经济上差别待遇的问题,但最高法院自始至终从来就没有理睬过这个问题。在下一章,我将会讨论教育中的经济差别待遇问题。随着种族问题

---

〔55〕 有关高级法思想与法条主义的差异,参阅第 6 页导论中的探讨。

占据范围缩小了的"平等保护"议题的中心，各州对财富与阶级上的差别待遇问题采取纵容政策，而最高法院对这些悲剧听之任之。正如我们所看到的，其他一些国家已经把消除财富差异作为追求平等的一个方面。这个问题最终还得落到最高法院来解决。

第二个重大的损害，是第十三条修正案所使用的"强制劳役"的概念。律师们曾作出过努力，但他们没能说服最高法院认识到，强加给新奥尔良屠户们的负担，以及非洲裔美国人受到公开的种族隔离，实际上是第十三条修正案所禁止的劳役状态的变种。"强制劳役"的概念，可以在私人关系中引入政府的新职能。如果劳役被理解为私人关系中一方占据支配性地位，那么，对这个概念作宽泛解读的话，就会对联邦政府赋予一项监管职能，即对潜在具有剥削和支配可能的私人关系进行审查与监督。新奥尔良市屠宰场公司控制了那些自营屠户，后者需向前者进贡才能从事屠宰业，这属于不被允许的支配范例。其他胁迫性质的劳役的范例，还包括在种族隔离社会中白人对黑人的支配。

要是这两个案子反过来判决，就会出现跟政府的三重关系。这三个角分别是：处于潜在支配地位的私人；处于潜在从属地位的私人；以及，保障平等与非支配性关系的政府。究竟联邦政府的哪一个部门会从这种三重关系中受益最大，还说不清。国会将行使第十三条修正案所授予的权力来进行立法。而行政部门则会建立委员会来监督进入公众视野的私人关系。尽管司法部门很可能同样会到处伸手，但19世纪70年代和80年代的最高法院，不想看到联邦政府变成对经济关系和半公开种族关系的监督者。我们走了一条不同的历史道路，这条道路使得我们在理解法律面前人人平等问题上遭遇道德难题（以我们很难预计的方式）。

第七章　徒有其表的平等

"无论它如何去解释,显然都有违于自然法,因为……一小撮人鲸吞奢侈品的同时,大群的人却因缺乏生活必需品而忍饥挨饿。"

——让·雅克·卢梭

内战最具有反讽意味的是,各州政府比他们为脱离联邦而战之前,变得更强大了。正如埃里克·福纳一针见血地指出的,种植园的分崩离析使得各州获得了社会控制的新职权。[1]那一时代的共识是,被解放的奴隶不再受到昔日奴隶主的监督,他们不能只是在乡下漫无目标地游荡来找工作。他们应该受到新的约束。而唯一能够担当这一社会控制新职能的,就是各州政府了。

规定罪行、施以惩罚,成了社会控制的优先举措。罪行的概念具有这样的好处:它可以把白人权势阶层认为对他们有威胁的生活方式打上犯罪的烙印。监禁是一种将已经解放的黑奴回归到近似奴役状态的方式。对已经获得自由的非洲裔美国人不利的一些法律,已经执行了数个世纪,比如流浪罪和种族间通婚罪。流浪罪显然源自英格兰14世纪的立法,当时是为了控制穷人,防止被赶出家园的劳工到处流浪。[2]这一罪行的界定伸缩性很大,这给予警

---

[1] Eric Foner, *Reconstruction*: *America's Unfinished Revolution* 1863—1877, at 198—202 (1988).

[2] 有关最高法院对这一立法历史的评述,参见,*Papachristou*, 405 U.S. 156, 161 (1972)。

察广泛的自由裁量权,来拦住、讯问和拘留看似流浪的黑人。[3]白人与黑奴之间的性关系,过去一直置于本地奴隶主的监督之下。随着黑奴获得解放,对于那些可能触犯根深蒂固种族纯洁观念的男女间的性生活,现在收归州政府管辖。因此,公众与法院有了一个舞台,来表现他们的困扰:究竟哪些人是真正的白人,哪些人是真正的黑人。[4]

新的立法,众所周知,叫做"黑人法典",制定了出来。这些法律授予了自由黑人某些权利,但也规制了他们的生活,规定了一些罪名,力图使他们在雇主的控制之下,尤其是明确令黑人男子远离白人妇女。[5]州政府承担相当繁重的社会控制重任。州政府成了庞大的400万黑人的监督者、法官与监护者。各级法院的工作量激增,大街上的警察也是如此。

非洲裔美国人与美国各地方警察之间互不信任的狂乱关系,就从这时开了头。从解放黑奴开始起,警察与法院就将把黑人管得"乖乖听话",视为他们的任务。1881年,那位了不起的学者小奥利弗·温德尔·霍姆斯,曾撰文赞许内战前的一个判例。在那个案中,一位年轻的男性黑奴在街上行走时因为过于靠近一位白人妇女,而以强奸未遂罪被判刑。[6]"藐视"(dissing)警察可是危险的举动,因为州警察作出的骚扰实际上没有任何法律监督可言。每一个警察部门都属于地方当局,是独立的,实际上没有任何联邦措施来干涉大街上的警察。依据第十三条、第十四条宪法修正案

---

[3]   在 *Papachristou* 案中被最高法院判决撤销的立法中,无业游民的界定包括"没有任何合法目标,到处漂泊、四处流浪的人,一贯游手好闲之徒,乱民,以及不务正业,习惯流连于乌烟瘴气之地、赌场、酒馆的人……"同上注,第158页,注释1。

[4]   对于当时一些诉讼案件的评论,参见,Peter Wallenstein, "Law and the Boundaries of Place and Race in Interracial Marriage: Interstate Comity, and Virginia, 1860s—1960s", 32 Akron L. Rev. 557 (1999)。

[5]   参见,Foner,同上注[1]。

[6]   O. W. Holmes, Jr., *The Common Law* 68 (1881),援引了 Lewis v. State, 35 Ala. 389 (1860)。

的各个《民权法案》，原本应为这种情形提供部分矫正，但它们的影响力仅局限于那些最极端的大案。[7] 地方警察实际上继承了昔日奴隶主所拥有的不受限制的权力。

警察与检方往往是在县这一级别上行使职责，但法律是由州立法机构制定的，最终由州最高法院予以解释。各州通过掌控日渐扩张的刑法，获得了真实而无限制的权力。各州通过把这些刑法制定成法典，来作为他们获得的新权力的庆典。南军在阿波马托克斯法院大楼投降之后的头十年内，各州就掀起了刑法法典化的第一波浪潮。我们还得记住的是，无论是在美国，还是整个世界，机构性质的监狱还是相对新鲜的事儿。尽管19世纪前半叶还有其他的罪犯监禁制度，但第一所现代监狱（针对长期徒刑的犯人，犯人凭在狱中的良好表现还可获得假释），迟至1876年才在纽约州的埃迈拉创建。从那时开始，美国的监狱系统不仅逐渐成为一个大的产业（监狱看守组成的工会本身也变成一个强有力的政治游说团体），而且，监禁、监管人这一事务也成为各州政治权力的一个主要工具。如今，美国有接近两百万人身陷牢狱，这使得美国成为世界上拥有最庞大的监狱人口的国家之一。其中，百分之九十的犯人在五十个州的监管之下，剩下的犯人则被关在联邦监狱里空度时日。

毫不令人吃惊的是，州权的这一冲击力落在了被解放的黑奴的后代身上。几年前，令我们震惊的是，每四个黑人青年中，就有一个人处在刑事司法体系监管之下，或被监禁，或在假释中，或处以缓刑。而在那之后，这一数字在很多地方已经上升到三分之一。反毒品法是对黑人施以这种激烈监管控制的首要举措。对销售、使用霹雳可卡因、海洛因，以及其他致瘾麻醉品的惩罚，成了我们这个时代的反流浪法（当时黑人就是通过流浪享受到摆脱了奴隶主后获得的自由）。这里有一组数据。1995年，在美国所有成年囚

---

[7] 例见，Screws v. United States, 325 U.S. 91 (1945)（最高法院判决警察的残暴行径属于执法行为，因此，被视为州的行为）。

犯中,有百分之二十二的犯人是因为触犯了反毒品法而入狱的。[8]
非洲裔美国人囚犯占有相当高的比例:在所有根据联邦反毒品法
定罪的犯人中超过百分之四十二,而根据州反毒品法判刑的犯人
中则占了差不多百分之六十。[9]在所有囚犯(州监狱与联邦监狱
一起)中,有将近一半的是非洲裔美国人,尽管单单反毒品法并不
直接造成这一事实,但反毒品法造成了大量接受监管的"新阶层"
人口。[10]

各州不仅获得了昔日种植园主的权力,但它们也是负责保护
基本人权的代理人。以 *Slaughterhouse* 案与 *Civil Rights* 案的方式理
解重建时期宪法各修正案,主要的行动者并非个人,而是州的代理
人。一套新法律形成了,这套法律也许可以比喻为"惩治各州不端
行为的联邦法"。如果州因剥夺了个人的"正当程序"或"平等的法
律保护"而行为不端,联邦法院有权干预,通过撤销其不端行为来
"惩罚"它们,对它们因违反宪法予以惩戒。

因此,各州必须接受审查。它们的权力扩大了,它们执行正当
程序与平等保护条款的责任也相应增加。它们不能为所欲为而免
于惩罚。内战之后,"'州'权"的概念仍生机勃勃,但这个概念慢慢
受到"'州'责"的限制。它们可以行使范围广泛的刑事司法管辖
权,但它们不能永远逃避第十四条修正案的规定要求。再说,各州
承担责任也有助于它们自己的利益。它们的权与责是连在一起
的。它们在第十四条修正案项下的责任愈多,它们所拥有的自治
权也就愈大。各州毕竟应为在其管辖内的黑人负责。司法上的注
意力集中在各州,它们的官员,以及他们是否尽到自己在法律下职
责的问题上。第十四条修正案让法院所提出的问题并非"人民受

---

[8] C. W. Harlow, *Profile of Jail Inmates* 1996, *Special Report*, *Bureau of Justice Statistics* (August 1998),登载于 http://www.ojp.usdoj.gov/bjs/jails.htm。

[9] P. Lewin and K. Wright, *Drug War Facts*: *March* 1999 (Common Sense for Drug Policy Foundation)。

[10] Allen Beck and Christopher Mumola, *Prisoners in* 1998, U.S. Department of Justice, Bureau of Justice Statistics, August 1999.

到了怎样的对待?",而是"州的表现如何?"

在司法上把平等保护条款视为"联邦政府对各州行为的监督",这一观念能使我们理解到,在有关判断州不端行为的标准问题上当代一些重要辩论所形成的结论。正如最高法院在 1976 年所表明的,州法(或其计划)对免受歧视的群体相当不利这一点还不足够。州的某些行为要被判定为不被允许的歧视行为,它们的行为必须是出自敌意的动机,出自于恶意的歧视目的。[11] 就像刑事律师挂在嘴边的那句话一样,州必须有犯意。但敌意目的还不足够。例如,一个城市为了防止种族融合,关闭了各个游泳池,尽管它这样做是出自对黑人的敌意,但白人与黑人同等地(至少名义上如此)受到这一行为的影响。最高法院判定敌意目的还不足够。[12] 带来伤害的行为与恶意必须合二为一。这些完全是从刑法中借来的标准。

判定某人因出于恶意的恶劣行为而承担类似刑事责任的责任,看起来像是一个羞辱人的监督方法。但公诉与审判的程序本身,实际上肯定了一个人的自主权与责任。随着宪法变成对"州不端行为的联邦监督",各州也得到了自己的尊严与自治权。各州确实时常违反其保护已获解放黑奴及弱势群体权利的职责。而在最高法院审理的每一个争议背后,州的自治权已经得到伸张。

从一开始,最高法院就发现各州在种族歧视问题上存在缺失。早在 1880 年,一些州将前黑奴排斥出陪审团的资格剥夺做法被最高法院撤销。[13] 到我们所处的这一时代,最高法院最终清除了奴隶制与种族隔离的流毒。反种族通婚法[14]、反流浪法[15]、警察暴

---

[11] Washington v. Davis, 426 U. S. 229 (1976).
[12] Palmer v. Thompson, 403 U. S. 217 (1971).
[13] Strauder, 100 U. S. 303 (1880).
[14] Loving v. Virginia, 288 U. S. 1 (1967).
[15] Papachristou, 405 U. S. 156 (1972).

行[16]、诬陷黑人被告（尤其是强奸案中）[17]，南方白人法庭袒护侵犯黑人的白人罪犯[18]，所有这些都逐渐得到最高法院的密切监督。那些时不时被最高法院"判定"违宪的一些州，并不因此损害它们的尊严与权力。各州始终都要接受监督。它们拥有权利，也要承担义务，掌握权力，也要承担责任。

投票权难题

内战之前法律秩序所遗留下的最引人注目的残迹，就是各州对投票权的全部控制。无论是在州选举还是联邦选举，无论是选民登记还是提供投票设施，都是由各州掌控。除了在哥伦比亚特区，联邦政府对于美国实现民主的日常运作置身事外。联邦政府的职责局限于监督各州，确保它们不因错误理由歧视选民。后续的宪法修正案的模式是由第十五条修正案定下来的：

> 合众国或任何一州不得因种族、肤色或以前的奴隶身份而拒绝或剥夺合众国公民的选举权。

联邦政府这里等同于"合众国"，这里提到合众国有拒绝或剥夺合众国公民选举权的可能性，这在今天看来似乎是不可思议的事情，因为，剥夺公民选举权的权力，意味着联邦政府可能直接采取措施保障公民的选举权。然而，没有一个人会手持一份联邦法走到投票站，声称"这项法律保障我的选举权"。公民至多可以主张的是，选民登记地方当局违反了联邦法（要么是宪法，要么是实施宪法的国会立法），对他构成了歧视。但是，为了让他的主张站得住脚，他必须证明，剥夺他选举权的根据实际上是不被允许的歧

---

[16] 经典例子是罗德尼·金被警察殴打的事件，对这一例子的详尽讨论，参见，George P. Fletcher, *With Justice for Some: Victims' Rights in Criminal Cases* (1995)。

[17] 参见，对 Scottsboro boys 案的审判意见，最高法院在 Powell v. Alabama, 287 U.S. 45 (1932) 中予以推翻。

[18] 积极运用民权法上的救济权来克服南方刑事司法中袒护白人的难题。

视行为。第十五条修正案,作为一系列禁止选举权中歧视的修正案中的头一个,仅仅提到了不能因"种族、肤色、【及】以前奴隶身份"而剥夺公民选举权。它并未提到授予妇女选举权的问题,无论她们是白人妇女还是黑人妇女,无论她们以前是自由妇女,还是曾为奴隶的妇女。

到19世纪60年代后期,内战中取胜的联邦,究竟将如何处理已获解放的黑人的选举权问题,仍未有定论。第十五条修正案原本可以解读为:"所有公民都拥有州与联邦选举中的选举权。"换言之,它原本可以作积极的解读(存在权利),而不是消极的解读(不得因某些理由拒绝或剥夺权利)。要是一项宪法修正案能够宣布所有具备"强制劳役"特征的私人关系为非法,那么在内战后,国家就能直接保障任何民主社会中最基本的政治权利,即选举权。

国会与各州都大有理由采取消极的策略,来对待全国首次调整选举权的努力。在19世纪中期,大众民主仍然是一个相对崭新的观念。内战之后,仍有许多人主张选举权应限定在白人男子的范围。[19]即便坚持原则的"民主主义者"希望采取积极、大胆的方针,他们也并不清楚究竟要走多远。对选举权范围的扩大,采取了试探性步骤,通过一系列的宪法修正案将选举权慢慢扩大,扩大到妇女[20],扩大到付不起人头税的人[21],再扩大到所有年满十八岁的人。联邦政府则另外通过立法消除了授予选举权中的识字测试。[22]扩大选举权的所有这些步骤,都是在所有公民人人平等的名义下完成的。

联邦层面上积跬步的消极策略,使得州掌控了对选举权的规制。让州掌管这类事务,与让州成为法律的正当程序与平等保护的保障者一起,构成了美国政体的基本原则。无论内战是为何而

---

[19] 参见,Foner,同上注[1],第293—294页。
[20] U. S. Constitution, Nineteenth Amendment.
[21] U. S. Constitution, Twenty-Fourth Amendment.
[22] 参见,在 Katzenbach v. Morgan, 384 U. S. 641 (1966)一案中适用的1965年《选举权法》。

战,各州都是掌权者,而联邦政府则安于监督者的角色。

这种消极策略的一个显著后果,就是一直坚持剥夺重罪犯人选举权的做法。把重罪犯人视为"没有公民权"之人的观念,有着长久的历史(仍有待全面讲述)。这一观念显然源自古罗马制度中的褫夺法权(infamia)。在英格兰法对所有重罪犯人都处以极刑的时代,将一个苟活着的重罪犯人视为已死之人,不拥有任何民事或政治权利,这是说得通的。根据罪行轻重程度,引入了"重罪"与"轻罪"的概念区分,前者是要处以死刑的犯罪,对后者的惩罚则要轻些。随着这种区分的演变,重罪轻罪的差别变成了依据徒刑长短的纯粹形式问题:重罪犯人可判处一年或一年以上的监禁。重罪与"褫夺法权"的关联变弱了。

然而,在美国,剥夺重罪犯人选举权的做法一直得到保留。在所有五十个州及哥伦比亚特区中,绝大多数的选举权资格法律与宪法规定,都不允许服刑的重罪犯人投票。[23]这种对选举权资格的限制适用不同程度的重罪犯人,从处于缓刑期的重罪犯、假释的重罪犯,到已经从监狱释放的重罪犯。有至少十三个州对重罪犯终身剥夺选举权。《量刑方案》用以下话语介绍了美国法律中的千奇百怪:

> 在四十六个州以及哥伦比亚特区中,重罪犯在监狱服刑期间被禁止参加选举。此外,三十二个州禁止犯人在假释期间参加选举,有二十九个州禁止犯人在缓刑期间参加选举。有十四个州终身禁止重罪犯参加选举,这种禁令只能通过州长的赦免或其他形式的宥免才能解除。只有四个州,即缅因州、马萨诸塞州、新罕布什尔州与佛蒙特州,允许囚犯投票。[24]

这种做法如何在现代民主国家还保留着,真想不明白。即便是那些正在服刑的犯人,仍享有选举权,这在其他一些国家是稀松

---

[23] 参见,The Sentencing Project, Policy Report No. 9080, *Losing the Vote: The Impact of Felony Disenfranchisement Laws in the United States* (1988)。

[24] 同上。

平常的事情。犯人毕竟仍是公民。德国并不认可仅仅依据已经定罪就剥夺犯人选举权的做法。[25]以色列在1999年的选举中,一个已经被定罪的重罪犯人(阿里耶·德里),在牢房里领导了他的党派展开竞选。

美国人对重罪犯人的敌意态度,对非洲裔美国人的选举权带来了毁灭性后果。统计数据令人忧虑。百分之十四的非洲裔美国人因为被判刑而无权投票。在七个州中,四分之一的黑人男子因为犯罪前科而被终身禁止投票。[26]

令人惊骇的是,最高法院居然听任这种歧视黑人选民的做法延续。原本应该谴责各州这种非理性的歧视行为的机构,为这种歧视大开绿灯。不错,最高法院在一个案件中,全体法官一致作出判决撤销了阿拉巴马州的一项宪法规定,该项规定终身剥夺任何违反社会公德罪犯的选举权。最高法院注意到,该州在通过这一宪法修正案的修宪会议中,就存在种族歧视的动机,而且事实上,这一规则在适用时,对黑人有格外大的影响。[27]在另外一个案子中,问题仅涉及剥夺重罪犯人的选举权,没有显示存在种族歧视的动机,最高法院则放过了州政府的这一政策。[28]对重罪犯人的明确歧视,并不构成谴责州反民主、反平等做法的充足理由。

在宪法史上,有一个不可思议的事实是:第十四条修正案被忽略的犄角旮旯里,有一个规定为伦奎斯特大法官赞成剥夺罪犯选举权(在不存在种族歧视证据时至少如此)的意见提供了论据。第十四条修正案包含三个各具不同历史目标的规定。第4款是为了撤销南部邦联的债务。第3款的目的,则是剥夺那些曾宣誓支持联邦宪法,而又参与叛乱的人员担任公职的资额。第2款则是为了消除联邦宪法上的缺陷,这一缺陷曾允许各州在计算人口时,在

---

[25] 参见,《德国刑法典》第45节(规定了临时丧失担任公职的权利,以及可能对选举权的限制)。
[26] 同上注[23]。
[27] Hunter v. Underwood, 471 U. S. 222 (1985).
[28] *Ramirez*, 418 U. S. 24 (1974).

所有自由人之外对"非自由"人口按五分之三计算。这一款的规定原本可以在如下首句文字后就结束：

> 众议员名额应按各州人口总数在联邦中的比例进行分配，但不纳税的印第安人除外。

但修正案的草拟者另外想增加一段约束性规定，以便涵盖这一情形，即，有些州不愿把选举权授予已经获得解放的黑奴。预计到制定第十五条修正案，这一款的余下部分是这样规定（包括两个有待澄清的例外）的：

> 各州年满21岁的男性公民，其选举权被取消或剥夺时，……该州众议员人数应按上述男性公民的人数占该州年满21岁的男性公民总人数的比例予以削减。

换言之，如果年满二十一岁的黑人男子占某一州全部人口的百分之二十，该州要是剥夺了这些黑人男子的选举权，那么，该州的众议员代表人数也要削减百分之二十。如果第3款禁止南部邦联的前领导人担任公职，那么，他们也应被剥夺选举权。第十四条修正案因此规定了例外情形，即各州剥夺了那些曾"参与叛乱"者的选举权。为了确保这一例外涵盖的情形足够宽泛，宪法修正案的草拟者又添加了"或犯下其他罪行"这一短语。

"或犯下其他罪行"这一短语，似乎是宪法修正案草拟者事后补加的产物，不过，这给予伦奎斯特大法官以及最高法院的多数派全部所需的弹药，供他们驳回了依据平等保护条款来质疑剥夺罪犯选举权做法的尝试。按照他们的论证，剥夺罪犯选举权的做法不可能违反第十四条修正案，因为，第十四条修正案的第2款承认可以因犯罪而被剥夺选举权。

美国法官们对这一论点居然当真，真是诡异得很。紧紧抓住"或犯下其他罪行"这一短语不放，忽略了这一句话在第2款中的前后文背景，也忽略了这一规定作为对内战之回应的历史背景。这一例外仅仅是规定，倘若各州的确限制了"参与叛乱或犯下其他罪行"者的选举权，它们在国会众议院的代表名额不会受到影响。

把这一规定中的"罪行"解读为跟"参与叛乱"相关的犯罪,是说得通的。即便我们接受对它的宽泛解释,这一规定的唯一要点是说,某一特定的补救,即,按比例削减各州众议员人数的做法,在这里不适用。它并不因此推论出,剥夺所有"罪犯"选举权的做法是合乎宪法的。随着法律面前人人平等的原则变得越来越广泛,它更不意味着,那些已被判罪的罪犯,始终是一个牢不可破的例外。

最高法院把这一规定解读为创立了平等保护原则的例外。这一解读忽视了修正案中这三个中间条款(第 2 款、第 3 款、第 4 款)显而易见的历史背景(第 1 款是我们熟悉的正当程序与平等保护条款,第 5 款则授权国会制定法律实施该修正案)。这些中间条款并不是要永久适用下去。第 3 款与第 4 款跟如今社会之相关性,就好比《圣经》中对有关如何在庙宇中祭献牲口的指令一样。有一位学者曾经洞察到第 2 款的规定,是隐晦地承认当时各州对授予已获解放的黑奴选举权抱怀疑立场这一背景。[29] 不管怎样,各州的疑虑,在第制定第十五条修正案时得到消除,而两年前通过的第十四条修正案第 2 款,则变成了形同虚设的空文,从未限制各州在国会众议院的代表名额。它只存在于"或犯下的其他罪行"这一短语想象含义的针尖上。

第 2 款还隐含对选举权的其他限制,不过这一限制显然被取消了。它仅仅授予年满二十一岁的男子以选举权。妇女以及十八岁到二十一岁的人不在其中。第十九条修正案及第二十六条修正案,分别授予妇女及十八岁到二十一岁公民选举权。让我们设想妇女并未通过 1920 年的宪法修正案获得选举权,现在,她们援引第十四条修正案中的平等保护条款来质疑对她们选举权的剥夺。[30] 设想某人对这一质疑作出这样的回应:"不错,但第 2 款只是针对男性选民,因此,该修正案毫无疑问赞同把选举权限定在男性

---

[29] 参见,Michael Klarman, "An Interpretive History of Modern Equal Protection", 90 Mich. L. Rev. 213 (1991)。

[30] 比较最高法院在 Minor v. Happersett, 88 U.S. 162 (1874) 一案中驳回这一问题的方式。

公民范围内。"这一看法在法庭内无疑会让人们笑翻天。按照最高法院目前的司法哲学,妇女无论有没有宪法的 1920 年修正案的支持,都能赢得选举权的案件。[31]第 2 款暗示选举权限定在男性公民范围内的事实是无关紧要的。

第 2 款应该从宪法中清除出去,它的大部分内容现在已经被清除了。这一历史遗迹中唯一被我们认真看待的词语,正是那些迎合了我们对罪犯的鄙视心理的词语,那些罪犯落入了我们乐于憎恨的阶层。我们对那些曾经参与叛乱者的鄙视仍留在心底,只不过这种鄙视对象换成了逃不出恢恢法网的新"贱民"阶层。

因此,我们在剥夺选举权问题上立场自相矛盾。一方面,我们制定了一项宪法修正案,给予已获解放的黑奴选举权。另一方面,这一修正案的文本中又似乎对那些犯罪的人剥夺了选举权。多年来,随着执法方式发生了改变,同时也因为罪犯中黑人占很大比例,剥夺罪犯选举权的政策急剧缩减了非洲裔美国人的选举权。其结果导致 1868 年用来增加黑人政治代表权的宪法规定,到了 20 世纪 90 年代带来完全相反的效果。

拜读判例中的法庭辩论意见,以及有关剥夺重罪犯选举权的法律著作,足以令人啼笑皆非。反对给予重罪犯选举权的典型说辞,是说我们必须保持"投票箱的纯洁无瑕"。[32]如果我们认为这些必须"向社会偿债"的犯人是新的"贱民",那当然理所应当让他们远离美国社会的神圣制度(投票箱正是其中之一)。有很多迹象显示,这正是我们如今看待重罪犯人的方式,特别是那些性罪

---

[31] 然而,我们得记住:最高法院一直到 20 世纪 70 年代初以前,都不曾对妇女适用过平等保护条款。例见,Reed v. Reed, 404 U. S. 71 (1971)(判决爱达荷州的一项立法因违反平等保护条款而违宪。该法规定在管理遗产资格上,男性优于女性)。

[32] 例见,Dillenburg v. Kramer, 469 F. 2d 1222, 1224 (9th Cir. 1972); Washington v. State, 75 Ala. 582 (1884)。

犯。[33]一些著者错误援用政治理论教科书,为剥夺重罪犯人选举权的做法辩护,理由是那些犯人自己选择了犯罪的道路(这由对他们的定罪所证明),因此他们不适合参与民主社会的自治活动。[34]这一辩论中的另一方阵营,拿宪法上的论点[35]来反对剥夺罪犯的选举权,同样强有力且令人信服。出于对罪犯的本能厌恶,才维持了最高法院对他们的歧视。对罪犯的鄙视无论出于何种理由,辩称他们拥有法律的平等保护,都是很难站得住脚的。

教育中的平等

正如我在前文中所指出的,平等是没有限度的福祉,是衡量无穷无尽益处的尺度。获得解放的男性黑奴以及他们的男性后代依据第十五条修正案获得了选举权,但这一权利因对待重罪犯的过时态度而得不到保障。早在1880年,黑人男子就获得了担任陪审员的宪法权利[36],但直到最近二十年,才采取措施限制有系统地要求黑人陪审员无因回避的做法。[37]迟至20世纪60年代末与70年代初,保护其他传统弱势群体的平等主义思想才开始得到发展。我们第一次见证了法官们认真对待妇女的权利[38],非婚生子女的

---

[33] 性犯罪留给他们一生污点,根据轻率制定的所谓《密根法》(Megan's Laws),他们搬入新社区时必须登记在册。有关支持《密根法》的判例,参见, Doe v. Pataki, 120 F. 3d 1263 (2d Cir. 1997)。

[34] Note, "The Disenfranchisement of Ex-felons: Citizenship, Criminality, and The Purity of the Ballot Box", 102 Harv. L. Rev. 1300 (1989)(声称曾犯下重罪的人缺乏共和制下公民的应有美德)。

[35] 对有关这些宪政辩论意见的评论,参见, George P. Fletcher, "Disenfranchisement as Punishment: Reflections on the Racial Uses of *Infamia*", 46 UCLA L. Rev. 1895 (1999)。

[36] *Strauder*, 100 U. S. 303 (1880)。

[37] Batson v. Kentucky, 476 U. S. 79 (1986)。

[38] 同上注[31]。

权利[39],以及不具备公民身份的人的权利。[40] 那正是平等权所及的人群范围扩大的时代。我们对平等的承诺在文字上已经就位,最高法院则开始展示一个愿景,开始迈向永无止境的平等正义,阐释在美国当代生活中,这一承诺意味着什么。

人们会想到,平等正义的首要条件,迈向一个闪烁不定的目标的第一个步骤,应涉及州的财政开支。如果一个州只是在白人社区,而不在黑人社区修建街道与下水道,这很难表明该州满足了法律上平等对待的标准。如果把"白人与黑人"换成"富人与穷人",道理也同样如此。如果平等保护条款有什么意义的话,它意味着州不能搞歧视,给富人较穷人提供更好的服务。州的法律在财政支出上有明确规定的,平等保护条款就更容易适用。州应该平等对待所有接受其服务的人。

遗憾的是,在美国平等保护思想演变过程中,这一观念并未出现。非常不可思议的是,各州的征税与财政开支,居然逃过了最高法庭的慧眼。仿佛州权的重要表现形式(政府对公民财富再分配的影响),跟法律平等没有任何关系。正如我们所看到的,最高法院对于美国社会中因财富与社会阶级差异所造成的不平等,视而不见。

在法庭上,争议的问题集中在为中小学提供资金这一领域。在美国,各个学校是在州教育委员会主管下开办的,但却靠一套混合的税收体制为学校提供资金来源,其中包括不同比例的地方财产税。就地方税而言,当地学校可获得的资金来源,取决于这一社区可征税的财产价值,以及选民是否愿意支持高税率。有了这些不同的变化因素,就花在每个学生身上的开支而言,富人区的学校比穷人区的学校高过两倍的资金,就毫不令人惊奇了。改进教育质量需要开支,因此,富人区的孩子比穷人区的孩子受到更好的教

---

[39] Levy v. Louisiana, 391 U.S. 68 (1968)(路易斯安那州拒绝非婚生子女因其母亲非法死亡有权得到赔偿,最高法院判决这一做法违反了平等保护条款)。
[40] Graham v. Richardson, 403 U.S. 365 (1971)(一些州把公民福利权的条件限于该州居民,最高法院判决这违反了平等保护条款)。

育。富人的孩子在大学入学时会更有竞争力,从长远看,他们也因此拥有更好的经济成功前景。在同一个州内,允许不同地区学校的学生人均财政开支保持差距,这是让社会等级制度永久存在的做法。这是让富人"抢跑"的计划。

20 世纪 70 年代早期,因受少数几个法学教授的奉献精神及他们研究成果的刺激[41],州法院开始考察不同地区中小学财政开支的差异是否符合平等保护条款。加州,还有其他几个州认为这样不符合。[42]这一平等运动产生的争议最终在 1973 年到了最高法院。最高法院就此作出的判决,也许是第二次世界大战后最能说明美国人对于法律平等问题缺乏愿景的例证。[43]在 Rodriguez 案中,最高法院以五比四作出判决认为,法律的平等保护规定并不要求各州对中小学同等财政投入。对富人区学校的孩子比穷人区学校的孩子人均多投入近百分之七十,没什么问题。很难想象一个民主国家的法官,怎么能把"人人(所有孩子)生而平等"的原则解释成这样一种结果。

美国最高法院认可各州对富人穷人的孩子在教育投入不平等。当我把这一情况告诉欧洲的同行们时,他们简直不能相信这一点。要不是我们已经习惯于美国对法律平等缺乏愿景的情况,我们也不愿相信。

Rodriguez 案代表了隐藏的宪法中民族国家、平等以及民主价值观历史影响力的一个低潮。在葛底斯堡演说发表一百一十年后,林肯的演讲词成了各个中小学校诵读的公祷文,然而,它已经沦落为纵容中小学财政投入上采取大规模贫富歧视的一套法律。最高法院之所以忽视贫富歧视待遇,其中一个原因是他们专注于解决种族歧视问题。然而,在 *Rodriguez* 案中,在贫穷与种族之间,

---

[41] 参见,John Coons, William Clune, and Stephen Sugarman, *Private Wealth and Public Education* (1970)。

[42] 首要的判例是 Serrano v. Priest, 18 Cal. 3d 728, 557 P. 2d 929, 135 Cal. Rptr. 345 (1976), *cert. denied*, 432 U. S. 907。

[43] San Antonio Independent School District v. Rodriguez, 411 U. S. 1 (1973)。

存在紧密的关联,这丝毫不令人惊异。在穷人区学校,每个学生的财政投入是 356 美元,而其中百分之九十的学生是墨西哥裔美国人,另外百分之六是黑人学生。在富人区学校,每个学生的财政投入是 594 美元,其中超过百分之八十的学生是盎格鲁白人,百分之十八是墨西哥裔美国人。如果某一个州存心对盎格鲁白人后裔的学校财政投入更多,最高法院原本不怎么费力就能干预。但对墨西哥裔美国人的孩子的间接影响,还不足以激起常规的反应。[44]

因此,最高法院对 Rodriguez 案的判决,跟他们解决重罪犯选举权争议问题如出一辙。事实上,在 Rodriguez 案判决一年后,最高法院支持剥夺重罪犯的选举权,认为这符合法律平等的原则。[45]剥夺犯人的选举权,以及对中小学采取差别对待的财政投入,都是各州的政策,这些政策毫无疑问会对特定的少数族裔有着巨大的影响,但只要这些政策没有明显的种族歧视意图,最高法院情愿袖手不管。然而,在这两项政策中,州政府事实上带有"歧视意图",至少带有对某一阶层人民不利的意图。在剥夺犯人选举权问题上,各州已经试图对犯有某些罪行的人强加额外的义务,甚至在犯人服完刑之后,仍是如此。在中小学财政投入问题上,各州对一些相对贫穷家庭孩子不利的财政投入政策予以纵容。问题在于,这种歧视行为居然被法院视为合宪。我的目标是,在有关中小学财政投入的问题上,弄清楚这种优待富人孩子的政策是如何经受住最高法院的司法审查的。

有关法律平等的原则,有两种展开讨论的方式。第一种是以追求人人平等观念开始,来探究这一固有的平等价值观对美国法律制度的要求有哪些。另外一种方式,正如我在本章所强调的,是

---

[44] 学界大部分人对最高法院的这个判决持批评态度,当然也有一些支持的声音。参见,Edward Foley, "*Rodriguez* Revisited: Constitutional Theory and School Finance", 32 Ga. L. Rev. 475 (1998)。Foley 的论点是:孩子的父母们应该有权为他们的孩子花费更多来获得更好的教育,正如他们运用他们的资源让自己的孩子在其他方面受益一样。这种看待问题的方式,实际上是转变问题的焦点:将孩子的权利替换成父母的权利。

[45] *Ramirez*, 418 U.S. 24 (1974).

以州作为探讨主题,来考察州在有关法律平等原则问题上,是否行为适当。简言之,前一个问题即:人民公正地得到了他们应享有的权利么?后者的标准则是:州的行为是否在可接受的范围之内?对前一个问题的考察很快得出如下结论:对不同社区学校严重不平等的财政投入,是对州里所有孩子的不平等。第二种方式,事实上既为最高法院持异议意见的四位大法官所采用,也为多数派法官所采纳。这种方式为以下质疑大开方便之门:尽管对孩子不公正[46],根据联邦法院的广泛监督标准,州是否完全卸除自己的责任。

将法律平等保护的宪法标准视为"联邦政府对州的不端行为的监督法律",这给予得克萨斯州操纵这个问题的空间。该州可以辩称,尽管对孩子不公平[47],但该州并未违反联邦政府的监督标准。第一个争论是,各州必须承担责任的适当标准是怎样的。最近几十年,最高法院花了很多的时间与精力,来解决不同的平等保护争议中,相应的不同标准是否适宜。

这一场辩论的最终结果,用宪法上的术语来表达的话,是这样的:如果一个案子中提出了种族歧视(或类似)的问题,那么,法院就判定州应按最高程度的监督标准来承担责任,这称之为"严格审查"。如果争议仅仅涉及立法上的差别对待(即优待某些商业利益),那么,适用的标准就会低很多,这一标准称为"合理依据"标准。下面的这一例子可以典型地说明后一标准。在有关眼镜片商业特权问题上,州政府可以对验光师与镜片商区别对待。这一差别对待因其有助于"合理"增进社会公众的健康与福利的"目的",

---

[46] 注意斯图亚特大法官在附议意见中的开场白:"得克萨斯州公立学校财政投入的方法,跟几乎所有其他州一样,导致了一种混乱、不公的公立教育体制。然而,这并不因此令我得出结论认为这一体制违反了合众国宪法。"*Rodriguez*, 411 U.S. 1, 92 (1973).

[47] 同上。

而得到联邦法院的认可。[48] 这两类案件的区分,正是各州为了证明自己行为正当而必须跨越的障碍。在适用"严格审查"标准的一类案件中,州必须承担更苛刻的举证责任。要证明歧视是正当的,它必须显示存在"压倒性州利益"来支持这一点。此外,它还得显示,它所使用的差别对待,是为实现这一压倒性目标所采纳的"限制最小的选择"。在纯粹的商业争议案件中,州仅仅需要显示立法上的分类满足了合理性及非任意性的最低标准。表面上看,州要撇清责任的话,"严格审查"标准似乎比"合理依据"标准更困难些。

法官如今在考虑每一个案件时,摆在第一位的问题,就是这一争议是属于适用更高标准的案件,还是属于适用较低标准的案件,抑或是适用中间标准审查的案件。[49]把这样的问题当作首要问题来解决,自然就偏离了考察受影响者权利(人人生而平等,但人人是否得到法律的平等保护)这一方向,而且,这一方法也使得法官并不是针对州官员的行为进行考察。得克萨斯州在学校财政投入上采取了严重不平等的政策,该州为这一政策首次成功辩护的论点,就是集中在该州管理学校的行为上的合理性,而非学生所受到的不公正待遇。

在辩论中这个节骨眼上,律师的行话得到了采纳。在把一个案件是否归为需要适用"严格审查"标准的问题上,最高法院一般接受两种方式。其中一种方式是:州的行为要显示出对某一"可疑归类"的阶层不利。种族(白人对黑人)就是一个"可疑归类"的典型。最近五十年来,其他一些区分也逐渐被界定为本质上"可疑"的归类,比如族裔、非婚生及外籍。[50]这就提出了这样一个问题:根

---

[48] Williamson v. Lee Optical, 348 U.S. 483 (1955)。与 Slaughterhouse 一案中最高法院支持新奥尔良市屠宰场公司专营权的判决相比较。*Slaughterhouse Cases*, 83 U.S. 36 (1872)。

[49] 例见,Mississippi University for Women v. Hogan, 258 U.S. 718 (1982)(将男性排除出州护士学校的做法违反了平等保护条款)。

[50] 参见,最高法院在 *Rodriguez*,411 U.S. 1, 95 (1973)一案中对自己制定的原则的简述。

据财富差异所作出的区分归类,能否像对白人黑人种族隔离所代表的鲜明界限一样划为可疑的归类。这实际上是该案所提出的一个重大问题。州是否在致力于助长(或至少不是去保护)基于挣钱能力与财富状况上的差别来区分?不平等的财政投入,有可能使富家子弟较贫寒子弟将来更具备挣钱能力。构成最高法院多数派的五位保守派大法官,不愿处理美国社会中收入差距与阶层特权这一重大社会难题。他们认为,相对的贫穷并不足以构成种族歧视中所适用的明确界限。这一结论显示他们乐于掩饰自己对贫富歧视问题不予理睬。按鲍威尔大法官的话说:贫富歧视所针对的分类太过"广泛、多样,而且难以归类"。[51] 保守派法官不愿像他们在类同于黑人白人分类问题上适用"严格审查"标准那样,来思考这一模糊不清的分类。

将各州的立法行为置于"严格审查"的更高标准之下的另外一种途径,按最高法院所确立的原则,是把这个重大争点归为"基本权利"一类。例如,在 20 世纪 60 年代末期,在判定某一州把在该州居住一年作为享受福利的资格是否合宪的问题上,最高法院曾适用了更高的审查标准。对居住在该州少于一年(也因此被剥夺了享受福利)这种分类,本身并非传统上受到歧视对待的"可疑归类"。然而,最高法院作出判决认为,公民享有迁徙权而不得遭受经济损害,这是联邦的根基。[52] 最高法院这样判是对的,但这带给我们一个疑问:为何受教育权不能跟迁徙权一样也是基本权利?对这一问题,没有明确的回答。五位大法官认为,受教育权是重要的,但并非基本权利,因此不必对得克萨斯州在教育投入上不平等适用更苛刻的标准。他们的这种论证令人难以信服。

我们不必对"可疑归类"、"基本权利"这类行话太过认真。一个简单的事实是:最高法院不愿对五十个州的不同教育投入体制展开全国审查。这一领域事情太复杂,最好找到什么方式让各州

---

[51] 同上注,第 46 页。
[52] Shapiro v. Thompson, 394 U. S. 618 (1969).

自己去解决全部问题。要是各州鼓励不平等的财政投入模式,要是各州想保持地方上的阶层差距,随他们去吧。另一个事实是:自从 Rodriguez 案作出判决以来,有很多州依据他们本州的宪法,决定不再允许对州内不同地区学校在财政投入上存在重大不平等的情形。[53]

158　　一个更深层次的问题,最高法院在判决书中刻意回避了,这一问题正是基于贫富差异的歧视——州的政策更多为富人效力,而不是穷人。美国的法院为了避免解决社会正义的基本难题,严重地摧残了法律。要检查立法机构是否对富人穷人一视同仁,税收正是这样的一个领域。美国的律师或是法官不会去质疑减税是否符合法律的平等保护原则。在平等保护原则发展的早期,最高法院的确撤销过一项针对公司与个人采取不同征税标准的税收立法。[54]但这一案件原来只是临时偏离最高法院的常轨而已。在 Rodriguez 案中,五位多数派大法官对于税收体制中的财富歧视问题发表了如下意见:

　　还没有一种税收方案,无论是根据财产价值,还是按收入所得,或者按消费额,能完全消除任何歧视的影响而设计出来。在这样一个不存在完美备选方案的复杂领域,最高法院还是不要强加太过苛刻的审查标准,以免所有的地方财税方案都成为平等保护条款攻击的对象。[55]

令人吃惊的一个事实是,其他法律制度却愿意考虑税收中的歧视问题,而视之为宪法所规定的法律平等原则。例如,德国《基本法》第三条的规定,并不比美国宪法中简洁的平等保护条款提供

---

[53] 首要的判例是 Serrano v. Priest, 487 P. 2d 1241 (Cal. 1971)。
[54] County of Santa Clara v. Southern Pac. R. R., 18 F. 385, 398—99 (1883); Railroad Tax Cases, 13 F. 722, 733 (1882).
[55] *Rodriguez*, 411 U. S. 1, 68 (1973).

更多的指导。[56]然而,德国的法院却已经把法律平等原则适用于财富歧视领域的案件。

仅仅举一个例子。德国宪法法院在1976年的一个案件中,分析了与养育孩子费用有关的税收政策上的改革。根据家庭中子女数进行直接税收补贴的一个体制,取代了按每一个子女人头从家长总收入所得中扣税的方案。这一改革的直接影响是,纳税人的子女人数,而不是收入水准,是纳税人受益的唯一因素。一些养有孩子的纳税人(正好是一些法学教授)反对这一改革。他们认为,这一政策上的改革,对于较为富裕的纳税人影响存在差异。因为富人处在更高的税收等级中,他们原先的扣税数额更多,现在则变成了固定数额的税收补贴。宪法法院对这一意见相当重视,并根据"税负公平"及"法律平等"的原则分析了这一观点。最终宪法法院还是支持了立法机构的政策偏向。[57]然而,对于德国宪法法院愿意去蹚错综复杂的税法领域的浑水,去思考每一个分类是否满足法律的平等要求,美国的法律职业人只有惊奇的份儿。

一个简单的事实是:德国的法理学已经运用平等原则对实质不平等进行审查。在法律制度上,他们对平等的追求,已包含促进收入与财富上的平等。其原因在于(在这一领域常常所引用的意见):德国的宪法(《基本法》)明确宣布德意志联邦共和国是一个"法治基础上的福利国家"。[58]"福利"在法律制度中的范围,包括在福利与机会上拉平差异。

诚然,美国的法院并不在意识形态上追求福利公平(即消除收入差距)。在所有工业化国家中,美国的富人与穷人的收入差距是最大的,而且这种不平等每况愈下。最富裕的美国人有两百七十

---

[56] 德国《基本法》第3(2)条规定:"法律面前,人人平等。"第3(2)条还加了一条保护妇女的规定:"男女平权。国家进一步实现男女平等,并消除遗留的男女不平等。"第3(3)条则增加了有关法定权益与义务的一个禁止性标准:"任何人不得因性别、血统、种族、语言、祖籍或国籍、宗教、宗教或政治上的信念,而遭到优待或损害。任何人不得因身体残障而被剥夺权利。"
[57] 宪法法院的判决,First Senate, November 23, 1976, 43 BVerfGE 108。
[58] 德国《基本法》第20(1)条。

万,他们占美国总人口的百分之一,他们的税后收入跟处在底层的一亿美国人的收入总和相当。[59] 但福利公平的问题,从未得到美国各个法院的关注。我们的"法律平等保护"观念,完全不包含财富歧视这一至关重要的问题。

美国的各个法院对福利公平问题的漠不关心,一直显得非常异类,特别是有鉴于我们对实质公正存在严肃的哲学思考情况下,尤其如此。在 Rodriguez 案判决前几年,约翰·罗尔斯发表了一部著作,这被视为西方工业化国家中有关平等主义社会正义问题的标准理论。所有的不平等,无论是在基本自由权领域,还是在经济机会与物质财富领域,都需要正当的理由。《正义论》正是从这一假定出发展开阐述的。罗尔斯的论点是,财富上的不平等,只有在促进最不富裕阶层利益的情况下,才是正当的。把他的这一观点运用在 Rodriguez 案中,意味着:只有当对富人区的学校财政投入更多可以使穷人区的学童受益时,对贫富程度不同地区学校财政投入存在差异的做法才是正当的。很难想象,因财政投入不足而受到低劣教育的学童,怎么可能从富人区学校得到更大的财政投入这一政策上受益。因此,罗尔斯会毫不犹豫地认为,这种学校财政投入上的不平等政策显然是不公平的。

当然,根据第十四条修正案,不公正并不一定伴随着不合宪。斯图尔特大法官在附议 Rodriguez 案多数派法官的判决意见时,承认这种财政投入体制是不公平的。德国的法院判定,在学校财政投入上搞差别对待,有违他们追求社会正义与法律平等的宪法义务。而美国的法院仅仅满足于对这一争议敲敲边鼓。

---

[59] David Johnson, "Gap Between Rich and Poor Found Substantially Wider", *New York Times*, September 5, 1999, p.16. 参见, Bruce Ackerman and Anne Alstott, *The Stakeholder Society* (1999)(主张当前的经济繁荣的收益落在了美国最富有的百分之二十的人口手里)。

对不平等的辩解

要公正看待美国人对学校财政投入问题的观点,我们还得增加联邦主义与地方分权价值观这样的维度。对平等的展望,这意味着全国适用同一个标准。联邦主义对普适价值观持怀疑态度。按照联邦主义的立场,最好让地方力量寻找出他们自己有关利益的概念,哪怕是其结果是州与州之间存在不平等。在 Rodriguez 案中,这一辩论意见确实赢得了最高法院五位大法官的赞同。问题的关键之处,在于判断这个符合宪法要求的学校财政投入地方单元有多大。没有人认为在联邦的每一个州,每一个学生的财政投入数额应该保证是一样的。在公共教育上财政投入多的一些州与投入少的一些州之间,每个学生所获得的财政投入数额总归存在差异。拥护改革的人士接受这种州与州之间不平等的状况,但他们坚持认为,学校财政投入平等的地方单元不是州,而是学区。应该要求得克萨斯州保障它的 120 个学区在财政投入上平等。即便是保守派也不接受这一观念:比如说在埃奇伍德学区内,政府可以正当地对某一所学校较同一学区的另一所学校财政投入更多。因此,对这一问题的辩论焦点就集中在平等分配财政投入的单元上。

Rodriguez 案的多数派法官赞同这一观点:对学校采取地方控制是适当的,而且,这种地方控制意味着至少在部分地区允许当地自行决定学校的财政投入。允许地方自行决定财政投入,会带来不平等的风险。对学校的分散管理,这是具有美国特色的观念。这一观念对欧洲人来说显得有些奇怪。因为欧洲人是按全国统一的课程来管理他们的学校的,所有的高中生都参加全国统一高考。然而,这一观念对美国人来说,在政治上没有什么大的吸引力。Rodriguez 案的多数派法官援引了多元主义与地方分权价值观的辩论意见:

> 在追求教育优势方面,多元主义同样给予试验、创新及健

康的竞争以机会。拿我们联邦体制中全国与各州关系去类比,似乎是挺恰当的。[60]

有人可能会像持异议意见的法官们一样去争辩说,地方分权的政治控制是否可以证明不同学区之间的不平等是正当的。然而,最高法院多数派的立场,正如乍看之下一样,对财富歧视与社会正义问题漠然无视、缺乏同情心。

在某些领域,最高法院也确实关注过贫穷所带来的法律后果问题。在关系到刑事司法或民主程序的问题上,最高法院的大法官们插手干预,确保穷人不因其财力不足而受到损害。在刑事司法领域,最高法院竭力保障贫穷的刑事被告跟有钱的被告一样得到同样的辩护机会。[61]而在民主选举领域,最高法院已作出判决,禁止在投票与竞选公职上设立财产限制。[62]

除了这两个领域,对于法律面前人人平等的原则,最高法院基本上没有发展出前后一致的观念来。在剥夺重罪犯选举权这一重大不公问题上,最高法院睁一只眼闭一只眼,他们之所以这样做,仅仅是因为第十四条修正案的第2款恰好规定了有关剥夺选举权的条款,而当时这一剥夺选举权的条款并非强制性地延伸到妇女、二十一岁以下公民,或参与叛乱的人士,或"被定罪"的犯人身上。如果最高法院富有远见,给予所有公民以平等选举权,那么,他们就会认识到这一歧视选民的特殊时期性质的条款已经过时,而应适用平等保护条款来消除这一对罪犯的歧视。与此类似的,如果最高法院富有远见,意识到给予每个孩子以平等机会,他们就会坚持,在州的范围内教育投入要平等。最高法院在这些问题上的不足之处提醒我们,我们的法律平等理论尚处于幼稚期。

美国的法院以及学者对于法律面前人人平等的美国特色理

---

[60] *Rodriguez*, 411 U.S. 1, 50 (1973).

[61] 例见,Griffin v. Illinois, 351 U.S. 12 (1956); Douglas v. California, 372 U.S. 353 (1963)。

[62] Harper v. Virginia Board of Elections, 383 U.S. 663 (1966)。

论,完全缺乏远见。按照他们的观点,宪法中的平等保护条款并不是为了实现《独立宣言》与葛底斯堡演说中所体现的哲学理想。该条款仅仅是提供协助给那些不能有效地依赖政治程序保护他们的弱势群体。该条款只是在民主程序出现故障时提供纠正。弱势群体无法保护自己,最高法院因此必须来拯救他们。这一观点,最早是由约翰·伊利在他一部很有影响的著作提出来的[63],一些宪法学教授也追随这一观点。在是否应该给予曾受过歧视者补偿这一最为激烈的争议上,这一观点与之存在很大的相关性。然而,就这一背景而言,反对平等主义理想的立场(即主张如果民主完善,就不存在法律平等保护的问题)自相矛盾,下一章我将讨论这一点。

对平等主义理想持怀疑立场的一个原因是,平等保护条款被用得太多太滥了。实际上每一个争议,都可以归结到立法错误或歧视问题上。在一些律师的手中,平等主义理想成了廉价的、顺手拈来的辩论模式。正如霍姆斯在 1927 年所言,它通常是"宪法辩论中最后依托之所在"[64]。

然而,轻视法律上的平等正义让人们不满。我们的传统来自人人生而平等的宏大宣示,而我们却走到纵容重大不公的一个历史节点,原因仅仅是各州不能因出现重大不公而遭受谴责。平等保护的根基在于所有人享有最基本的尊严这一宗教观念,我们忽略了这一点。一个伟大的道德准则,已经弱化为跟民主制度是否有效运作相关的其中一个因素。

以下问题还有待我们去解答:如果葛底斯堡演说中所包含的平等理想实际上变为这个国家的法律,会怎样?如果最高法院以"人人生而平等"这一信条来开始他们的司法推理,会有怎样的结果?这都是些根本的问题,因为它们逼着我们去思考:如果隐藏的宪法显露出它的面目,会发生什么?它会容忍本章中所考察的种

---

[63] John Ely, *Democracy and Distrust* (1980).
[64] Buck v. Bell, 274 U.S. 200, 208 (1927).

种不公(对重罪犯的冷酷歧视,以及用州财政照顾富人的教育体制)么?

令我们深感欣慰的是,这一问题,并非只是假设的问题。事实上,平等主义理想的信念开始慢慢地、怯生生地得到重申,隐藏的宪法开始展露在我们的眼前。

第八章　正义信条:诞生与再现

> 尽管只有一个宗教,但却有上百个教派。
>
> ——萧伯纳

法律面前人人平等的原则,可以追溯到人人生而平等这一伟大宗教信条。在这方面,美国可谓独一无二。德国的理论家通过源自法治的原则,形成了法律面前人人平等的信念。法律的理念跟专制是不容的。法治意味着有必要承认诸如德国宪法中这样的规定:"法律面前,人人平等。"[1]法治原则基本上可以替代法律平等的原则。这也解释了其他一些英语国家为何忽略美国思想演进中的重要文献——1776年《独立宣言》与1863年葛底斯堡演说。[2]

1776年和1863年的这两份历史文献,为我们追求平等留下了深厚的基础。作为美国人,我们安身立命之所在,源自"人人生而平等"这一伟大信条。有人可能会指望,这一名句在最高法院的判词中,应有一席之地。实际上,在最高法院的历史上,这一措辞,仅有二十三次得到援引,而且通常出现在大法官的异议意见中,这比我们所期待的少得多。1776年,这一伟大信条得到申明,随后又退隐不现。直到大约19世纪30年代,废奴主义者开始援引这一信条,来支持他们的事业。"人人生而平等"这一伟大信条在葛底斯堡演说中,达到最高的声誉,而后在美国观念中又一次变得淡漠。仅仅是到了我们所处的时代,这一掩埋在我们隐藏的宪法中的信念,才再次跃入我们的视野。

---

[1]　German Basic Law, Art. 3(1).
[2]　这一结论是基于对英格兰及加拿大的 Lexis 数据库搜索后得出。

有关平等的伟大信条是如何多次出现,又是如何退隐,是美国智识历史上引人入胜的故事。这个故事,可以让我们把美国政治与法律思考中隐藏的宪法的沉浮起落的来龙去脉,有个把握。我们将发现,在有关这一伟大信条的历史中,美国人是在努力弄清他们的意识形态根基,以及,如何背离了造成内战和美国第二次建国的愿景。

沉重的开端

"人人生而平等"这句话,第一次在最高法院的判词中出现时,令人沮丧。司法判决意见中第一次援引这句话,让人感到难堪。Dred Scott 案判决,是种族歧视历史上臭名昭著的一个篇章,它使得内战不可避免。在该案判决中,首席大法官唐尼援引了这句话,来强调《独立宣言》与宪法之间的矛盾之处。两者的冲突昭然若揭。一个文献坚持人人生而平等。另一个则认可了奴隶制,并实施奴隶制。如今,我们自然毫不犹豫地认为《独立宣言》是对的。可唐尼却得出相反的结论。在援引了《独立宣言》中的平等原则之后,首席大法官说出以下令美国判例报道蒙羞的话:

> 毫无疑问,委身为奴的非洲裔种族,《独立宣言》并未包含他们,他们也不构成那些草拟并采纳《独立宣言》的人民的一部分。因为,若是黑人包括在其中,那些草拟《独立宣言》的伟人们,就跟他们所主张的原则背道而驰了。与他们信心满满地诉诸人类的同情心相反,他们本应得到的是普遍的谴责与斥责。[3]

唐尼的这些观点,令他在白宫没什么好名望。在内战早期,当局势尚不明朗时,唐尼曾作为巡回法官签发人身保护令,释放那些在巴尔的摩被联邦军队拘捕的嫌疑犯时,林肯藐视了这一令状。

---

[3] Scott v. Sanford, 60 U. S. 393, 702—03 (1856).

我们不能不赞同林肯的决定。

约翰·麦克莱恩大法官所作的异议意见,可谓是一个挽救。罗杰·唐尼冷酷无情的判决意见,使得麦克莱恩大法官援引了人类是照上帝的样子创造出来这一原则。对于德雷德·史考特这个奴隶,麦克莱恩写道:

> 他带有造物主的印记,受神法与人法的管辖,注定会永久存在。[4]

这种从宗教角度看待平等的论述,在最高法院判决中,再也没有见到过第二次援用,但它却提醒我们:即便是在1857年,仍有一些法官理解到"人人生而平等"意味着奴隶制的终结。

在 *Dred Scott* 案余震之后,"人人生而平等"这一伟大信条慢慢浮现在人们的视野里,尽管经历了漫长的岁月,令人惊奇的是,这一信条仍然激发了最高法院少数几位大法官的想象力。有三位大法官热诚地支持来自《独立宣言》的这一信条。在所有援引这一信条的判决意见中,约有一半归于他们三位。

人人生而平等这一信条更深层的含义,意味着法律面前人人平等,约瑟夫·P.布莱德利大法官是头一位支持这一观念的主要人物。他在 *Slaughterhouse* 案中,支持了那些职业生计受到限制的屠户们的立场,在他的异议意见中援引了这一信条。不过,他的重点并非强调所有人,无论黑人还是白人,在道德上的平等,他强调的是1776《独立宣言》中接着"人人生而平等"这句话后面的一段,即,既然人人生而平等,那么,所有的人"都被造物主赋予某些不可让渡的权利,其中包括生命权、自由权,以及追求幸福的权利"。布莱德利大法官隐含的意思是说,为了享有"这些权利,每个公民应该有权自由从事对他来说最有利于实现这一目的的职业或行业"[5]。因此,这一原则的首要结果,并不在平等原则,而是每个人享有某些基本人权。布莱德利很难说是一个平等主义者,因为,

---

[4] 60 U.S. at 550.

[5] *Slaughterhouse I*, 83 U.S. 36, 146 (1872).

在他写出这份判决意见的同一天,他跟其他八位大法官一道投票,维持伊利诺伊州有关拒绝给予迈拉·布拉德韦尔律师执业的判决。[6]毫无疑问,这与他主张"每个公民⋯应该有权自由从事"他所选择的"职业或行业"的观念,是背道而驰的。

不过,布莱德利致力于实现经济上的自由权,至少在男人的经济自由权方面是如此。布莱德利在 *Slaughterhouse* 案后续的争议中,援引了"人人生而平等"这一伟大信条。最高法院针对这一争议作出判决认为,路易斯安那州在授予私人公司专营权后,在将来公共利益需要时,不得放弃立法。布莱德利撰写了附议意见,他再次反对限制经济自由权。若出现以下情形,授予专营权的立法即违反了平等原则:

> 通过授予少数得到恩惠对待的个人以专营权,而剥夺了其他所有人的平等权,是对公民基本特权的侵犯,不仅违背普遍正义,而且,我认为还违反了宪法的明确规定。立法机构无权这样行事。出于这一目的的任何契约,都不能约束将来的立法机构。[7]

值得注意的是,这种平等观念,更接近德国文献中提到的法治意味着平等对待。布莱德利认为立法机构恣意妄为违背了"普遍正义",这正是他的含义所在。[8]平等对待的主张,开始在美国法律原则中找到立足点。

---

[6] Bradwell v. Illinois, 83 U.S. 130 (1872).

[7] *Slaughterhouse II*, 111 U.S. 746, 762 (1884).

[8] 这种表述,在宪法案件辩论中已经没人使用了,不过,它仍具有重要的历史关联。在1610年判决的 Dr. Bonham 案中,爱德华·库克爵士宣布议会的一项立法无效,因为它违反了"普遍的公正与理性"。"普遍的公正"这一概念代表了普通法的确立原则不因立法而改变。Dr. Bonham 案一般被视为违宪审查的先驱,这一原则在 Marbury v. Madison, 5 U.S. (1 Cranch) 137 (1807)一案中得到认可。这种表述,在本案中仍保留下来,无论是正文中所引的布莱德利大法官的意见,还是米勒大法官在 *Slaughterhouse II*, 111 U.S. 746, 760 一案中代表最高法院的意见,都有这样的表述。

平等的两个分岔

世纪之交时,人人生而平等的观念有了新的拥护者。大卫·J.布鲁尔大法官在代表最高法院所撰写的三份判决意见书中,援引了"人人生而平等"的原则。在这三个判例中,最高法院显示出积极干预立法的一面,毅然决然地撤销了州与联邦的立法。这些案例值得评议一番。因为,这些案例中所涉及的主题,此后成为重要的宪法问题。

在第一个判例中,涉及的问题是:国会是否有权立法阻止一个教堂付钱将一位牧师移民到美国来。[9] 国会立法的目的是阻止补贴外国移民,其目的大约是为了阻止血汗工厂雇佣外国移民。但这一立法确实妨碍了圣三一教堂按自己的选择来雇请牧师。布鲁尔大法官代表最高法院表达了对国会立法的愤怒指责,认为国会很不明智地干涉了美国作为一个"基督教国家"的发展。当时人们持有的政教分离的观念,显然既不在布鲁尔的思考之中,也不在其他八个与他持一致意见的大法官的思考之中。美国是一个信教的国家,而基督教,按照广泛的共识[10],正是美国人民所信奉的那一派宗教。

大法官们被《独立宣言》所吸引,他们作出的判决意见认为,《独立宣言》证实了开国元勋对宗教的敏感:

《独立宣言》用这样的话语承认了神在人类事务中的作

---

[9] Church of the Holy Trinity v. United States, 143 U.S. 457 (1892).

[10] 这一意见似乎把犹太教也包括在基督教内。以下一段话有所暗示:"设想国会通过了这样一项法案,一些国会议员提出一项法案,规定:如果本国任何一个罗马天主教教堂跟曼宁红衣主教签订一份合同,让他来这个国家当牧师……[在提到新教教派之后],倘若任何犹太教会堂跟某些知名拉比签订类似的合同,这样的合同都会被判为非法无效,有人相信这会得到赞同或赢得哪怕一位议员的支持吗?"同上注,第472页。

用:"我们相信这些真理是不证自明的:人人生而平等……"[11]

在19世纪90年代最高法院的观念中,他们认为这个国家是建立在宗教原则基础之上的,而国会不应该,也不能干涉一个教堂从国外聘请牧师的做法。有意思的是,这一判决意见又一次碰到了 Dred Scott 案中所强调的紧张关系,只是这一次效果跟 Dred Scott 案正好相反。即,注重宗教的《独立宣言》胜过了宪法。在人人生而平等这一主题影响宗教自由争议的结果方面,这一案例只不过是许多同类案例中的开山鼻祖。正如我们将会看到的,其他判例中援引《独立宣言》,则转向完全不同的方面。

在接下来的两个判例中,布鲁尔大法官仍代表最高法院撰写了判决书。他的判决意见依赖"人人生而平等"这一伟大信条支持他的结论:州立法机构卷入违宪的歧视行为,违背了对所有在其管辖权下的人进行"法律上的平等保护"的义务。在其中一个案件中,得克萨斯州立法机构强制规定,铁路公司必须支付那些起诉铁路公司并胜诉的当事人的律师费。[12]铁路公司辩称,这一立法是不公平的歧视行为,因为,在出现败诉情形时,仅仅是铁路公司承担当事人的律师费。最高法院支持了铁路公司的主张,撤销了得克萨斯州的立法。布鲁尔大法官作出的判决意见,相当大程度上依赖了 Yick Wo 判例的原则。[13] Yick Wo 涉及种族歧视问题,尤其是对华人洗衣店的歧视,这种歧视按最高法院的立场,是一种不合理的分类。在这样的背景下,布鲁尔援引1776年《独立宣言》中"人人……"的措辞,似乎跟得克萨斯州的这个案件不搭界。

几年之后,在一个推理类似的案件中,最高法院又碰到了在有关牲畜屠宰方面,州立法机构与商业利益团体的对立局面。这一次发生在堪萨斯州。该州仅仅只是对州内大型畜栏(屠宰牲畜的

---

[11] 同上注,第467页。
[12] Gulf, Colorado and Santa Fe Railway Company v. Ellis, 165 U.S. 150 (1896).
[13] *Yick Wo*, 118 U.S. 356.

规模)的收费与做法作出规定。如果某一畜栏达到了立法所规定的规模,那么,这一畜栏就成为一个公共畜栏,它的收费不能超过某一水准。在法律实施中,这一立法实际上只是对堪萨斯城的大型畜栏适用,对威奇托和詹姆斯顿两地的小型畜栏并不适用。堪萨斯城里某一个畜栏公司的股东对此提起诉讼,要求宣布这一立法无效,理由是,该立法是对他们的歧视,剥夺了他们的财产权。最高法院作出一致判决意见认为,堪萨斯州的立法机构超越了自己的权力范围。[14]

布鲁尔大法官再次援引了禁止歧视华人洗衣店的 *Yick Wo* 判例,而且还援引《独立宣言》中的神授平等原则。而这些援引,在此案争议涉及的是州立法机构是否有权规定大型牲畜畜栏费用的背景之下,显得不伦不类。正如早前的 *Slaughterhouse* 案,涉及的是人们是否有权从事自己选定的职业一样,这个案子并不关乎重大的原则争议。与得克萨斯州强制规定铁路公司支付胜诉当事人的律师费一样,这个案子只是涉及州是否有权对大的经济实体施以特别限制的问题。得克萨斯州的铁路公司,跟堪萨斯城的畜栏公司一样,是在为争取经济事务中的平等而战。大的经济实体跟小的经济实体应该同等对待。最高法院认可这一点,但把有关自由市场政策上的争议,跟上帝造人的宗教原则混为一团,在道德上显得不搭调。

这一时期,最高法院更多关注经济上竞争各方的权利问题,而不是个人尊严。仅仅在堪萨斯城畜栏案件发生之后四年,最高法院在保护不受限制的市场活动问题上,达到了最高潮。在著名的 *Lochner* 案中,最高法院作出判决认为,纽约州无权规定面包烘烤业

---

[14] Cotting v. Kansas City Stock Yards Company and the State of Kansas, 183 U. S. 79 (1901). 布鲁尔大法官代表最高法院撰写的判决意见,强调了平等保护,以及未经法律的正当程序剥夺财产这两个问题。哈伦大法官单独撰写了一份附议意见,得到了另外五位大法官的支持,该意见认为,仅仅平等保护原则就足以推翻州的立法。同上注,第 114 页。

工人的工时。[15]在同一时期,最高法院明显从内战之后热切保护被解放的奴隶免受歧视的立场上后退了。黑人至少有两代人生为自由人,已经是合众国公民,但最高法院仍然批准各州设立种族隔离学校。最高法院的逻辑是,这些学校尽管实行种族隔离,但依然是平等的。[16]各州支持种族隔离与贬低黑人公民的做法,依然可以不受第十四条修正案的约束。

到19世纪90年代时,隐藏的宪法彻底沉潜不现了。我们的头脑不再关注民族国家、平等、民主这样的大问题。那个时代人们关心的是商业。我们的价值观消失了,换成了金钱至上。

内战之后的历史时期,是以 Slaughterhouse 案开始的。最高法院在该案中,支持了立法机构授予某些挑选出来的新奥尔良屠户以专营权。二十五年后,作为我们思想的象征,最高法院又尽力维护自由竞争企业。这一转换,发生在保护黑人免受他们的新主子歧视,也就是免受各州种族歧视的时期。最高法院干预各州,以保护已解放的黑奴免受二等公民的制度化歧视,已经为时几十年。到了19世纪90年代,最高法院接受了各州的种族隔离政策,而且坚持认为,布鲁尔大法官所指的"人人生而平等"原则,实际上是针对市场上的所有人,无论是富人还是穷人。换言之,各州丧失了在经济管理领域的权力,但在选择按地方偏见处理种族问题上,却获得了额外的权力。

在世纪之交,我们见证到价值观发生了扭曲。我们发现"人人生而平等"原则通通在错误的地方得到援引。在有关种族隔离是否符合上帝造人的平等原则争议问题上,原本应该发挥作用的"人人生而平等"信条,却在最高法院讨论美国实际上是否为基督教国家,以及是否致力于自由市场体制方面,首次闪亮登场。致力于实现人的尊严与平等,却不再重要。葛底斯堡演说中所蕴含的道德愿望,被隐藏起来。内战之后的国家愿景,变成了隐藏的宪法。比

---

[15] Lochner v. New York, 198 U.S. 45 (1905).
[16] Plessy v Ferguson, 163 U.S. 537 (1896).

第八章 正义信条:诞生与再现

民族国家、平等、民主更重要的是经济发展,是对铁路公司和私人企业家的保护。法律上的平等保护原则,并没有成为保护弱者免受歧视的标准,而是陷入市场中无论实体大小都具有平等价值这一观念迷思之中。

在布鲁尔大法官的判决意见中,他把两种性质完全不同的问题混为一谈。最高法院直至今日,依然认为这种混为一谈的做法是有正当理由的。布鲁尔喜欢援引的 *Yick Wo* 案判例,真正涉及人类平等的问题。旧金山的华裔居民,跟欧洲裔美国人拥有同等的尊严吗?在回答这个问题时,援引"人人生而平等"这一伟大信条,并推理认为既然人人生而平等,那么,他们就不能遭受法律上的歧视,这说得通。在适用当地法律上,旧金山的华人因此有权得到公正、不受歧视的对待。这并非最高法院在判决这个案件时的明确推理,但布鲁尔大法官富于洞察力地解读了"人人生而平等"的原则,使之成为最高法院有约束力的先例。

然而,在铁路公司支付律师费问题上,以及各州是否有权管制牲畜畜栏规模问题上,却并不存在真正的平等问题。毫无疑问,在这些案件中,存在法治是否前后一致及公平对待的问题,但绝不存在要求我们思考上帝造人性质的问题。甚至对那些根本不在乎上帝的无神论者而言,也能找到很好的理由,撤销那些有利于或有害于诸如铁路公司或畜栏公司这类团体利益的专断立法。对已解放了的黑奴的歧视,对华人移民的歧视,对妇女的歧视,这种基于种族或生物类别的分类,传达的是某一群体本质上属于劣等的判断。而要求铁路公司支付律师费,这完全不涉及基本价值上的判断。规定大型畜栏公司受特别管制的问题,一点也不贬损大公司,一点也不涉及把它们归为劣等一类的问题。然而,对那一时期的布鲁尔大法官以及最高法院而言,这些争点都涉及宪法领域的问题,只不过程度不同而已。

如今,最高法院对不同形式的歧视分级,在审查违宪与否时,对某些更恶劣的歧视采取"更高的审查标准"。最高法院通过这来表达这种结构上的统一性。基于本质上可疑的分类,比如种族而作出的歧视行为,会对之采取"严格审查",而对于其他形式的法律歧视,比如针对铁路公司或大型畜栏公司的歧视,则仅仅要求作一般审查。[17]最高法院以不同的表述确立这样的原则:要以种族区分来分别对待,各州必须存在压倒性的州利益,才能满足宪法所规定的法律平等保护标准;而对于一般情形的立法歧视,只要其区分满足合理而不专断任意的标准即可。因此,种族歧视,与针对经济利益的歧视,有着程度上的差异。但按最高法院的上述观点,在这两类歧视之间,几乎不存在哲学上的类型差异。

两种形式的歧视都是"任意专断的",只是判断的程度不同而已。按法律精英的判断,种族歧视是任意专断的,但法律精英的这一判断,除非得到大众观念的共鸣,就很难成为审查分类的要求。一个人不能这样解释对黑人与华人的歧视之罪恶:"这不合理,就像法律排斥紫人(purple people)担任公职一样。"紫人虽是科幻作品的产物,却反映了一个长久存在偏见的惨痛现实,其中,有色人种与妇女被剥夺了白人男子所享有的特权。司法政策的社会目标是明确的,其目标是宣布歧视性立法无效,无论这些歧视是针对已解放的黑奴,还是针对移民,或是针对任何因遭受根深蒂固的观念而被排斥的群体。这一目标并非是立法,而是支持立法的偏见。运用"人人生而平等"这一信条,旨在克服那种忽略上帝平等造人的顽固观念,而非消除专断、恣意的态度。

单独针对铁路公司与大型畜栏公司的立法,留给我们完全不同形式的任意专断恣意印象。对这些企业的不利对待,并不加强大众已有的态度。并不存在羞辱铁路公司或大企业家的传统。立法上这样分类,是相当偶然的。立法机构一直对某些经济团体存在干涉的做法,有的对它们有利,有的对它们不利。倘若立法机构出于公共利益考虑,这是他们必须做的事情。立法机构这么做的时候,他们行使的是所谓的"治权"(police power)。联邦政府的每一项立法,都需要宪法上的明确授权,但各州在行使治权时,却并

---

[17] 参见,Laurence Tribe, *American Constitutional Law*, Sec. 16—6 (2nd ed. 1988)。

第八章 正义信条:诞生与再现

没有这样的限制。只要各州不违反联邦法所保护的权利(包括宪法所规定的权利),或者不跟正当制定的联邦立法相冲突,它们就可以出于公共福利目的,自由行使它们固有的治权。

立法机构不可能把好处发给每一个人,也不可能把负担甩给每个人。因此,它们必须划一定的范围。这种范围上的划线,尽管跟文化上根深蒂固的陈腐观念并无关系,但仍会产生歧视的问题。立法方案中分配经济与社会利益做法的危险之处在于,立法机构常常存在政治分赃。宪法的平等保护条款,为审查这些分配利益与负担的立法方案,是否对某一特定群体存在不公平的利益好处或税负,提供了一个良好的途径。如果立法方案中的利益与负担的分配,存在适当的关系,就立法目标而言,是"适当的"、"合理的",那就会被认为是公平的。

最高法院目前的态度是尊重立法机构的决定。例如,在一个存在争议的判决中,最高法院的大法官们裁定,新奥尔良市授予那些在法语区已经营超过八年的少数推车小贩以专营权,这是合法的。[18] 然而,在世纪之交的时期,最高法院更关注市场中的公平。

布鲁尔大法官作出的判决,撤销了两项经济立法,而这一判决意见为当前司法中思考适用平等保护条款,创造了语言与原则的基础。考察这两份判决意见中的语言,我们不能不对此印象深刻:法官依赖了合理性的措辞,来为立法机构划出界线优待某些人,而损害其他人的做法设定权力界限。在 1901 年有关立法机构单独对大型畜栏公司予以管制的判决意见中,布鲁尔大法官至少五次援引了"合理性"这一术语。这一点是比较重要的,因为,合理性的概念传达出的态度,跟"人人生而平等"这一信条所蕴含的严格规则意义,是正好相对立的。"人人生而平等"所传达的原则,不受任何限定,也没有任何例外。然而,合理管制与合理分类的概念,则传达了自由裁量权与程度上的区分。"合理"总归是要么过头,要么不及。这跟上帝平等造人的严苛道德原则,正好相对立。

---

[18] City of New Orleans v. Dukes, 427 U.S. 297 (1976).

平等这一概念,并不包含比例和程度上存在差异的问题。在乔治·奥威尔的《动物庄园》中,当猪宣称"有些动物比另外一些动物更平等"时,读者很快就明白这笑话的意思。要么平等,要么不平等。不存在平等程度的问题,也不存在相对目的而言,手段上合理与否的问题。然而,布鲁尔大法官试图把合理性程度的斜坡,接在《独立宣言》的道德高地上。美国法自此就一直笼罩在这种矛盾的阴影中。

两种性质不同的东西混杂在一起的一个后果就是,我们认为即便是种族歧视也能够被证明是正当的(不论是否人人生而平等)。倘若相对目的,手段是足够"合理的",倘若国家存在足够强有力的根据,那么,它就可以不顾平等社会的标准来强加某些人以责任。因而,我们发现即便到了现代社会,最高法院仍支持在战时拘禁日裔美国公民。[19]西海岸所有第三代日裔美国公民,仍被认为是不忠于美国,是危险的。最高法院的这一判决,以军事上的必要性作为正当依据[20],它所带来的耻辱,跟 Dred Scott 案有得一比。最高法院还有其他几个判决,支持妇女特权立法,比如,不要求妇女参加征兵登记[21],妇女不承担因引诱未成年男性引起的强奸罪罪名。[22]在其他领域,还能找到一些例外。而致力于平等的人们,期待的是规定在原则上是一致的,不存在什么"合理"政策的例外。[23]

受"合理性"标准熏陶的最高法院,把两种截然不同类型的案件混在一起。在一种类型案件中,涉及"人人生而平等"的原则。这一原则反击的是那种高人一等的根深蒂固态度,出于历史或其他原因,对另外一些人(比如妇女)抱以贬低的态度。伸张"人人生

---

[19] *Korematsu*, 323 U.S. 214.

[20] 参见,Herbert Wechlsler, "Toward Neutral Principles of Constitutional Law", 73 Harv. L. Rev. 1 (1959).

[21] Rostker v. Goldberg, 453 U.S. 57 (1981).

[22] Michael M. v. Superior Court of Sonoma County, 450 U.S. 464 (1981).

[23] 有关非婚生子女问题,参见,Labine v. Vincent, 401 U.S. 532 (1971)(路易斯安那州在财产继承领域,对"非婚生"子女歧视)。

而平等"原则,显示了《独立宣言》背后的感召力,以及葛底斯堡演说对《独立宣言》的吸收改造。

第二种类型的案件,在布鲁尔大法官的判决意见中表现突出,这说的是立法机构在立法中划定范围,对某些群体强加的责任高过其他群体,受到这一立法不利影响的一方,声称立法是有失公平的歧视。在这样的背景下,援引"人人生而平等"的原则,就显得不合宜。理由有二:首先,涉及的争点不对板;其次,涉及的当事方不对路。这种类型的案件所涉及的争点,一般跟自由企业的制度结构有关,跟平等的道德原则没有任何关系。而这类案件所涉及的当事方,很难说是上帝创造的。它们是根据州的法律,用特许状的方式创立的。它们是铁路公司、大型畜栏公司、金融公司、持营业执照的眼镜商,诸如此类。[24] 援引伟大的道德原则来为他们的经济利益说话,就好比向驾车者宣扬兄弟之爱,劝说他们把两毛五的硬币投入停车计时器中。当伟大的道德信条如此廉价地派上用场时,它就失去了它应有的力量与意义。

当历史来到世纪之交时,正如布鲁尔大法官的判决意见所显示的,很显然,最高法院已经失去了林肯所拥有的平等社会的理想愿景。葛底斯堡演说中(感人的)修辞被用在了"阴沉的经济学"上。黑人与白人作为美国这一民族国家的平等公民,肩并肩站在一起的社会梦想,也失落了。种族隔离(隔离却认为是平等)成了各州的政策,控制着已获解放的黑奴的后代。

人人生而平等原则的复现

内战之后,美国又经历了两次大的战争,之后才重新点燃追求平等正义的激情。第一次世界大战结束不久,各州就批准了宪法第十九条修正案,该修正案授予妇女选举权。在第二次世界大战

---

[24] 参见,上述案件。有关眼镜商与验光师的(利益)冲突,参见,Williamson v. Lee Optical, 248 U.S. 483 (1955)。

中(跟第一次世界大战一样),黑人与白人依种族隔离分编在不同的作战部队中,但第二次世界大战胜利之后,美国人再次意识到,所有种族出身的美国人,都是在为国献身。休伯特·汉弗莱在1948年的民主党大会上,挺身而出,重提了林肯在葛底斯堡演说的精神:

> 对那些声称我们对民权问题太过心急的人们,我要告诉他们:我们耽搁了172年。对那些声称这个民权(立法)计划侵犯了州权的人们,我要说,民主党走出州权阴影,大步跨入人权之明媚阳光下的时刻已经到来。[25]

汉弗莱的演说,把哈里·杜鲁门的竞选提升到人权改革运动的高度,而南方予以抵制,并组成了斯特罗姆·瑟蒙德所领导的南方民主党。内战的伤疤再度揭开。不过,这个国家以平等司法的名义,已为决定性的一举做好了准备。不出数年,最高法院判决所有公立学校与公共设施中的种族隔离违法,揭去种族隔离的虚伪平等面目。[26]冷漠对待人类平等的长期历史结束了。

到了20世纪60年代,最高法院终于开始在适当的案件中援引"人人生而平等"的伟大信条。[27]这个国家在思考平等及公民自由权方面,处在剧烈变革的边缘。到接下来的一代,1776年《独立宣言》与1863年葛底斯堡演说中的精神,最终有了伟大的拥护者。约翰·保罗·斯蒂文斯大法官开始援引"人人生而平等"这一伟大

---

[25] 休伯特·H.汉弗莱于1948年7月14日在民主党全国代表大会上的演讲,载 *The Civil Rights Rhetoric of Hubert H. Humphrey* 1948—1964 (P. Wilson ed. 1966)。

[26] Brown v. Board of Education of Topeka, 347 U.S. 483 (1954).

[27] Bell v. Maryland, 378 U.S. 226 (1964); School District of Abington Township v. Schempp. 83 S. Ct. 1560 (1963) (克拉克大法官代表最高法院撰写判决意见)。参见,McGowan v. Maryland, 266 U.S. 420 (1961) (道格拉斯大法官的异议意见);In re Anastaplo, 266 U.S. 82 (1960) (布莱克大法官的异议意见)。从1901年布鲁尔最后一次援引"人人生而平等"这一伟大信条到1960年之间,只有巴特勒大法官在 Senn v. Tile Layers Protective Union 301 U.S. 468 (1937)案的异议意见中曾援引过这一原则。

信条，但差不多总是处于少数异议派位置。他的异议意见对最高法院多数派不断形成挑战，提醒最高法院迈出更大的步子，来实现18世纪晚期的革命者就已经认为不证自明的真理。

斯蒂文斯大法官的异议意见，作为对最高法院多数派的挑战，是时代的良知，它不断地提醒人们，如果美国能实现林肯的愿景，如果隐藏的宪法能够实际成为这片土地上的法律，美国将会是怎样一番景象。不过，斯蒂文斯追求平等精神之引人注目的特点，是在20世纪最后几十年的那些重大争议案件中，努力寻求对何谓平等的准确理解。

在涉及强加给非婚生子女不利方面的一个微妙案件中，斯蒂文斯开始运用平等原则。社会保障体系中，对于经济上不独立的申请人继承财产权益，包含众多先决条件。有许多先决条件反映了美国社会的一些传统观念。一般的情形是，男人养活女人，而非婚生子女往往跟自己的生身父亲并不住在一起。最高法院最终不得不衡量这一观念：即男人养活女人，而不是相反。[28]但需要解决的第一个问题是，社保立法上的规定是否应该包含这一前提，即，非婚生子女不可能在经济上依赖他们的生身父亲。所谓的私生子女需要证明他们依赖自己的父亲，而"婚生"子女则无须作出这样的证明。最高法院处多数派地位的六位大法官认为，对孩子的婚生与非婚生分类，是基于"合理的经验判断"，把这种分类统计上的判断运用在立法上，可以省掉联邦政府的行政费用。[29]斯蒂文斯大法官带领另外两名大法官，处在持异议意见的少数派地位。另两位大法官，马歇尔大法官和布伦南大法官，以维护社会少数派权利而闻名。行政方面的考量，不能证明长期维持非婚生子女的不合理污名的文化区分是正当的：

---

[28] 参见，Califano v. Goldfarb, 430 U.S. 199 (1977)（只有在鳏夫能够证明他们至少有一半生活来源靠妻子，而妻子并不依靠丈夫时，鳏夫获得社保金才违反了平等保护）。

[29] Mathews v. Lucas, 427 U.S. 495 (1976)。

> 非婚生子女从他们出生时不可避免地背受着重负,美国政府为何不能加重这一负担的理由非常明确:我们致力于实现人人生而平等的原则。[30]

这正是这一不容置疑立场的核心所在。非婚生子女仅仅在他们被社会偏见打上某些族群标记时,他们在出生时才"不可避免地"承受重负。他们之所以在社会中处于不利的地位,仅仅是因为他们出生时的身份。所有针对出生状况的偏见,跟所有人(至少在出生时)拥有同等的尊严这一原则不相容。这种按出生打上印记的情况,还包括种族、国籍、性别、婚生与否、身体残障与否,以及性取向。非公民出身,也算作是一个族群负担,但这仅相对美国而言。相对其他一些法律制度而言,这可能是一个优势。令人感兴趣的问题是,家庭经济条件一般的出身,是否构成斯蒂文斯大法官要运用平等原则予以解决的那种负担。

想一想斯蒂文斯大法官的措辞对 Rodriguez 案所隐含的意义。因为他是在 1975 年才得到任命,他在这个案件审理时,尚不是最高法院的一员。[31] 但如果他跟他的前任威廉·O.道格拉斯大法官一样,处在异议少数派位置,他也许会这样表达自己的观点:

> 得克萨斯州政府之所以不能增添清寒子弟在出生时就已不可避免承受的负担,理由非常明确:我们致力于实现人人生而平等的原则。

同样的立场也可以运用到同性恋身上。十年之后,最高法院处多数派地位的保守法官作出判决,维护把肛交定为犯罪,并对在卧床上肛交的两名同性恋提起公诉的州政府立场,斯蒂文斯大法官确实对此持异议意见。[32] 斯蒂文斯再次援引了"人人生而平等"

---

[30] 同上注,第 516 页。
[31] 杰拉德·福特总统于 1975 年任命约翰·保罗·斯蒂文斯为最高法院大法官。斯蒂文斯接替了威廉·O.道格拉斯的位置。道格拉斯在 Rodriguez 案中持异议意见,因此,这一任命并未改变该案中大法官们 5 比 4 的格局。
[32] Bowers v. Hardwick, 478 U.S. 186 (1986).

这一伟大信条,不过,用语稍有不同:

> 尽管"人人生而平等"这一原则的含义并不总是清晰的,但毫无疑问,它意味着每一个自由的公民,拥有多数成员所拥有的同样"自由"。从个人立场看,同性恋与异性恋对于决定如何过自己的生活,拥有同样的权利。更确切地讲,他对自己如何决定跟他同伴的个人、自愿行为,有跟异性恋者同样的权利。州政府无论是侵入同性恋者还是异性恋者的私人行为,都是同样过分的。[33]

这一段开头所表达出的疑虑,显示斯蒂文斯大法官从撤销歧视非婚生子女立法时的那种毋庸置疑语气上退了回来。事实上,针对这一代大法官所面临的最受指责、也是最紧迫的问题,即纠正种族歧视的积极补偿问题,斯蒂文斯大法官此时正参与重新深入衡量"人人生而平等"这一伟大信条的含义。

制定第十四条修正案的时候,还没有任何人认真地想到过这种可能性,即,平等保护条款规则要为那些需要的人留出例外。更新的宪法(第二次世界大战之后制定的)认可立法上背离一碗水端平的可能性。例如,加拿大1982年的《权利与自由宪章》,明确规定了在如下情形下可以背离法律上的平等:"任何法律、计划或行为,其目标是为了改善弱势个人或群体状况",尤其是那些"因为种族、国籍、肤色、宗教、性别、年龄,精神或身体残障"而处于弱势地位的人。[34]德国《基本法》禁止依据可疑的标准(性别、血统、种族等等)对个人进行歧视。它的条文禁止立法机构作出对身体残障人士不利的立法,这还隐含着批准了对身体残障人士的积极补偿行为。[35] 1994年的一项修正案在对妇女积极补偿行为方面走得更远,它要求国家"进一步实现男女平等,并消除遗留下来的不平等

---

[33] 同上注,第219页。
[34] Charter of Rights and Freedoms, Art. 15(2).
[35] German Basic Law Art. 3(3).

问题"[36]。

然而,美国的法官,必须从各个基本原则,包括"人人生而平等"的原则开始,通过现在被称为"善意歧视"的方式来思考解决之道。这样的案件集中在善意歧视的诸多方式上。两类最普遍的案例,一是大学入学的名额指标,二是在联邦政府合同的授予上,规定对少数族裔的合同承包商预留一定比例份额。围绕这两类案件的辩论,以及如何解决这类案件,是当前法理学的核心所在。我来考察这一辩论中的某些基本观点,并评估它们是如何影响这一辩论的。

反对积极补偿行为 1:宪法本身的规定是不分,也不应该分种族、肤色、性别、国籍,以及其他恶意歧视标准。追求这一原则已经花了很长的时间。我们不应为了短期好处而损害平等保护的原则。

支持积极补偿行为 1:积极补偿行为,作为对过去因遭受歧视而传统上处于不利地位群体的补偿,是可以理解的。

反对积极补偿行为 2:回应上述辩论意见,善意歧视并不补偿过去曾遭受歧视的个人,它也并不能平等地补偿过去曾遭受歧视的群体的每一个成员。它只对弱势群体的个别成员有利,具体说,即那些有资格得到特殊待遇的学生或承包商。因此,这种补偿是对弱势群体的精英分子有利,而对不属于这一弱势群体但同样有资格的人来说,构成歧视,这是不公平的。

支持积极补偿行为 2:为了促进整个社会的利益,而对社会多数派加诸某些负担,这没什么错。一个社会的多数派对少数派的赠予,与民主原则相符。相形之下,恶意歧视是对在民主程序中无力保护自己的"分散、孤立的少数派"[37]所强加的负担。

---

[36] German Basic Law Art. 3(2)。有关这一条款的全文,参见本书第八章注释 56(原文如此。实应为第七章注释 56。——译注)。

[37] 这一著名措辞来自 United States v. Carolene Prods. Co., 304 U. S. 144, 152—53 n.4 (1938)。这为最高法院反对民主程序中优待多数派提供了根据。

反对积极补偿行为 3：建立在民主程序崩溃之上的辩论意见的麻烦之处在于，它必须一直把积极补偿行为视为社会多数派对少数派的赠与。这意味着，如果非洲裔美国人控制了一个市政府或州政府，他们就不能制定积极补偿的立法，来作为对过去曾遭受的歧视的补偿。立法的有效性并不单单靠善意的动机，而还要看是谁掌权。如果根据平等正义原则，积极补偿行为是正确的，那么，无论谁掌权，它都是合宪的。

支持积极补偿行为 3：美国社会中的生活利益，应该按照不同群体在总人口中的比例大致平等地分配。这种分配原则的基本根据是，各个群体都拥有权利，或者说，平等的分配与代表有助于实现公共福利。在教育机构问题上，这一观点尤其切中要害。教育机构内的多元化，是一个值得追求的目标，因为学生团体的多元（地理、宗教、种族、性别，以及其他方面），增进了教育经验的价值。

这六种意见代表了辩论中的基本路子。要想穿过这一片荆棘丛，绝非易事。因此，最高法院在最早的一系列判决中无法达成共识，并不出人意料。斯蒂文斯大法官的这场辩论中的作用，可谓独一无二。他是唯一一个通过仔细思考"人人生而平等"这一伟大信条所蕴含的意义，来看待积极补偿行为问题的大法官。他忠实于隐藏的宪法，而且思想开明。在起初犯下几个错误之后，他转而为积极补偿行为作复杂精致的辩护。

随着斯蒂文斯 1975 年进入最高法院，有关积极补偿行为的争论开始升温。在著名的 *Bakke* 案中，一名白人学生到法院起诉，要求推翻州医学院的入学录取政策。该医学院的依据是，如果巴克（Bakke）是黑人，他就可以按预留给少数族裔申请者的名额得到入学录取。最高法院的大法官们在这个案件上，分成壁垒分明的两个阵营。巴克获得了要求医学院录取他入学的法院命令，但大法官们的意见却分歧重重。[38] 斯蒂文斯大法官撰写了一份意见，得到另外三位大法官的附名支持，该意见实际上支持了巴克的诉讼请

---

[38] Regents of the University of California v Bakke, 438 U.S. 265 (1978).

求，但并非依据平等保护条款，而是依据 1964 年《民权法案》的反歧视条款。

两年后，最高法院再次陷入分裂之中。这次涉及的问题，是在联邦政府合同中可否允许预留一定份额给"少数族裔群体的成员"，这是规定的六个特定的群体其中之一。[39] 最高法院中不同意见达成的联合立场，接受了这种预留份额的做法。斯蒂文斯撰写了一份语气尖锐的异议意见，抨击多数派，认为即使是善意的种族配额的做法，也是一项依据出身条件而授予利益的政策。[40] 他援引了自己在"非婚生子女"案中的异议意见，正如他在以前案件中的立场一样，他不仅依据《独立宣言》，而且还依据了 1787 年宪法的规定，因为 1787 年宪法禁止各州及联邦政府授予贵族头衔。[41] 援引宪法禁止授予贵族头衔规定的做法，是意味深长的，因为，贵族出身很难说是不利条件。它所隐含的意思是说，无论因其出身而授予贵族头衔，还是被打上劣等标记，这种授予利益或强加负担的任意专断做法，都是违宪的。

斯蒂文斯的这一意见，结合了几种反对积极补偿行为的辩论意见。他拒绝把预留份额作为对过去歧视做法的应得补偿，理由是：过去遭到歧视的人与现在得到好处的企业家之间，没有任何关联。"随意分配利益给得宠的少数人，对于许多曾遭受伤害的人来说，是一种拙劣的补偿形式。"[42] 他还对带有自利自肥的政治游说目的的措施表示怀疑。国会中的黑人党团出面磋商达成了这一立法行动。[43] 斯蒂文斯的这一意见，对靠预留份额自利自肥的做法，表达了深深的反感。[44]

---

[39] Fullilove v. Klutznick, 448 U. S. 448 (1980).
[40] 同上注，第 532 页。
[41] 同上注，第 533 页，注释 1。
[42] 同上注，第 539 页。
[43] 同上注，第 542 页（"这一法案的立法历史显示，在国会内有一群'黑人党团'议员认为，如果联邦政府将新提供总额达 40 亿之多的公共合同，那他们的选区应有权分取'一杯羹'"）。
[44] 与纳粹如何界定犹太人的做法相类比。

第八章 正义信条:诞生与再现

接下来六年,斯蒂文斯大法官对于"人人生而平等",以及人人尊严平等的政治信条有了新的理解。他的思考有了新的进展,或者说,有了更深的进展。他开始认真思考这一社会弊端:对那些生来就遭到社会歧视的人们所加重的负担。这一问题并非仅仅是按出身来分配利益或负担的问题,而是对那些已经遭受社会歧视(这显然已经违反了"人人生而平等"的原则)的人们加重负担的问题。简言之,社会弊端不单单是跟出身相关,更是恶化已有的社会偏见所代表的不公。

最高法院所面临的具体问题是:是否批准学校管理委员会制定的教师解雇政策,该政策不论教师资历深浅,而且,为保持教员种族平衡可以解雇白人教师。[45]对这一案件,尽管有五位大法官联合起来,宣布这一解雇政策因违反了平等保护条款而违宪,但最高法院的大法官们依然未能达成共识。斯蒂文斯大法官持异议意见,他揭示了"包容性"决定与"排斥性"决定之间的鲜明差异:

> 不同种族的人们,的确有不同的肤色,这会使人相信不同肤色的人们的确存在显著的差异。在教育活动中包容少数族裔老师,毫无疑问,会有助于消除这种错误观念,反之,如果把他们排斥在外,只可能增强这种错误观念。包容性决定与人人生而平等的原则相符,而排斥性决定则与之相冲突……因此,种族意识究竟是排斥性的,抑或是包容性,对这个问题的考虑,就很明确地把学校管理委员会在本案中的有效目标,跟强化不平等的种族意识决定区分开来。[46]

这并不完全是善意歧视的措辞,但已经接近这样的措辞了。关键的一点是有关改革社会弊端,正如斯蒂文斯在反对政府"加重非婚生子女出生时就已有的负担……我们致力于实现人人生而平等的原则"的异议意见中的精彩表述。[47]针对地方学校中维持教

---

[45] Wygant v. Jackson Board of Education, 476 U.S. 267 (1986).
[46] 同上注,第316—317页。
[47] Mathews v. Lucas, 427 U.S. 495, 516 (1976).

师的种族平衡政策,这一辩论意见如下:

> 州政府为何不能加重孩子出生时就因不平等而承受的负担,理由很明确:我们致力于实现人人生而平等的原则。

也就是说,如果孩子因反平等的社会观念而承受伤害,政府就绝对不能再对这些孩子施加额外的负担。与之相反,如果某一州的政策是通过扩大教师的多种族化来消除这些社会偏见,那么州的政策实际上是有助于实现人人生而尊严平等的价值观的。

在这一案件作出判决一年之前,一个重要的过渡性案例导致斯蒂文斯偏向这种包容性,而反对排斥性的思考。案件的争议,涉及市政府是否有权制定城市分区规划管理条例,以禁止智障人士在住宅区安家。在该案中,斯蒂文斯加入最高法院多数派,判定市政府的分区规划条例,因歧视智障人士而违宪。斯蒂文斯在他的判决意见中,讲了如下一段话作为旁白:

> 公正的立法者,甚至是被归为智障人士一类的人,也会理性地投票支持制定一项为智障人士提供资金进行特殊教育,以及给予特殊待遇的法律。一个智障人士也能认识到,无论是出于保护他本人,还是保护其他人,他是属于在某种情形下需要特殊监管的一类人。[48]

这段话流露出哲思的智慧与意味。首先,径直提出假设性的"公正的立法者"这一概念,斯蒂文斯大法官为我们提供了一个检验标准,来考察立法何谓理性及无歧视性。接着,他也认可,某些时候立法中的合理性在于帮助某一特殊群体。实际上,他愿意支持善意的歧视,如果这种善意歧视能够有助于实现一个合理的目标。

自此,约翰·保罗·斯蒂文斯从一个拥护宪法是无视种族肤色立场的人,差不多已经完全转变成积极补偿行为的支持者。他转变的最后一步,在另一个涉及种族问题的案件中走完。该案涉

---

[48] City of Cleburne v. Cleburne Living Center, 473 U.S. 432, 454 (1985).

及在政府建筑合同对少数族裔承包商预留份额的问题。[49]投标价格最低的一方当事人提起诉讼,因为分包合同交给了另一家公司,而这家公司的所有人,因其西班牙语姓氏而有资格作为"曾被社会剥夺权利的个人"享受政府合同承包的预留份额。我们记得这样的争议第一次出现在最高法院时,分歧重重的大法官们勉强拼凑出五人多数派,支持基于种族原因给予少数族裔承包商合同预留份额。斯蒂文斯当时对此持异议意见。如今,随着几名新法官进入最高法院,多数派改变了立场。而斯蒂文斯又一次反对多数派的意见,这次新上任的金斯伯格大法官站在他一边。斯蒂文斯这次的意见跟他早前的立场是相冲突的。而这一意见正是他明确从哲学上提出恶意歧视与善意歧视之间差异的机会。他在引述了前文所引的有关包容性决定符合个人生而尊严平等的原则之后[50],重新阐述了他在二十多年里一直试图界定的社会弊端:

> 在永久保留世袭等级制度的政策与消除种族不平等的政策之间,无论在道德上还是在宪法上,都是不可比拟的。恶意歧视是压迫和使弱势群体屈服的工具,旨在增进或维持社会多数派的权力。对曾遭受歧视的种族采取矫枉过正的优待,则反映了与之相反的愿望:这是为了促进社会平等的愿望。[51]

至此,一个清晰的哲学立场展现出来。平等保护条款的目标是为了防止在美国形成世袭等级制度。[52]"世袭等级"是指一群人,他们因其出身或其他特征,认为他们自己(其他人也理所应当这样认为)生来比他人高等或低等。世袭等级制度因宗教信仰和社会观念而产生。政府的做法,比如授予贵族头衔,也会加强这一制度。依我之见,这种世袭等级制度,同样也会因政府对不同经济

---

[49] Adarand Constructors, Inc. v. Pena, 515 U.S. 200(1995).
[50] 同上注,第 249 页,注释 6。
[51] 同上注,第 243 页(着重号为作者所加)。
[52] 这一主题 Cass Sunstein 在"Word, Conduct, Caste", 60 U. Chi. L. Rev. 795 (1993)一文中有过研究,他既讨论了"法律平等保护"的问题,也讨论了对言论自由权的限制的问题。

地位出身的学童所在学校财政投入上的不平等而永固无虞。没有什么更比这与"人人生而平等"这一伟大信条相冲突的了。政府"提供法律的平等保护"的义务高于一切：对建立世袭等级制度，政府要予以抵制和打击。

斯蒂文斯大法官最终阐述的原则，形成了对待法律平等保护原则的一般方法。这一体系，并非斯蒂文斯大法官自己所阐述，而是直接源自他在另一个案例中的立场[53]，依照他的立场，不同的审查标准是没有必要的。立法的目的是否合理这单一个问题，就足以解决所有针对州立法的质疑。其结果是，所有涉及商业或经济的立法中的分类，必须满足理性检验标准，或者，按最高法院经常的说法，要通过合理性检验。对待积极补偿行为或善意歧视的问题，也同样照此行事。那就只剩下一个例外。某一州增强业已存在的世袭等级制度的行为，按法律人的说法，应视之为本身不合理。这一规则应该是一个不折不扣的禁令——对于战时是否允许政府以令人信服的国家利益关押日裔美国人[54]，或州的某些利益允许歧视性立法，要求男子而不是妇女承担某些义务[55]，对于这类问题不予考察。

当然，有人会说，善意歧视也会在美国强化世袭等级制度。许多从积极补偿行为中受益的非洲裔美国人，厌恶别人认为他们之所以达到目前的生活地位，并不是因为他们能力有多了不起，完全是因为他们得到了特殊的补贴。[56]这一问题颇微妙，不过，有一点是清楚的：动不动提"世袭等级"一词并不能解决我们的所有问题，但这一概念至少为我们思考善意歧视与强化世袭等级的歧视提供了一些指导。

---

[53] *Cleburne*, 473 U.S. 432, 451 (1985).

[54] 如 *Korematsu*, 323 U.S. 214 (1944)一案。

[55] 注意到斯蒂文斯大法官在 Michael M. v. Superior Court of Sonoma County, 450 U.S. 464 (1981)案中持异议意见。在该案中，最高法院承认州规定只有男子才承担强奸罪。

[56] Stephen Carter, *Confessions of an Affirmative Action Baby* (1992).

乞灵于"人人生而平等"的伟大信条,也并不必然会导致斯蒂文斯式的平等保护解释。如今托马斯大法官也援引《独立宣言》的词句,但他是为了论证宪法是无视种族差异的。[57]他提出了一个完全值得尊重的论点,认为善意歧视代表了政府的家长式仁慈,而这与"人人生而平等"原则是相背离的。[58]

单单言辞很少决定一切。倘若真是如此,葛底斯堡演说中的言辞里隐含着支持积极补偿行为,就不会在这么长时间里变成空谈。那些言辞一直伴随着我们。问题在于我们是否领悟语言的潜在力量,来给予我们智慧,引领我们穿过如今在法律平等领域里的沼泽地。

公平地讲,无论如何解释"人人生而平等"这一伟大信条,它最终在最高法院的思考中,开始起到重要的作用。我们在涉及平等保护的案件中,看到了"人人生而平等"这一原则的影响,同样的情形在其他案件中也出现了。其中最引人注目的案件是涉及宗教自由的案件。布莱克门大法官写下了精彩无比的一句话:"如果政府主张上帝偏爱某些人,那政府就不能建立在人人生而平等信念之上。"[59]从各个宗教团体平等这一前提出发,州立高中不能在毕业典礼要求作非宗派(nonsectarian)祈祷,就顺理成章。非得如此做不可的话,就违反了第一条修正案有关禁止设立国教的规定。在最近一个非常复杂的争议案件中,涉及公立学校的教师向学生提供宗教学校所提供的矫正指导,苏特大法官对最高法院多数派的判决意见持反对立场,在他看来,政教已经过度纠缠在一起了。最近一些年,苏特一直持异议立场,他诉诸尊严平等的理念,重申布莱克门匠心独具的措辞,主张任何有助于建立国教的做法,都违反了在上帝眼中所有宗教平等的原则。[60]我承认,我不觉得这一论点多么令人信服。仅仅当我们认为无神论也是一种宗教,在上帝眼

---

[57] Adarand Constructors, Inc. v. Pena, 515 U. S. 200, 240 (1995).
[58] 同上。
[59] Lee v. Weisman, 505 U. S. 577, 606 (1991).
[60] Agostini v. Felton, 521 U. S. 203, 244 (1997)(苏特大法官的异议意见)。

中也是平等的时候（上帝似乎不太可能持这一立场），这才说得通。

　　研究斯蒂文斯大法官以及其他法官在法律平等保护领域的判决意见，重要的一点是：它向我们展现了作为隐藏的宪法之根本观念的重现。这一观念在《独立宣言》中宣明，在葛底斯堡演说中得到重新阐述，之后，沉寂了许多年，在布鲁尔大法官支持自由企业的判决中被误用，最近一些年又重见天日，用来反对美国社会中的世袭等级制度。"人人生而平等"这一伟大信条如今已成为法律，却主要是持异议的大法官们援引它。不过，它成为最高法院的信条，指日可待。伟大的思想永不消逝。伟大的思想也绝不会褪色。它们也许会沉睡、隐藏多年。当我们开悟之时，它们会再度绽放。它们归来之时，会满载古老的智慧，而这古老智慧的面目，我们实在是太久太久未能一睹其尊容了。

第九章 隐藏的宪法重见天日

> 伟大的时代轮回重新开始……回到黄金时代：新一代从天国下凡。
>
> ——维吉尔

最近一些年，隐藏的宪法开始在法官的判决意见中，尤其是在最高法院持异议大法官的意见中现身。内战后，我们默默地致力于实现民族国家、民主以及平等这些理念，倘若我们要理解这一点，我们不能把自己限定在研究最高法院九位大法官的法哲学上。隐藏的宪法实际上已经在美国的政治与法律文化中扎根，而且，它已经在不同的场合表现了自己。通过公民社会，它自然地流露出来。它造就了宪法修正案的进程。内战之后的每一条宪法修正案，实际上都在某种程度上表达了隐藏的宪法之价值观。对于过去十年来获得较大政治支持的两个重要宪法修正提案来说，也同样如此。这两个宪法修正提案一个涉及保护国旗免受"亵渎"，另一个是保护犯罪受害人权益的运动。隐藏的宪法所代表的价值观，也已经在低于宪法的联邦立法中显现。确切地说，通过宪法中的州际贸易条款，授权国会监管"州际"贸易。[1]最高法院早先挫败了国会1866年制定的《民权法案》，这意味着国会必须另谋它径，在实现公共设施与工作场所中平等对待的目标上体现这些价值观。要目睹隐藏的宪法中所包含的三个伟大理念（民族国家、民主、平等）之重现天日，我们得把目光从法院转开，挪到不同的领域，看看这些领域里法律趋势是如何产生的，又是如何打下美国宪

---

[1] U.S. Constitution, Art. I, Sec. 8, Cl. 3.

法的根基的。[2]

各条宪法修正案

在隐藏的宪法展露出来的所有领域,宪法修正案程序无疑最令人印象深刻。在过去135年来,所有被批准的宪法修正案,对美国政府究竟应该怎样这一问题,都显示其中包含一个共识,一个不自觉的方案来解决它。这可是一个了不起的主题,因为,一般的倾向是认为,宪法修正案往往是为特别回应解决互不相关的各个问题而形成的大杂烩。

显著的主题是扩大选举权,并对民主代表制度进行微调。不过,从隐藏的宪法中,也同样奏出了其他的旋律。当我们考察从第十三条至第二十七条各个修正案时,我们还会发现相抵触的原则也在发挥作用。民主强调寻求自治的人民要承担责任。而与此相抵触的原则是说,政府必须强有力,有足够的财力保障,政府要同情弱者及无力保护自己的人。内战之后,我们对于民主的追求人所共知。不那么为人所理解的是:美国人非常关心那些无力保护自己的人。隐藏的宪法隐含的最后一个含义是说,政府应该致力于让每一个公民获得尊严和自尊。

如果我们把内战想象成一出道德剧,那么,我们所理解的政府,就是一个致力于让每个人获得尊严的政府。这出道德剧可以勉强地理解成:为了解放处在最卑微地位的人们而作出巨大的生命牺牲。每一个按上帝样子造就的生灵遭到战火的涂炭,就有七个奴隶获得自由。也许还存在其他代价更小的解决之道。仅仅通过坐等与协商,市场本身也许会令奴隶制变得过于代价昂贵。工业化扩展到南方,也许会令原先从奴隶劳工制度中获利的人们感觉"自由劳工"制度更吸引人。种植园资本主义的终结,不会带来

---

[2] 更广泛地看待宪法原则的意见,参见,Mark Tushnet, *Taking the Constitution Away from the Courts* (1999)。

什么危害。但这种结果的可能性并非问题关键所在。人命牺牲的确出现了。而且,正如林肯所宣扬的那样,要清除我们的"罪过",给国家"自由的新生",这种牺牲是必要的。要不是政府能够承担起伟大的道德责任,我们就很难熬过这场内战。政府不再仅仅是维持秩序、收发邮件、抵御外敌,它还确保我们不再堕落到承认奴隶制合法性的罪恶之中。内战时期见证了美国此前从未有过的立法举措:全国银行体系诞生;发行全国性货币;国会制定的《公地法》向每一个西部拓荒者分配160英亩的土地,还划拨土地建设新的大学。第十三条修正案融入了我们对于政府(职能)的新理解,它大胆地宣布导致内战的奴隶制罪恶在美国永不再有。为了防止奴隶制诈尸还魂,联邦政府必须强有力,而且保持警觉。它得注视着市场上的交易,以确保这些交易不得接近"强制奴役"的危险地带。内战本身,以及内战后所必需的警惕政策,为后来政府同情弱者的态度奠定了基础。

然而,我们能感受到从第十三条修正案到第十五条修正案,即从1865年到1870年,政府的道德精神出现急剧下滑。没错,第十四条修正案的第1款是包含"特权与豁免权"、"正当程序"、"平等保护"这样的字眼,这些措辞也赢得了最高法院及学界评论者的注意。但1868年通过的修正案,所隐含的是各州对其辖域内发生的事情负责。而第2款、第3款、第4款则是特定时期的规定,目的在于惩罚那些叛乱州,以及叛乱士兵与官员。这些报复性的规定种下了相当大的祸根,正如我在前文中讨论过的,如今为那些倾向于剥夺重罪犯人选举权的人提供了弹药。[3]尽管如此,平等保护条款仍是一大突破,这确立了内战后法律秩序的基本原则。而且,正当程序条款则成了一个保护伞,使得最高法院在最近五十年来发展出一套适用于全国的人权法哲学来。

第十五条修正案在道德上闯劲不足。国会原本可以仅仅作出规定,给予所有年满21岁的公民以选举权。不过,那需要对民主

---

[3] 参见,本书第七章注23—28的讨论。

选举权有一个清晰的理论基础,对谁应该有权投票,以及为何有权投票的问题,存在一个清晰的原则。我们充其量会不那么明确地致力于实现扩及全美人民的新民主理念。当时,妇女争取选举权的运动才刚刚开始,得到的支持不多。对于已经获得解放的黑奴是否参加选举的问题,一点也不明朗。民主党人自然担心刚刚获得解放的黑人,会投票支持谋求解放他们的党派。而国会中的共和党人,既赞成给予昔日的黑奴以选举权,又赞成剥夺南部邦联叛乱分子的选举权。他们希望新的联合会打破南方土地主精英阶层的权力,为南方带来一场社会革命。约翰逊总统认同自己属于田纳西州的白人小农场主阶层,他对南方黑人政治权力的潜在崛起感到是一种威胁。

在究竟哪些人构成"民有、民治、民享政府"中的"人民"问题上,这些政治算盘各自打算,形成了模棱两可的局面。不过,在给予获得解放的黑奴与其他公民同等选举权上,我们不应该低估这一举措的激进性质。在革命战争的历史上,奴隶人口的这一转型是罕见的。大众民主的概念那时才刚刚生根。我们不应该忘记的是,尽管在1787年号称是民主建国,但是精英上层之外的人民拥有选举权的概念,对于18世纪末期的人们来说,正如"美利坚民族国家"和"平等"概念一样,还是相当陌生的。普通民众当家作主,或是民族国家的概念,跟平等一样,作为一种社会生活方式,才刚刚出现。还没有任何指导性理论,没有任何理论基础,也没有历史上可以效仿的典范。未受过教育、没有财产的群众治理国家,还并非顺理成章。

1787年设计的整个宪政框架需要改变。在当时缺乏令人信服的理论指导的情形下,国会中的政治力量在第十五条修正案中确定了较为节制的要求,规定各州不得"基于种族、肤色或以前的奴役地位"而剥夺公民的选举权。很难想象,对各州较小的要求,与政治权利上平等对待已获解放的黑奴的政策是相符的。

后续的各条修正案追随了隐藏的宪法所固有的各项原则。四十五年后通过的第十六条修正案,承认了所得税的合法性。在内战时期,政府就曾经试行征收过所得税。19世纪90年代时,又立法批准政府征收另一税种。最高法院起初支持政府征收所得税[4],但在1895年,最高法院以五比四投票比例,否决了联邦政府的新计划。[5]最高法院干预的理由,是1787年宪法中一条有关"直接"税与"间接"税的模棱两可规定,这一规定正好拦住了政府的新愿景。[6]

第十七条修正案又回到了发展民主政府体制的路子上。自此之后,联邦参议员不再由各州立法机构选举,而由人民直接选举。但这一修正案的调子,还是尊重各州掌控选举过程,即便是联邦公职选举事宜,依然由各州掌控。这一修正案并未明确规定任何年满二十一岁的公民都有权投票,而是把这一问题留给各州自行决定,让各州自己决定哪些人有权选举"州立法机构中代表席次最多的一院"。无论各州采取哪一标准,这一标准也适用于选举联邦参议员。

第十八条修正案是最重要的一个修正案,因为我们再次目睹政府热切地为人民的福利着想。这一修正案的结构跟第十三条修正案的结构一模一样。正如第十三条修正案宣布某种私人奴役关系不得在美国存在一样,第十八条修正案作出类似的规定,另外一种私人关系不得存在:"禁止……在美国境内生产、销售或运输烈性酒。"这一遭到众多误解的修正案于1919年得到批准,它表达了对所有那些因酗酒而摧垮的人们的尊严与福利的共同关注。当然,我们知道这条修正案没起到作用,但它表达了一种崇高的情感。它反映了在一个民族国家中彼此负责的政治,表现了对那些容易溺失在资本主义惊涛骇浪中的人们的关切。

如今,在针对毒品销售和使用的政策上,我们见识到同样的崇高动机发挥作用,我们也看到它的失败。我们动用了大量的人力

---

[4] Springer v. United States, 102 U.S. 586 (1881).

[5] Pollock v. Farmer's Loan & Trust Company, 158 U.S. 601 (1895).

[6] U.S. Constitution, Art. I, Sec. 9, Cl. 4("除非按本宪法所规定的人口调查或统计之比例,不得征收任何人头税或其他直接税")。

物力来制止毒品的扩散,即便是目前还很难看到可见的成效。原因很简单。对于那些纯粹通过私人交易找乐子的人来说,政府不容易禁得住。在一个孜孜以求保护隐私和公民自由的社会,要政府对于这些有害东西保持足够警惕,这超出了政府的能力范围。

尤其是在饮酒问题上,禁酒令使得饮酒变得更加吸引人、更加刺激。地下酒吧、偷偷摸摸畅饮、家庭私酿,所有这些都给那些饮酒的人带来了额外的乐趣。禁酒令的效果,跟禁止焚毁国旗的效果完全一样。法律禁止的行为,使得作出这一行为变得更刺激了。禁令的效果完全违背了原先的意图。

这样的例子,对于政府的干预策略提供了一个教训。在某些时期,我们必须仰仗公民社会来实现我们的目标,政府则时不时轻轻推动一下。在美国,有关吸烟的问题,能看到这种转变。政府要求香烟厂商在香烟盒上标示健康警告,在航班飞机上,在政府大楼里禁止吸烟。但政府并未仿效禁酒令或禁毒的模式。尊重私人,让他们自发自愿约束自己的政策更有成效。如今,我们对吸烟的态度发生了根本的转变,这很大程度上是因为,在家里、办公室,以及其他有影响的地方,人们实际上是自由决定他们的行为。他们无须政府在背后强迫他们怎么做。

对于许多人来说,对政府权力进行限制是毋庸置疑的。而对于那些像我一样信任政府权力的人来说,则重视政府权力。保守派一般对政府的权力表示怀疑,他们往往把人们推动在学校举行祷告仪式,或对焚毁国旗的人治罪的做法,跟禁酒令相提并论。在某些领域,比如对犯罪受害人的保护,的确只有政府才能出手。对于这一问题,后文将会详述。

请允许我不按顺序,先说一说第二十一条修正案。在禁酒令颁布十年后,全国意识到政府不能单单凭高尚的动机行事。宪法得再次修订。这次的修订纯是撤销第十八条修正案。有一些州,比如密西西比州,则保留禁酒令很多年。正如一位来自表面上禁酒的密西西比州的同事所嘲笑的:"禁酒比没有酒好得多。"然而,全国最终还是认定,允许喝一点点酒比冒着丧失自由的代价实现禁酒,要值得多。

从第十九条修正案开始,其他几条修正案,都针对扩大选举权范围、改善民主代表机制的问题。第十九条修正案(1920年通过),第二十四条修正案(1964年通过),以及第二十六条修正案(1971年通过),都是为了扩大选举权范围。这些修正案的文字风格都追随了第十五条修正案,明确规定各州不得基于某些标准来限制或剥夺公民选举权。通过使用这些否定语式,这几个修正案中的头一个最终将选举权扩及至妇女,第二个修正案则把选举权中所要求人头税或任何其他税种的限制取消,第三个修正案则把选举权扩及到所有年满18岁的男子和女人。在这一类修正案中,还有第二十三条修正案,该修正案规定把选举总统和副总统的选举权扩及哥伦比亚特区的公民。

这些修正案表明了隐藏的宪法的哲学原则。致力于普选制的承诺最终得以实现。选举权不再附带教育、财产、年龄上的限制,甚至是一度流行的优越偏见,也不再成为限制(1920年时,还存在男主外女主内的观念)。所有的美国人都享有了选举权,甚至那些不具有公民身份的侨民,当他们发现"鞋子哪里夹脚"时,也能够知道如何参与民主投票。[7] 林肯的"民治"政府理念,已经逐步成为这个国家的法律。

同时,总统大选也开始具有全民公决的性质,而不是只是各个州的汇总。人民投票和表达自己的意愿,开始以一个民族国家发出自己的声音。很显然,那些并不居住在各州(即居住在联邦地区)的公民,也拥有投票选举联邦公职人员的选举权。宪法还保留名义上的选举团制度,这对各州已没有什么实质意义。显而易见,普选票表达了全国的意愿。这在2000年总统大选(本书跋中详论)中表现无疑。根据11月26日确认的选举结果,乔治·W.布什

---

[7] 参见,Kramer v. Union Free School District No. 15, 395 U.S. 621 (1969)(把选举权限定在那些"主要利益攸关方"符合平等保护。根据地方立法,"主要利益攸关方"指那些受教育征税影响的人以及学生家长)。

州长在选举团票上一票领先。副总统戈尔之所以坚持在司法上质疑选举结果,部分原因是因为,他赢得了普选票而获得了一定的合法性。

其他几条修正案则是微调国会和总统的机制。第二十条修正案缩短了即将卸任总统的跛鸭期(lameduck period),但该修正案把新一届国会的开幕会期提前到元月三日,而把新总统就职提前到元月二十日。尽管这一修正案的规定表面上仅仅是改变了新一届国会议员和总统的上任日期,但最近在弹劾克林顿总统一案的争议中发挥了作用。当时的争议在于:即将离任的跛鸭众议院,在大选到议员正式离任这一期间,弹劾克林顿总统是否合宪。布鲁斯·阿克曼在众议院听证会上的发言震惊了国会山。他认为新一届参议院审理由离任的众议院所通过的弹劾状,是不合宪的。[8]第二十条修正案还授权国会规定非正常状况下总统继任人选的序位。

第二十二条修正案(1951年通过)限制总统的任期为两届八年,再加上最高不超过两年的继任任期(因前任总统无法履行完任期,继任总统继任的时间)。第二十五条修正案(1967年通过)详尽规定了总统虽在世但无力履行职责时总统权力移交的问题。最近通过的一条修正案,即第二十七条修正案则规定,在举行新的大选,新国会议员宣誓就职之前,国会制定的提高国会议员的薪酬的法律不得生效。宪法的这一修订,也证明了改进大众民主机制这一主题:在人民代表允许提高他们的薪酬之前,必须征询人民的意见。吊诡的是,这条修正案尽管是在1993年经四分之三多数州最终批准通过,但它最早是由詹姆斯·麦迪逊在200年前提出的。它的形式根基在1787年最初的宪法中。

所有这些修订最初的宪法的各条修正案,都显示了致力于实现民族国家、民主和平等这些内战之后价值观的同样模式。各条修正案实现这些价值观,意味着隐藏的宪法重见天日。

---

[8] Bruce Ackerman, *The Case Against Lameduck Impeachment* (1999).

对受害人的同情

我们的基本权利体系偏向于那些作出行动的人——那些发表言论的人,那些举行集会的人,那些做宗教礼拜的人,那些携带枪支的人,那些保持家庭隐私不受侵犯的人,那些过度运用自己的自由权而导致政府控告他们犯罪的人。在《权利法案》中,刑事被告的权利得到异乎寻常的关照。第四条、第五条、第六条和第八条修正案都针对嫌疑犯、刑事被告,以及已定罪的罪犯的权利问题。在这类权利中,犯罪受害人的权利却未得到应有的关注。我们的自由是有代价的,但出于某些原因,那些承担这代价的人却没有得到宪法的保护。受害人没有权利。宪法中不曾提及他们。

对受害人的漠不关心态度,自第十三条修正案开始有了改变。那些必须背负强制奴役苦难十字架的人们,第一次成了关注焦点。在美国,他们不再受苦。联邦政府有责任保护他们。政府在禁酒令修正案中也表明了保护弱者的责任。唉,帮助他人的责任也不总是容易说到就做到的。然而,政府应该帮助弱者,应该向受害者表现出同情心,这样的理念已成为隐藏的宪法的要点。

当然,一个人犯了罪,并不能受到宪法的保护。宪法上的权利只是保护犯罪嫌疑人。各条修正案的目的是确保无辜者不被冤枉,而且保护落入政府调查与指控范围内的嫌疑人的尊严。比如,禁止自证其罪的特权,已经超出了保护无辜者这一范围,涉及的是嫌疑人有权保持沉默的尊严问题。同理,对民宅和私人文件的保护,限制住了执法部门的效率,但这只是为了保障个人隐私不受侵扰。只要我们认识到这些宪法规定是跟对尊严的关注交织在一起,对受害者要求同等对待的呼声,我们就不能忽略。受害者权利运动所关注的是,增加受害人在司法程序中的参与度。参与司法程序本身,允许受害人发出自己的声音,让他们感觉作为公民受到尊重,有助于提高受害人的尊严。

受害人所面临的最常见的问题,是不允许他们出席审判那些暴力侵犯、强奸她们,或杀害他们亲属的罪犯的庭审。蒂莫西·麦克维在1995年制造的俄克拉荷马城穆拉联邦大厦爆炸案,导致168人丧生。对麦克维的审判提供了一个鲜明的例证,表明对受害人权益的歧视漠不关心。首先,联邦法官理查德·麦茨改变了审判地,从俄克拉荷马城换到了丹佛,这的确使受害人亲属更难出席庭审。改变审判地的表面理由,说是麦克维在几百英里之外的城市里受审,法庭能组成一个没有偏见的陪审团。在丹佛,或者在美国的任何其他地方,找到不受到媒体对爆炸案长篇累牍报道影响,而能担任陪审员的人,恐怕很少很少。另外一个影响麦茨法官改变审判地的因素,是大家出于礼貌未去提及的事实,即他在丹佛郊外拥有一个农场。把审判地改到丹佛,方便了他个人。

倘若改变审判地的决定还不那么够糟糕,麦茨法官的另一个决定则够糟糕了。他禁止远道而来的受害人参加庭审的旁听。在许多案件审理中,法庭都会要求可能出席作证的证人在外等候,但本案中,被告说服法官禁止受害人家属出席旁听,理由是:受害人的家属到庭会引起陪审团的情绪反应。这一决定可谓对受害人一点都不同情。国会最终出手干预,保证那些遭受直接的生理、心理伤害,或经济损害的人,有权通过闭路电视来观看庭审。[9]

著名的辛普森案,在1996到1997年超过一年的时间里,得到全美民众的极大关注。在这个案件的审理上,对受害人的权利明显更为同情。在审前控辩双方的较量中,辩方反对两个受害人(妮可·布朗·辛普森与乔恩·戈德曼)的亲属出席庭审(倘若随后可能被传唤出席作证)。马夏·克拉克代表布朗和戈德曼两家所提出的辩论意见占了上风。我刚刚出版的一本有关受害人权利的书实际上帮了他的忙。不管他是否花言巧语,但本人还是很高兴听到自己的观点被采纳。克拉克在辩论中读了我的著作:"刑事审判

---

[9] 参见,Jo Thomas, "Court Weights Limited Seats at Bomb Trial for Victims", *New York Times*, November 15, 1996, p. A30(讨论了反恐以及死刑生效法对审判的影响)。

最起码的使命是支持受害人,恢复他们的尊严,尽力替他们考虑,平等对待他们。"[10]伊藤(Ito)法官作出了正确的裁决,让受害人家属参加庭审旁听。如果这些家属随后作为证人到庭作证,被告方可以通过交叉盘问证人前面所听到过的证词,来保护自己。

欧陆的法庭,尽管也对允许可能作证的人在作证之前听到其他证人的证词的做法保持谨慎的态度(他们不怎么相信交叉盘问),但他们采取强硬的手段来保护受害人在法庭审理中的权益。典型的做法,是允许受害人作为民事原告同时提起侵权之诉,而加入到司法程序中来,或者作为共同控诉人跟检方一道提起和辩论案件。美国的改革者想改进受害者在司法审判中的地位,但提出的改革建议,没有哪一项能够跟欧陆国家所接受的做法相比。

在美国,支持同情犯罪受害人的运动,并不太起眼。亚利桑那州参议员乔恩·凯尔和加州参议员戴安娜·范斯坦联名提出了一项宪法修正案,试图为受害人设立以下权利:

> 被告知司法程序
> 出席所有公开程序
> 在程序的关键阶段听取受害人的意见
> 被告知罪犯的释放或逃跑
> 消除不合理延期的审判
> 有权要求赔偿
> 在释放罪犯时考虑受害人的安全
> 被告知以上权利并有拥有执行这些权利的起诉权

就这些而言,这个拟定的修正案还有些道理。它表达了根植于隐藏的宪法之中的同情心。它表达了跟其他一些发起保护弱势群体的做法同样的情感。尽管宪法上保护弱势群体的每一次努力,是出于不同的考虑,有不同的目标,但它们都来自同一基础,即对弱势群体的关心。这一共同思路自第十三条修正案始,在禁酒

---

[10] George P. Fletcher, *With Justice for Some: Victims' Rights in Criminal Trials* 6 (1995).

令修正案中达到顶峰(或许没做对),如今则促成了同情犯罪受害者的运动,来"支持受害人,恢复他们的尊严,尽力替他们考虑,平等对待他们"。

检察官和被告方律师都反对给予受害人权利。检察官不想因受害人的参与,而使审判节外生枝。我曾建议受害人有权否决辩诉交易,有权坚持要求检方进入审理程序,来证明检方的指控是正当的。检方对此提议断然反对。[11] 检察官一般希望在判刑的时候受害人能到庭旁听。受害人所遭受的痛苦,他们的愤怒情绪,一旦在法庭上表现出来,有助于锁定对罪犯的惩罚。辩护律师则出于其他原因反对给予受害人权利。他们担心给予受害人权利,会有损于刑事被告的权利。但并不必定如此。[12] 受害人的权利主要是参与庭审的权利。受害人希望能给嫌疑犯定罪,但这种掺杂个人利益的情感,陪审团很容易以常识来打发掉。加强受害人的参与权,但又不把程序搞得过度错综复杂,或是过度损害被告人的传统权利,这是可行的。

公民社会

在任何表达社会同情的运动中,都存在一个关键的问题,这就是:政府是否是改革的最好机构。在某些领域,很显然我们要么依赖政府,要么不依赖任何人。只有联邦政府才能发起内战,并解放弱者。只有联邦政府才能保障那些在州及州以下地方政府层面上无权者的选举权。当各州决意歧视一部分公民时,只有联邦法院才能保障平等的法律保护。但在其他一些生活领域,政府可以通过不予干预来达到自己的目的。

《独立宣言》中所展示的宗教情怀,美国政府曾试图予以维持。

---

[11] 这一建议在前注[10]书中第247—248页有详尽的阐述。
[12] 有关受害人在判刑阶段对法庭施加影响上的主要批评意见,参见,同上注,第198—201页。

但这种宗教意识在带有世俗性质的 1787 年宪法中被抛弃。美国一直是世界上最信奉宗教的国家之一,这很大程度上归因于政府发展出一套象征性支持宗教的宗教政策,同时也坚持任由宗教文化自生自灭。支持宗教的象征性姿态包括:在货币上镌印"我们信仰上帝";两个基督教节日设立为全国公假日;在宣誓仪式中使用《圣经》。在一个严格禁止政府动用公款资助宗教教育的社会,这些都是非常重大的公共姿态。搞笑的是,最高法院甚至援引隐藏的宪法中的伟大信条——人人生而平等——来支持政教分离的立场。[13]这些跟欧洲的做法正好相反。在欧洲,政府乐于为宗教学校提供财政补贴,但在货币上不会使用宗教符号,在法庭上也不会使用《圣经》来监誓证人发誓"说实话,全说实话,只说实话"。无论美国和欧洲在这些做法上的差异是否具有决定性,但美国比德国、法国,甚至是意大利更信教。一个国家保持强烈的宗教信仰,政府跟宗教保持距离,可能是更好的事情。

　　国民对国家的热爱,也是同理。一个国家必须有一些让全国民众感到自豪的基本东西。国旗、国歌、独立日、退伍军人节,以及伟人生辰纪念日,这些都是必需的。没有这些东西,一个国家就很难将其民众融合成一体。在这方面,以色列是一个显著的例子。到现在为止,都没有找到一个犹太人和阿拉伯人可以共同庆祝的节日。我们生活在一个国家纷纷瓦解的时代——捷克斯洛伐克、苏联,还有几乎分裂的加拿大。因此,一个国家应该具有国民认同感,以及拥有共同的历史与命运的感觉。

　　自内战以后,美国并不缺乏强烈的爱国主义情感。但各州没做什么推动这种爱国主义情感的事情。19 世纪 90 年代,对国旗的效忠宣誓做法自发风行全国,成为每一个美国孩童社会化过程的标准环节。在对军事上虚弱的古巴和巴拿马发动的战争中,全国上下齐心协力,没有犹豫。在第一次世界大战中,全国热诚地支持派军队漂洋过海作战。用威尔逊总统的话说,这是"为了使民主世

---

[13] 参见,McGowan v. Maryland, 366 U. S. 420 (1961)。

界更安全"。在第二次世界大战中浴血奋战并赢得胜利的一代人依然健在。完成国家使命的强烈感受,充盈在黑人与白人的心中。越战对爱国主义精神无疑是一次挫败。整整一代人(我的朋友及学生)对美国使用军事力量开始怀疑。然而,令我惊奇,同样也令我有些失望的是[14],新一代人接过了他们祖父辈的情感,热诚地支持海湾战争中美国政府的可疑目的。当美国轰炸伊拉克时,全国再度表现出自发的团结及爱国主义情感。黄丝带到处飘扬。它令人想起一百年前的效忠宣誓,对国旗的赞歌遍布全国的学校。

公民社会是强大的,当公众发起了某一项事业(无论是宗教还是爱国主义),它的力量远胜过政府试图对公众舆论的操纵。然而,在宗教与爱国主义领域,我们不断面临着那些对公民社会的成功表示不满的人们的挑战。他们希望政府也加入到公民社会的行动中来。这在学校教育方面最明显不过了。我们一直担心(也许是有充足理由的),美国年轻一代的成长受到了错误价值观的影响。年长的一辈在电视上宣扬暴力,允许这个国家枪支泛滥。所有这些错误都使年轻一代承受苦果。人人都知道,这使得那些狂暴的青少年占据了新闻报道的黄金时段。不过,也有人对政府必须作出的反应(比如一个共和党人提议在学校校舍的墙面上张贴十诫)是否有效表示怀疑。在培养新一代价值观的领域,主张政府干预的运动在这个问题上表现得再明显不过(也再可疑不过):最近重新推动制定一条宪法修正案,以保护国旗不受抗议者的焚毁。

毫无疑问,爱护国旗是隐藏的宪法中一个一直得到承认的规定。我们在培养公众尊重国旗的态度上,一直做得很好,通过全国性的效忠宣誓仪式,给孩子灌输对国家忠诚的情感。尽管内战之前我们就有对国旗的爱国主义情感,但直到20世纪早期,我们才把对星条旗的尊重视为一个法律问题。1907年,一个啤酒商把国

---

[14] 在20世纪90年代早期哥伦比亚大学法学院一次研讨课上,当我讨论对国家的忠诚这一问题时,有一些学生非常令我吃惊地认为,我们这一代人在越战中对国家"不忠诚"。

旗印在他出产的啤酒罐上,因此被定罪,最高法院维持了下级法院的判决。将国旗用于商业目的,被认为是无礼之举。[15]

那个时候,人们对国旗是充满敬意的,以至于人们采用了宗教语言来描述对国旗的不敬。很难说,一块印上了星条的布就变得"神圣"了,以至于"亵渎"它成了一种可能。这样的术语所隐含的是宗教仪式。尽管最高法院不适当地用了宗教语言,但它认为制止亵渎国旗的罪行,是政府保护国家象征的体现。

然而,保护国旗的运动,跟美国过去一百年来一直兴起的另一个思想潮流迎面相撞。保护国旗不受亵渎的观念,遭遇到日益勃兴的一场运动,即致力于实现言论自由这一美国核心价值观的运动。自第一次世界大战以来,霍姆斯大法官与布兰德滋大法官的异议意见[16],认可了言论自由是我们的首要价值观,并获得越来越多的人认可。最高法院(包括其中最保守的法官们)都一直赞成,言论自由高于那些受到"观念市场"中狂暴、刺耳言论所伤害或冒犯的受害人的权益。[17]

这种冲撞在所难免。保护国旗和言论自由,这两种美国观念作为造就美国人的相互矛盾之方式,最终凸显出来。两者胜负难分。不过,在20世纪90年代,最高法院的大法官们分成尖锐对立的两派,在两个案件中,多数派以微弱优势判决言论自由占上风。[18]但这很难说是爱国主义的挫败。那些热爱国旗的人们依然可以借助公民社会来表达自己。[19]那些支持爱国仪式,比如尊重国

---

[15] Halter v. Nebraska, 205 U.S. 34 (1907).

[16] Abrams v. United States, 250 U.S. 616, 621 (1919) (Holmes, J., dissenting).

[17] 同上注,第630页("检验真理的最佳方式,是让思想在竞争市场中获得接受")。对这些观念演变的一个考察,参见,Anthony Lewis, *Make No Law: The Sullivan Case and the First Amendment* (1992)。

[18] Texas v. Johnson, 491 U.S. 397 (1989); United States v. Eichman, 496 U.S. 310 (1990)。

[19] 我承认,自本人撰写了 *Loyalty: An Essay on the Morality of Relationships* (1992) 一书以来,观点变得更为温和。在那本书中,我认为焚烧国旗案应该判成另外的结果。

旗的人们，从美国的宗教意识历史中学到经验教训。正如约翰·洛克在《论宽容》的第一封书简（1689年）中指出的，政府不能强制宗教义务，否则，内心的信仰就堕落成口头禅。倘是政府要惩罚那些焚烧国旗的人，相反的效果就会出现。惩罚制裁增强了焚烧国旗的刺激性。焚毁一块布的简单行为，就成了警察和媒体如临大敌密切关注的重大事件。接下来对焚毁国旗者的审判，给了他或她非法宣扬自己政治观点的平台。曾几何时，焚毁国旗就像在法庭里穿着印有"去他妈的征兵"夹克衫一样。[20]但当焚毁国旗的行为为人接受，变成了稀松平常的事情，好比在鸡尾酒会上讲粗口一样，就没什么人大惊小怪了。

毫无疑问，言论自由也会造成对他人的伤害，在大部分欧洲国家及加拿大，他们的法院急于保护受到言论侵犯的受害人。典型的例子，是美国之外其他国家的司法机构是如何对待否认大屠杀的言论。有人出版了一本书，声称奥斯维辛集中营根本就不存在，认为这是犹太人宣扬的谎言。在德国、法国、以色列、荷兰以及加拿大，否认大屠杀的言论会遭到惩罚。几乎全世界各国人民都认为，政府应该加以干预，保护那些遭受卑劣的谎言困扰和侵犯的人们。政府干预，并将否认大屠杀的人受审，其结果当然是使他们的谎言流传更广，并使得一个持不同意见的疯子变成了他圈子里的殉道者。

最高法院对于学界支持通过立法管制仇恨言论的态度一直无动于衷。例如，在 R. A. V 案中，最高法院撤销了一个市政当局的法令，该法令惩罚那些明明知道或有理由知道"出于种族、肤色、信念、宗教或性别原因，会引起他人的愤怒、恐慌或憎恨"的表达。[21]对这一判决持批评态度的学者强调了管制言论的价值，其效果是压制住了社会少数派。[22]那些学者声称，最重要的价值观，是保障

---

[20] 参见，Cohen v. California, 403 U.S. 15 (1971)。

[21] R. A. V. v. City of St. Paul, 505 U.S. 377 (1992)。

[22] 参见，Owen Fiss 最著名的论文，载 Liberalism Divided: Freedom of Speech and the Many Users of State Power (1996)。

第九章　隐藏的宪法重见天日　**211**

那些受到仇恨言论影响的人们的平等权。按照他们的见解,只有限制威胁性言论,民主对话中所有参与者才能畅所欲言,令他们的观念众所周知。然而,古老的原则在各个法院依旧占优势。首要的价值观不是平等,而是自由。

　　政府撒手不管,并不意味着仇恨言论就能畅通无阻。公民社会自发形成了一些手段,来谴责那些言论过度离谱的人。对付"奥斯维辛谎言"(德国人的说法)最好的办法,就是对之视而不见。黛博拉·李普斯塔德在她的《否认大屠杀》一书中写道,我们不应该针对那些不能为人所接受及明显错误的言论进行公开辩论。她因此主张政府对这些言论进行审查。公民社会对那些疯狂的观念不闻不问,这些观念就会被边缘化。李普斯塔德提出由政府来审查这些言论的主张,令一位被人称为"否认者"的历史学家感到不安,他在1999年末以诽谤侵权理由起诉李普斯塔德,其主要目的是强迫她在法庭上当庭对质他的主张,不过起诉并未成功。[23]

　　在其他一些领域,如种族主义和女性主义言论造成过伤害的领域,美国社会的自发秩序在改变言论形式方面非常有效。拿本书中精心选择的措辞字眼来说,我并没有使用"黑人"(Negro)或"有色人种"这样的字眼,人们很早之前就不适用这样的措辞了。"黑人"(Black)和"非洲裔美国人"这样的词语已成为规范。这一切都是在政府未加任何干预的情况下发生的改变。当政府官员试图教导人民如何讲话时,他们显得有些荒唐可笑。法国人试图取缔"干酪汉堡"这一词汇,并禁止使用其他一些带有美国文化的有害词汇。无论法国人多么强烈地想保持法语的纯正,但法国政府不应该插手这件事情。在某些时候,我们应该相信公民社会强大的自发力量。

---

[23] 有关这一案件的详细报道,参见,D. D. Gutenplan, "The Holocaust on Trial", *Atlantic Monthly*, p. 45 (February 2000)。该案在2000年4月被驳回起诉。参见,Sarah Lyall, "Losing a Libel Case", *New York Times*, April 16, 2000. sec. 4, p. 2。

个人尊严

不过,公民社会并不总是值得信赖。我们目睹了推动修订宪法修正案来保护国旗不受亵渎的运动。这条修正案在 1999 年夏天在国会众议院实际上获得通过,但获得参议院三分之二必要多数投票不大现实。当一些言论对社会少数派和妇女产生侵害时,美国的许多学者,以及更多国外的立法者,都寻求通过司法救济来表达他们对有害言论的受害人的同情。有一个做法是搬出隐藏的宪法所体现的价值观,另外一个做法带有德国思想的特点,是依赖康德有关个人尊严的观念。正如我已经详尽讨论过的,平等对待总的原则,是求助于对言论自由的限制。他们认为,淫秽品是在贬损妇女,并未将妇女跟那些消费淫秽作品的男人平等对待。仇恨言论也与此类似,是在蓄意贬损仇恨言论所着眼的对象,因此,这并非是平等对待他们。这些都是出色的论点,它们所依据的是平等保护弱者的理论。

对弱者同情的法哲学的另一种方式,是依赖个人尊严的概念。这一概念在德国 1949 年《基本法》的第一条有详尽的规定。德国《基本法》对"个人尊严"这一用语并未作界定,因此,法院必须依据康德阐述的有关个人尊严的原则进行解释。依本人之见,尽管美国宪法中并未表述过个人尊严的原则,但"人人生而平等"这一伟大信条表达了同样的原则。我们有关"人人生而平等"的概念,来自这样一种观念,即,每个人都拥有最基本的价值。这一观念既可以通过回溯到上帝平等造人的宗教理念,也可以用康德阐述的道德理论中有关个人尊严的世俗理念加以表述。[24]

要理解个人尊严的概念在实际生活中是如何发挥作用的,我们可以考察一下德国行政法院在 1981 年判决的一个著名的色情

---

[24] 有关"平等"与"尊严"两种论点之间的相互关联,参见,Susanne Baer, *Gleichheit oder Würde*? (1995)。

表演案件。[25] 色情表演的经营者未能获得营业执照，理由是：这种表演将违背社会的公序良俗。色情表演的形式是这样的：一个裸体女人在旋转的环形舞台上展示，男人则在私人包间通过单向窗口观赏裸体女人的表演。对那些呆呆地盯着她们的阴部大饱眼福的男人来说，裸体表演的女人看不见他们，而那些男人跟男人之间彼此也看不见。德国联邦行政法院赞成驳回经营者的营业执照申请，理由是这种色情表演有违于那些选择参与这种色情表演的妇女的"个人尊严"。至于那些妇女自愿参与这种色情表演的事实无关紧要，因为根据《基本法》的第一条，国家有绝对的义务来"保护个人尊严"，无论受害人是否寻求国家的帮助。

德国行政法院的判决理由，相当大程度上依赖康德的原则，即任何人都不得利用他人作为手段来实现其目的。[26] 法官对脱衣舞表演并不反对，他们认为脱衣舞表演是一种交互式的跳舞公开表演。但本案中单向度的裸体观赏，令法官感到不安：

> 跟脱衣舞表演相比，这种通过包间观赏裸体女人的色情表演中，女人成了羞辱的对象。这是由一连串因素造成的：付费通过单向窗口自动观赏裸体女人，观赏裸体就跟从自动售货机中购买产品一样；这种单向窗口使得裸体女人跟观赏者无从进行眼神交流，她们成了好色之徒和窥阴癖者在私室满足其淫欲的孤立对象。[27]

一个人要是拒绝接受这一论点，得三思。这不是法官假正经。本案中的色情表演形式的确把女人置于仅仅是玩物的地位。人们可以想象得到，表演脱衣舞的女人得到一群动手动脚的水手们的欣赏，还有一份满足感，而隐藏在私室中的好色男人观看女人裸体

---

[25] Decision of December 15, 1981, 66 BVerwGE 274 (1982—83). 在 Decision of January 30, 1990, 84 BVerwGE 314 (1990) 中也是同样的判决结果，不过法院并未依据有关个人尊严的宪法原则。

[26] 参见, I. Kant, *Foundations of the Metaphysics of Morals* (L. Beck, trans. 1969)。

[27] 66 BVerfGE at 278—279.

满足淫欲,只能让女人感觉抛弃了人格。不过,显然,对此还有不同的观点。女人在旋转舞台上裸体表演,跟在电视镜头面前表演脱衣舞,差异并不大。电视上的脱衣舞表演,表演者也同样看不到电视观众。每个观众都在被称为客厅的小私室里。援用个人尊严原则作为论点的问题在于:它可能带有教条主义倾向。要是有人深信色情表演有违于自愿从事这种表演的女人的尊严,我们无话可说。

德国至少有一个女权主义者赞同美国人的做法,即把色情表演案件中涉及的问题看做是平等问题,而不是个人尊严问题。[28]从事色情表演的女人表面上出于自愿。而男女平等要求则需要我们考察在目前的权力结构下,从事色情表演的女人是否真的出于自愿。表象是欺骗人的。运用尊严原则作为论点,自始至终都强调的是女人被降为玩物。相比之下,从平等的视野看问题,则有助于在性与金钱领域中的男女关系方面,做更开阔的政治考察。女权主义者显然认为,在真正的男女平等状况下,没有女人会通过这种自我羞辱的方式挣钱。毫无疑问,这种表演工作是让人瞧不起的。对那些令我们的人格得到张扬的活动,我们必定有自己的判断。我们始终会拉回到康德有关个人尊严的理论上去。

对待性剥削的问题,无论是把它看做是涉及个人尊严的问题,还是把它看做是涉及平等的问题,我们都能发现同情政治在发挥作用。社会作为一个整体,承担责任去保护那些沦为强势力之猎物的人们的自我价值。我们已经作出了社会转型,从政府干预阻止奴隶制转变到社会对每个人的福利集体负责。美国人或许不会干预色情表演中的自主自愿行为。但在禁酒令时期,我们采取强硬手段保护那些沉溺于酒精中的人们,防止其堕落。如今,政府在打击滥用毒品方面,也大力干预,不过看起来似乎收效不大。

美国人对待平等问题自相矛盾之处的地方在于:尽管我们在经济平等与贫富歧视上落在欧洲社会的后面,但在其他领域,我们

---

[28] 参见,Baer,同上注[24]。

又领先世界。随着我们集体努力限制在工作场所出现性骚扰和歧视妇女的现象，隐藏的宪法凸现出来。这一运动发生在联邦法的层面，尤其是在解释 1964 年《民权法案》的第七章时表现明显。[29] 公众时常遗忘一点，即反性骚扰法的扩张是基于我们致力于解决工作场所中的性别不平等问题。反性骚扰法发展太过迅猛，以至于大部分男人和女人不知道何时以及如何跟自己的同事打交道，不知道怎样恭维同事或提出约会邀请。克林顿总统甚至支付了一笔 85 万美元的赎金，以避免一宗性骚扰案的上诉，而在这宗案件中，无论是法律还是下级法院的法官，都站在他一边。[30] 不管反性骚扰法是好是坏，美国人把这种工作中的性别平等概念出口到国外去了，德语和法语中分别创造了新词 sexuelle Belästigung 和 harcèlement sexuel 来讨论这一问题。

解决性骚扰问题，应该可以部分理解为这是隐藏的宪法对于平等追求的表达。不过，作为时代的特点，反性骚扰也代表了政府的愿景。它是在不断增长的怀疑主义背景下发展起来的，即人们对事情是否真像它们表面所显示的那样越来越怀疑。

信教者与不信教者眼中的平等

第二部宪法的价值观与第一部宪法的价值观仍在冲突。对宗教信仰自由采取平等主义视角看待，则要求把第一条修正案中有关宗教自由的两个相互冲突的条款拉到平等地位。其中一个条款规定不得"建立国教"，另一个条款则规定"宗教信仰自由"。过去三十多年来的趋势是，把这两个条款合在一起解读，即禁止政府财政资助宗教活动，同时又通过给予信教者法律上的某些特殊豁免，

---

[29] 头一个重大的案件是 Meritor Saving Bank v. Vinson, 477 U.S. 57 (1986)。
[30] Jones v. Clinton and Ferguson, 990 F. Supp. 657 (E.D. Ark. 1998)（总统和州警察提出简易判决申请得到法官批准）。

准许政府优待某一宗教。[31]对此持反对立场的人认为,出于宗教上的原因,比如允许一些人在安息日拒绝工作[32],允许一些人使用可产生幻觉的药品[33],或者,允许一些人让自己孩子不上学而违反旷课法律[34],这些都是在给人特殊待遇。冲突仍发生在平等与自由之间。平等要求所有人同等对待,对那些敬畏上帝的人也没有例外。在马太福音22:21中的教导"恺撒的归于恺撒,上帝的归于上帝",是对这一信念的坚持。[35]有人争辩说,宪法上规定的"宗教自由"权利,要求对那些出于良知而持异议意见的人,豁免适用于其他人的法律。

在司法中,支持自由的人们在言论自由领域占上风,而与此同时,在宗教自由领域,主流做法则强调法律上一碗水端平。同样的规则应该适用到所有信教者与不信教者身上。在1990年的Oregon v. Smith案中,最高法院的多数派作出判决认为,宗教平等的原则也应适用于土著美国人的案件,在这些案件中,一些土著美国人声称他们有权在其宗教仪式中使用具有迷幻剂效果的仙人掌。这种仙人掌被认为是危险的毒品而遭到普遍的禁用,土著美国人要求作为例外处理的善意主张,在这种普遍禁用的情况下并未成功。[36]最高法院为了达成这一结论,不得不抛弃了一系列的先例。这些先例认可一些人出于宗教上的良心,可以拒绝遵照某些法律。[37]

国会对Smith案中的平等对待宗教的判决作出了反应,它制定了1993年《恢复宗教自由法》。[38]其立法目的是恢复到最高法院Smith案之前的立场,并"为那些在宗教信仰中受到政府重压的人

---

[31] 最早提出这种主张之一的学者是Philip Kurland,见他的论文"Of Church and State and the Supreme Court", 29 U. Chi. L. Rev. 1 (1961)。
[32] Sherbert v. Verner, 374 U. S. 398 (1963)(承认例外)。
[33] Leary v. United States, 383 F. 2d 851 (1967)(否认例外)。
[34] Wisconsin v. Yoder, 406 U. S. 205 (1972)(承认例外)。
[35] 这种类似的训谕在马可福音12:17和路加福音20:25中也能找到。
[36] Department of Human Resources of Oregon v. Smith, 494 U. S. 872 (1990)。
[37] 参见,前注[32]与[34]中所援引的案例。
[38] 107 Stat/1488, 42 USCS 2000bb et seq.

提供权利主张或抗辩理由"[39]。国会否决最高法院判决的依据是第十四条修正案的第 5 款。[40] 支持国会这一立法的人们,是在依赖第二部宪法的规定,来维护第一条修正案和第一部宪法中根植的自由概念。当案件上诉到最高法院时,最高法院中有六位大法官认为,国会的这一立法超出了第十四条修正案授予国会的权限。[41] 最高法院在这一案件中的判决实质,跟最高法院在 1863 年推翻国会第一部民权法案中的判决一样,都认为国会超出了应有的权限。

这一判决,反映了最高法院限制第二部宪法之独立重要性的一般倾向。如果内战后的宪法秩序作为宪法的独立渊源能得到认真对待的话,国会根据这一宪法所制定的法律,最高法院就应该跟针对老宪法的第一条中的"州际贸易"条款和其他条款所授予国会的立法权一样,予以宽泛解释。然而,最高法院对第十四条修正案授予国会的立法权开始感到担心。国会有权实施宪法第十四条修正案中"正当程序"和"平等保护"条款,但不能掺和解释这些条款实际含义的事情。不过,出于捍卫最高法院目前的立场,我们得注意到一个离奇的主张,即认为国会应该有权(无论出自何处)明确否决最高法院的宪法判决。违宪审查框架自 19 世纪早期以来就演变成形,它一直受到最高法院保守派的颂扬。国会的这一权力,将会动摇这一框架。

最高法院在解决宗教自由问题所引起的宪政危机的"后现代"风格,让人印象深刻。最高法院依据平等思想(这一价值观源自第二部宪法)来发展出一套思路,来解决第一条修正案中有关宗教问题的两个相互冲突的条款。国会试图重回到第一部宪法中有关宗教自由的解释立场,但它所依据的权力基础却是第十四条修正案,而第十四条修正案则是第二部宪法的基石。最高法院以平等的名义限制、削弱了国会的立法权,而这一权力本来是可以用来促进第十四条修正案的平等主义价值观的。

---

[39] 42 USCS 2000bb(b)。
[40] 有关这一规定中对国会的立法授权,参见本书第一章对隐藏的宪法的概括。
[41] City of Boerne v. Flores, 117 S. Ct. 2157 (1997).

第十章　政府作为清算历史的伙伴

> 要是政府太过脆弱……不能使每个社会成员守法,不能保障每个人的人身与财产权,那自由就徒具空名。
>
> ——乔治·华盛顿

"一个幽灵在欧洲游荡",卡尔·马克思和弗里德里克·恩格斯在1848年的《共产党宣言》的第一句这样写道。他们心目中的幽灵,最终变成了一场政治运动,在20世纪里席卷了差不多半个世界。在这一运动的背后,有一个影响力更大的观念,即马克思主义现实观。经济关系市场的表面并不代表其真实状况。工人表面上是出于自愿跟雇主签订契约,但在这一表面的合作体制之下,存在一个巨大的剥削体制。资本家从他们所雇佣的劳工那里获取利润。这一情形造就了一种历史动力,按照其理论,最终它会产生受剥削的劳工阶级发起的革命。不过,这一理论并未认识到资本的公正分配会产生工作机会。尽管如此,我们仍然接受马克思对于这一问题的洞察:雇佣关系(其实也包括所有形式的关系)不仅仅需要名义上的同意来获得合法性。在表面的自愿关系背后,常常隐藏着不公正剥削的可能性。

在18世纪末期,自由是一个受到崇奉的观念,马克思主义对这一观念的挑战,只不过是整个持续不断的批评风潮的一个开端。在自由的表象背后,存在一个影响力结构,存在一整套条件来影响人们作出选择。有时候,这些选择在道德上是合宜的。同辈和家庭的压力,会促使一个人上完大学,拿到大学学位,或使得他维持住别扭的婚姻,或使得他在受到自私自利诱惑时,能保持忠诚。回过头看,个人在社会影响力下作出选择时,会在外部影响下做对事情而时常心怀感激。然而,经济和社会地位也会迫使人们缔结令人难受的社会关系和经济关系,比如婚姻中的虐待,以及对毒品和酒精的依赖等。经济和社会地位也会导致女人从事色情表演。人们受到其他人的影响,或受到经济与情感需求的影响的事实本身与道德无涉,但它们所引起的结果则千差万别。

自由之悖论

这就是现代社会中的自由悖论。我们仍相信自由是美国民主对西方文化作出的巨大贡献。"自由"是我们在几十年里对抗政治敌人(罗纳德·里根所谓的"邪恶帝国")的战斗口号。尽管马丁·路德·金的梦想是在美国实现法律上的平等,但从山顶上传来的话语不是"平等",却是"自由"。马丁·路德·金在令人难忘的《我有一个梦想》演讲中提醒我们:"让自由之声鸣响"。马丁·路德·金在斟酌用词时,回到了林肯的理念。林肯认为,我们应该致力于实现人人生而平等的原则,但他却希望解放黑奴会带来自由的新生。

我们也许愿意以自由之名去献出生命,但我们不再假装我们生活在 18 世纪相当简单的道德世界里。在后马克思主义时代,我们知道,自由不仅仅意味着选择,还意味着更多的东西。我们不能不承认,名义上的自由有时候会导致剥削与压迫。

18 世纪晚期的确是一个相当单纯的时期。亚当·斯密在《独立宣言》发表的同一年,撰写著作,表达对自由市场的惊叹。自由市场依赖生产商与消费者的自愿合作,看不见的手能够引导人们创造最大可能的福利。[1] 康德在 1795 年出版的有关法律理论的著作中,赞美自由。这一理论所依据的是人们自愿订立契约的绝对权利。[2] 当然,18 世纪理解自由的重要里程碑是美国联邦宪法及

---

〔1〕 Adam Smith, *The Wealth of Nations* (1776).

〔2〕 Immanuel Kant, *The Metaphysics of Morals* (Mary Gregor, Trans. 1991).

权利法案。这些文献之所以受人尊重，原因在于：它们旨在保护个人自由不受强势而多管闲事的中央政府的侵犯。宪法的头十条修正案于 1791 年得到批准，它们所保护的基本自由，包括言论自由、出版自由、宗教自由、佩带武器的权利、隐私权，以及犯罪嫌疑人在接受联邦政府调查和指控时，保护犯罪嫌疑人的种种的权利。所有这些自由或权利，被理解为是个人反抗政府的保障。这里面设想的是一个两重政府的概念——个人对抗国家。

我们有关基本自由（除了选举权以及刑事程序中的有关权利）的重要特点，就是我们设想我们在自然状态下能全部享有。我们要行使我们的言论自由或宗教自由，以及行使佩带武器的权利与隐私权，是不需要政府的。当这些权利得到阐明后，爱管闲事、敌人、潜在的侵犯自由者，就成了政府的形象。

我们惧怕什么东西会侵犯我们的自由之岛？在美国革命时期，恐惧的对象是乔治三世及他委派的殖民地总督。在新建立共和国之后，恐惧的对象是联邦政府。直到今天，这种个人与国家间的对立概念，依然是大部分宪政思想的基础。对联邦政府的恐惧，已经演变成对所有政府的不信任。根据官方文本的原则，权利法案仅适用于侵犯个人自由的"州行为"。正如阿克尔·阿玛最近所阐述的，州的官员有可能出于自己的私利而不是公民的利益而行事。[3] 因此，我们必须对州政府的越界行为时刻保持警惕。联邦宪法的目的，就是为我们提供法律武器，来制约国家（联邦政府及所有形式的政府）限制我们的天赋自由权。

还有另外一种思想承认自由存在悖论。如果自由能产生剥削，那么，国家的任务就应该是干预，以保护个人不受另外一些个人的剥削。美国历史上剥削与压迫关系的典型例子，当属奴隶制。因此，在 1865 年，新的宪政秩序的头一桩任务，就是禁止私人之间通过暴力或通过自愿协议建立的奴隶制。第十三条修正案要求联邦政府负责保障美国不再出现"奴隶制"或"强制劳役"。该修正案

---

[3] Akhil Amar, *The Bill of Rights: Creation and Reconstruction* (1998).

并未讲各州不能设立依附关系或奴隶制。它只是规定,这种奴役制关系,无论是什么名头,都"不得存在"。这一规定的要点在于,它并不要求是"州的行为"。它涉及的范围更广。

有关政府问题,第十三条修正案预示着出现了全新的思考方式。政府不再视为时刻威胁着我们自由的敌人,而是作为建立一个消除剥削社会的一个必要的伙伴。第十三条修正案所针对的并非政府潜在的恶,而是针对私人犯下的恶。不公正的私人关系,并不会仅仅因为我们宣布它们不得存在就消失。它们会自然出现,而且,在自然状态下,有些人会不可避免地控制其他人。"奴隶制或强制劳役不得存在"这一被动语态意味着,政府必须一直保持警惕,以免剥削关系出现。

政府的新职能背离了个人对抗国家的两重结构(这是权利法案的基础)。政府与个人的关系变成了三重或三角关系。在私人之间存在两极关系:奴隶主与奴隶、主子与下人、侵犯者与受害者。第三极则是政府,它必须干预私人关系,确保不出现"强制奴役"的苗头。

个人与个人之间,以及与政府之间的三角关系代表了一种崭新的宪政秩序。个人与政府之间的两重关系,把政府视为敌人。而三重关系的概念则接受在打击犯罪中将政府作为伙伴。两重关系的概念认为各种自由存在于自然状态下。自然状态过渡到政府,政府成了自由的威胁。而三重关系的概念,则承认在自然状态下所固有的支配关系是一种恶,政府的职能不仅是清除那种恶,而且,还把政府视为建立文明社会的一个受欢迎的伙伴。

这种对待政府的不同态度,跟我们对自由及自由如何产生的不同理解是相对应的。权利法案中所规定的自由,类似于一个孤岛,意味着从社会隐遁。它的理想是自然状态下的个人,正如亨利·大卫·梭罗退隐到瓦尔登湖。[4] 个人孤身独立,惧怕远处的政府侵犯他、限制他的自由。但内战之后的宪政秩序及隐藏的宪法

---

[4] Henry David Thoreau, *Walden Pond* (1854).

中所体现的自由,则需要政府的干预。自由产生于国家承担责任监督和防范出现压迫关系。这样,权利与自由的关系就反了过来。那些认同权利法案及1791年那一时代心态的人们,认为权利和自由都是个人自主之岛,受到法律外墙的保护,以防止政府的威胁。而隐藏的宪法所体现的观念,则承认权利和自由都依赖于跟政府的适当互动关系。政府并非自由之敌,而是一种机制,通过政府这一机制,自由在容易产生奴役与压迫关系的社会中得到保障。

三重关系的政府概念,与中欧国家的自由概念是一致的。在那里,人们把自由视为一种特权,这种特权产生于国家的保护之网。不是自然,而是法律使我们获得自由。缺失政府,自由并不能实现,自由是法律之网构建的结果。法律之网把个人从另外出现的压迫中解放出来。强制性禁酒和反毒品法律,为那些能够洁身自爱的人提供了自由。禁止性堕落和色情表演,则增强了我们作为人的内在自由。

这便是欧洲的宪法下的自由概念。当德国1949年《基本法》宣明个人尊严是宪法的基本价值观时,它蕴含的意义贯穿所有可能存在的关系。这种"第三方效应"意味着,个人在彼此交往中应该尊重个人尊严。确切地说,这意味着个人之间不得有强制奴役的关系,或者在禁酒令时期,不得彼此买卖酒类。如今,男人和女人在工作中必须避免性骚扰,尽管这种"第三方效应"并非直接来自宪法,而是来自联邦立法。

推动三重关系的政府概念,需要财政投入。平定南方各州叛乱的军事行动,政府需要较过去更加强有力的财政基础。战争的花费从国民生产总值的百分之二上升到百分之十五(相形之下,在20世纪90年代早期,政府开支占国民生产总值的百分之二十)。[5]共和党控制的国会无计可施,只好在1862年第一次批准征收所得税。到1865年,所得税在联邦税收中所占比例超过百分之

---

[5] 这些数据来自 Elliot W. Brownlee, *Federal Taxation in America: A Short History* 21 (1996)。

二十,余下的税收来自关税与重新开始征收的货物税。

内战时开始征收的所得税到1872年开始下降。到19世纪90年代,当直接税抵所得税方案重提到联邦政府的议事日程上时,时代发生了变化。对这一问题的争议开始带有阶级斗争的意味。这一次,是民主党人赞成把税收作为实现社会公正的手段。那些受到百分之二较小税率影响的富人们,谴责这一征税是社会主义。在税制采用不久,就有人依据第一部宪法提起了诉讼来质疑,最高法院九名大法官中,有五位认为,任何形式的所得税,都违反了不得征收与人口统计不成比例的直接税的禁令。[6]进步派政治,加上政府需要财政收入,产生了一个联盟,支持通过宪法修正案来推翻最高法院的判决。到1913年,宪法第十六条修正案得到了所必需的四分之三多数批准,所得税成为现代国家财政的基本工具。

内战时开始征收所得税,具有较大的象征意义。它见证了联邦政府开始成为积极进取的力量,不仅要赢得打击叛乱各州的全面战争,而且开始承担起维持战后宪政秩序的责任,这一宪政秩序的基础不再是有关自由的社会秩序与对政府的恐惧。

在美国的第二次建国中,三十七个州组成一个单一的民族国家,"孕育于自由之中,并奉行人人生而平等的原则"。政府将承担起监督商业领域和私人领域关系的责任,检查这些关系是否存在不被允许的奴役关系(在道德上等同于"强制奴役")。政府构建成崭新的三重关系结构,其力量来自活跃分子和财政充足的政府。不幸的是,最高法院明显没有领会这一点。

有关政府的两种概念

有关政府的两种概念(两重关系概念与三重关系概念)之间的紧张关系,在最高法院1905年判决的一个经典案件中达到顶点。纽约州制定法律保护面包工人。除了其他规定外,该立法限制面

---

[6] Pollock v. Farmers' Loan & Trust Co., 158 U.S. 601 (1895).

包工的工时为每天十小时,每周六十小时。雇工在跟雇主谈判时,明显处于不利地位,他们根本无法通过跟雇主协商他们想要的工时来充分保护自己的利益。纽约州的立法明确依据这一点。出于对那些缺乏谈判优势,而不能限制工时的工人们的同情,纽约州向他们伸出援助之手。

这一立法规定那些雇佣超出法定工时的人犯有轻罪,被告洛克纳因根据这一立法被指控。最高法院以简单多数作出判决,认定纽约州的立法侵犯了雇主以及雇工的自由权(尽管雇工对工时限制并无怨言)。[7]最高法院占多数派的五位法官,把正当程序条款中的自由概念("未经法律的正当程序,不得剥夺任何人的生命、自由或财产")解读为包括契约自由。本案中,两重关系的结构占得上风。类似的分析如果用于色情表演案,也会形成这一结论:女人及她们的雇主有权订立契约,以他们所希望的任何形式展露女人身体。任何其他的判决结果都意味着政府搞家长式统治。个人自主权(如果不是尊严的话)规定了契约自由是一项基本权利。

本案中另外一种观点赢得了四位大法官的支持,其中包括小奥利佛·温德尔·霍姆斯及约翰·马歇尔·哈伦。这一观点认为,工时限制是州履行其保护面包工健康之责的合法形式。哈伦大法官撰写的异议意见,明确阐述了面包店主和面包工之间谈判地位不平等的问题:

> 这一立法部分基于这一点:雇主与雇工并不平等,后者出于生计所迫,常常被迫服从对他们的过分榨取。[8]

霍姆斯大法官在他断然写出"第十四条修正案并未把赫伯特·斯宾塞先生的社会静力学制定为法律"时,表达的是同样的意思。[9]换言之,自由市场经济原理并非作为宪法上保障的自由权的一个方面加以保护的。

---

[7] Lochner v. New York, 198 U.S. 45 (1905).
[8] 198 U.S. at 69.
[9] 同上注,第75页。

第十章 政府作为清算历史的伙伴

最高法院的 *Lochner* 案判决遭到了广泛的蔑视。一般的指责是说,最高法院忽视了各州在增进其公民的健康与福利方面的利害关系。换句话说,最高法院的判决忽视了三重关系的政府概念的影响力。这一问题如今依然困扰着我们(只是表现形式略有不同)。自 20 世纪 30 年代后期以来,契约自由的原则让位于州及联邦政府保护工人的规范。然而,自由问题,以及在压迫关系中对自由的潜在滥用,在辩论中依然成其为一个焦点。尽管这一概念在宪法中并未提及,但对某些商业关系说"是"或"不"的自由,已经成为个人人格的基本方面。这是第十四条修正案中所保护的、免受不正当限制的基本自由权的一个方面。

契约自由能使个人体现自己的人格,但也会有助于形成压迫关系,包括"奴隶制和强制奴役"。毕竟说来,人们也有可能选择签订委身为奴的契约。《出埃及记》中允许购买希伯来奴隶,但六年奴役之后,"奴隶无须赎身,就可以获得自由"[10]。然而,《圣经》也承认,有些人宁愿委身为奴:

> 倘若奴仆明说,我爱我的主人……我不愿意获得自由。他的主人就要带他……到门前,或靠近门框,用锥子穿他的耳朵,他就永远服侍主人。[11]

在这个例子中,奴仆选择了奴隶地位。我们从许多长刑期囚犯的命运中得知,这些囚犯经过一段服刑后,会脱卸照顾自己的责任。有些人实际上宁愿选择身为奴隶的稳定生活,而不是自由人必须操心照顾自己的生活。

《出埃及记》中所承认的奴隶制,法律可以援用两个不同的根据来明智地禁止它。首先,自由及其福祉是一项伟大的礼物,任何"照上帝的样子创造出来"的个人,不能当它仿佛是一件可以随意处置的财产,而丧失它。另外的一个意见是说:原则上,任何人都有权放弃自己的自由,但在现实中,这种选择总是受个人生活需求

---

[10] 《出埃及记》21:2。
[11] 《出埃及记》21:5—6。

的影响。这一点在市场条件下尤其真切,生计需求会迫使人们选择他们本不愿选择的个人关系。很显然,即使是《出埃及记》中所论及的希伯来奴隶,他的选择也绝不是完全自由的。在《出埃及记》同一节中还规定了针对希伯来奴隶的法律安排,如果该奴隶在被奴役期间有了妻子或孩子,他在离开奴隶主获得自由时,必须留下自己的妻子和孩子。有些卖身为奴的奴仆可能选择终身为奴,一个简单的理由是:他们不能忍受没有妻子和家庭的生活。上文引述的《圣经》的完整文本说:"倘若我爱我的主人、妻子和孩子,我不愿意获得自由。"[12] 是选择自由还是选择离开家庭,这是残酷的。显然,这意味着他的选择在任何意义上都不是自由的。

在现代资本主义制度下,有许多情形导致人们的选择不可能是完全自由的。物质上的需求是最明显的情形。从酗酒和吸烟的历史中,我们也能知道,广告与同伴的影响,会使人们染上一些不良习惯。吸毒也是同样的情形。这会很快使吸毒者形成依赖症。瘾君子或许有一种自由选择的幻觉,他选择的不是在耳朵上穿洞(终身为奴),而不过是选择在血管上到处扎洞而已。

剥削和操纵个人意愿,已经从经济领域转到性领域。这正是色情表演案为何吸引我们关注平等和个人尊严的原因所在。一个人有权选择浪漫的性关系,这无疑是自由的重要方面。它包括婚姻自由、性取向(同性恋还是异性恋)自由,享受(在适当限度内)繁衍后代的自由,以及,在一个人不愿意的时候,对性说"不"的自由。

惩罚强奸的法律成了美国法的主要争议领域。核心的问题是说,表面上同意性交,是否构成内心的实际同意。在经济领域,权力会导致剥削。当在性方面想占便宜的某一方(常常是男人一方)处在上司地位时,这一问题变得尤其尖锐。大部分争议激烈的案件,都围绕着对这一问题的怀疑:一方表面上的同意是否实际上让双方形成了某种自愿关系,而这种自愿关系应该被视为是自由的表现,而不是剥削。对于职场中的性骚扰,也是同理。如果老板向

---

[12]《出埃及记》21:5。

手下承诺,同意发生性关系即提拔,或是不从即威胁给穿小鞋,那表面上的自愿和完全同意就站不住了。目前,在公司或大学中,对于男女约会,我们宁愿容忍相当严苛的规章,但反对这种做法的立场开始出现,这种立场认为:成年学生对于自己的性生活有权作出负责任的选择。[13] 把同事或同学之间发生的性关系,界定成犯罪或侵权损害,这毫无疑问违背了一个人的性生活自主权,而这一自主权如今已经受到宪法的正当程序条款的保护,是一个人所享有的自由权的一个方面。[14]

在表面自愿的性关系中,是否存在性剥削的问题,已经困扰我们很久了。在 19 世纪末期,对摩门教徒的一夫多妻习俗,是否应该看做是自由,以及宗教信仰的自由表达而加以保护,就成其为一个问题。那些为摩门教徒一夫多妻制度(是当时摩门教所接受的宗教原则)辩护的人,指出:在男人容易在拓殖艰险与战火中丧生的社会中,这种制度对于照顾妇女和儿童是有社会益处的。对此制度持批评的一方,则认为一夫多妻制中的女人,其选择并非真正出于自由与自愿。自由事业的伟大吹鼓手约翰·斯图尔特·穆勒,站在反对一夫多妻制的一边。[15] 西方各国的政府,有的是出于狭隘的宗教原因,有的是出于对那些身受这种贬损她们社会地位的妇女的关怀,毫不迟疑地禁止一夫多妻制。摩门教徒对此不服,提起诉讼,认为他们的论点会最终像 Lochner 案中的论点那样在最高法院占据上风。1878 年,最高法院支持了传统观点,即州政府的禁止是州保护弱者不受剥削关系的压迫,是一种可以接受的对私人关系的干预。[16] 如今,还有很多人认为最高法院这个判决判错了。他们认为:一个人选择任何家庭关系安排的自由权,应该优先

---

[13] 例如,哈佛法学院在 1995 年 4 月由全体教员通过的《哈佛法学院反性骚扰守则》,强调"教员及学生应被认为是成熟与负责人的成年人,他们对与谁保持亲昵关系有权作出个人决定"。
[14] Griswold v. Connecticut, 381 U.S. 479 (1965).
[15] John Stuart Mill, *Saint Simonism in London* (1834).
[16] Reynolds v. United States, 98 U.S. 145 (1878).

于州对出于关心个人可能作出的糟糕选择而进行保护的干预权。

如今,在有关医生协助病人自杀的争议上,同样的问题又出现了。主张个人自由权与自主权的一方认为,个人有权选择何时以何种方式终结自己的生命。如果他们需要医生的协助,才能有尊严地去死,他们应该享有这一权利。与此相对立的观点,则强调这存在同意被操纵的危险。一旦自愿安乐死的做法得到法律上的认可,绝症晚期病人就会遭遇社会与经济压力,而(被迫)同意早早无痛苦死亡。问题同样是人们的选择是否像表面看起来那样自由,抑或,它们是否代表了微妙的压力,导致我们认为政府应该加以干预,以保护人们不受操纵与利用。

有关政府的这种新概念(即政府干预私人的选择,以保护个人不被他人利用),其根基在第十三条修正案。不过,认为所有这些都源自对"奴隶制和强制奴役"私人关系的一条白纸黑字禁令,这好像有点过了。事实上,对于这条反对不正当支配关系的禁令究竟能延伸到哪些领域,我们并不完全确知。在制定这条修正案的时候,这一点是相当清楚的:修正案草案的拟定者及公众对其含义持宽泛解释的态度。因为,第十三条修正案在1866年成为第一部《民权法案》的基础。确实如此,《民权法案》至今依然被用作指控那些出于种族主义动机、剥夺他人民权之徒的依据,比如警察殴打罗德尼·金的案件就是如此。[17] 由于剥夺他人的民权被视为是非正当支配关系的实例,制定这条修正案的人们对新的宪政秩序有更宽阔的视野,不仅仅只是消除奴隶制。

学者们把第十三条修正案看做是宪政思想的富矿。有些学者认为第十三条修正案要求政府监管、干预虐待儿童的问题。[18] 还有

---

[17] 参见,Fletcher, *With Justice For Some: Victims' Rights in Criminal Trials* 52—53 (1995)。

[18] Akhil Reed Amar and Daniel Widasky, "Child Abuse as Slavery: A Thirteenth Amendment Response to *Deshaney*", 105 Harv. L. Rev. 1359 (1992)。这篇文章是对以下案件的批评:Deshaney v. Washington County Department of Social Services, 489 U.S. 189 (1989)(该案判决,即便社会工作者应当知道对儿童存在危险,各州也无义务干预虐待儿童问题)。

学者认为,这一条修正案为妇女的堕胎权提供了有说服力的依据。因为,要求一个妈妈怀宝宝,相当于是强制劳役的一种压迫形式。[19]还有一种意见跟本书作者的立场一致,认为"强制奴役"涵盖所有形式的不公正与压迫性的雇佣与劳动关系。[20]这些都是对第十三条修正案富有想象力的解读,其他的解读也是可能的。[21]

有些限制是必要的。我们得注意到隐藏的宪法所体现的价值观,通过公民社会的非正式方式,可能比法律规则作用更有效。正如我们所知,促进宗教信仰、热爱国家,以及"政治正确"的措辞,在政府克制自己,只是在正确的方向轻轻推动时,效果更大。但我们尤其要认识到,我们被限制在第一部宪法和第二部宪法的两种相互矛盾的价值观之间不得动弹。

第一部宪法致力于实现自由,而第二部宪法则优先考虑平等,并且承认自由常常是一种虚幻。热爱自由的人希望政府不要插手干预私人事务,以免老大哥管闲事,作福不灵作祸灵。那些对隐藏的宪法持怀疑态度之辈,并不相信社会交往的自然机制,而是相信警觉的法院系统的裁断。

第一部宪法的主题是对政府的不信任。我们必须确保我们的自由,不受那些追逐自我利益进行寻租的官员的滥用。[22]第二部宪法信任强有力的政府,信任政府作为监管者,监管可能滑入"强制奴役"禁区的私人交易。在这方面,公众舆论似乎与对政府行为的实际宽容态度相冲突,要知道,政府行为已经变得越来越干涉私人

---

[19] Andrew Koppelman, "Forced Labor: A Thirteenth Amendment Defense of Abortion", 84 Nw. U. L. Rev. 480 (1990).

[20] Lea S. Vandervelde, "The Labor Vision of the Thirteenth Amendment".

[21] 例见,Douglas L. Colbert, "Challenging the Challenge: Thirteenth Amendment as a Prohibition against the Racial Use of Peremptory Challenges", 76 Cornell L. Rev. 1 (1990).

[22] 关于政府官员的寻租行为,参见,Akhil Amar,同上注[3]。不过 Amar 赞成扩大政府的权力,参见,Amar and Widasky,同上注[18]。

生活领域了。公众也许在承受对政府越来越不信任的恶果。[23]然而,实际上,普通人对政府行为的容忍,只有在假定那些受到政府不当行为影响的人们,认为华盛顿的联邦官员是站在他们一边的情形下,才是说得通的。一个典型的例子就是人口普查,以及公众对普查的反应。2000年的人口普查表,跟以前的几次普查表一样,对种族及种族身份提出了一些调查问题。政府的目的,是想弄清在一些地区究竟有多少黑人及其他少数族裔人群居住。这一调查问卷,对丁那些仅仅认为自己是美国人,或认为自己属于少数族裔的人们的种族分布,能有一个详尽的了解。有人认为,这一信息跟司法部在监督国会选区的投票分配上有关联。[24]

如果美国人不相信政府,认为政府会滥用所搜集的信息,他们就不会跟政府合作,来回答调查问卷中的这些问题。政府曾有一段时间试图间接调查,究竟有多少犹太人在家里仍然讲意第绪语。毫无疑问,20世纪早期的政府官员,所关注的是日益膨胀的移民人口的类型,他们的动机不纯。然而,今天人们相信政府官员的目的是要弄清楚美国人口的种族分布。公众对政府的宽容,甚至允许政府对个人身份的调查。许多混血人种更愿意认同自己的"黑人"身份,认为非洲裔人口越多,越会增进非洲裔美国人的利益。[25]因为政府作为新宪政秩序的领导者,人们必须信任华盛顿的联邦官员获得额外的权力,也承担着政府滥用权力的风险。

假定对于政府作为平等和大众民主监督者的优势地位,人民对此采取合作态度,这种信任是有道理的(尽管人民对调查并不信任)。无须担心政府会违背平等对待的原则,有关投票区种族人口分布的信息,有助于保障美国社会中所有大的族群能在国会中有公平的代表权。

然而,保障所有族群公平代表权的努力,正好有碍于合众国作

---

[23] 参见,《华盛顿邮报》1996年1月29日至2月4日刊登的系列文章"The Politics of Mistrust: Why Don't Americans Mistrust the Government"。

[24] Shaw v. Reno, 509 U.S. 630 (1993).

[25] 参见,《纽约时报》2000年2月13日第一版。

为单一民族国家的共同感,同时,也有损于个人在民主选举中作出个人决定的尊严。鼓励人们认同他们作为不同族群的美国人,是在鼓励多文化意识,这也会对所有美国人属于单一民族国家究竟意味着什么,导致疑惑感加重。而且,黑人候选人只能借由黑人选民的选票支持当选,这样的方式也不合逻辑。某些选区主要由妇女或同性恋者构成,即便这只是思想上的试验,也与大众民主的前提不相符。某些特定的群体有权在国会拥有自己的代表,这种观念与民主制度的原则是相违背的。在民主制度下,个人的投票并不代表某一群体,而仅仅代表他个人。他们没有义务具备群体意识。

然而,受人民信任的政府对于矫正过去存在的歧视问题,以及消除奴隶制遗留的印记,是能大有一番作为的。新的政府概念仍有待于实现林肯的葛底斯堡演说中的雄心壮志,有待于确保人人生而平等,并同时促进"自由的新生"。现在仿佛什么都没实现。当追求平等开始侵犯到我们的基本自由权时,我们仍不知道朝哪里前进。

第十一章　中庸之道

> 愚笨的冥顽不化,是那些心胸狭隘之辈,诸如心胸狭隘的政客、哲学家、牧师的最爱。
>
> ——爱默生

内战实现了国家的统一,但我们的意识形态观念仍是分裂的。导致南北方兄弟殊死一战的重大分歧不再存在。奴隶制的确废除了,但这并不意味着在现实中人人得到了平等待遇。联邦的确得到了保全,但韦伯斯特的"联邦长存"辞章,不再是一个有意义的口号。联邦政府组织并掌管着当时世界上最庞大的军队,这给予联邦政府信心与权力,但在南部邦联各州持续不断地要求自治与州权之下,联邦政府遭受了挫折。新的宪政秩序诞生了,但有关个人权利的旧制度依然保全下来。整个国家必须在这些彼此冲突的理念中进行选择,这很快变成了令人厌恶的事情。

一个富有美国特色的哲学学派叫做"实用主义",它提出的思考方式,给予美国人一个希望,令他们无须对导致内战的相互对立意识形态进行选择。实用主义思想是内战之后的一代人查尔斯·皮尔斯和威廉·詹姆士提出来的,它有许多不同的含义及运用,实用主义对于在两部宪法的要求之间找到中庸之道,并没有帮助。[1] 然而,实用主义的核心比喻(在海上改建一条船),跟法律革命的观念直接相关,对于如何建立一个崭新的宪政秩序的努力也直接相关。

如果您航行在海上,而您想改建您的航船,您不能把甲板全拆

---

[1] 对这些问题的考察,参见,H.S. Thayer, "Pragmatism", in *Encyclopedia of Philosophy*, vol. 6, 430 (1967)。

掉,您不能完全从头开始,您得有立足之地。这对于在葛底斯堡作演说的林肯,以及内战后的最高法院来说,是一样的道理。各任总统及大法官不能为了新宪法的缘故,而把旧宪法扔掉,因为那样的话,他们的官职就失去了合法性基础。他们官职的合法性就取决于那一套法律制度,无论他们内心里是否拒斥这套法律制度。

霍姆斯作为实用主义在法律思想领域的代言人,他本人在内战曾首次负伤。有一个故事说,霍姆斯在战地防线上曾看到一个高个子冒出头来,他对这高个子大叫道:"该死的蠢货,赶紧卧倒,否则你要挨枪子儿。"[2]冒生命之险露头的人正是林肯。在这次战斗和其后的战斗中,霍姆斯都幸存下来,后来成为美国伟大的法学家。内战后第十六年,他写了一本有关普通法的书。他阐明了一种既反对高级法(自然法),也反对法条主义的法哲学,他的一些论述至今在美国的法学院依然受人推崇。在这些论述中,我们可以感受到他渴望找到一种达成共识的方式,避免兄弟间再发生战争:

> 法律的生命并非逻辑,而是经验。在决定采用哪些法律规则方面,时代的需要、盛行的道德与政治理论,对公共政策的直觉洞察(无论是公开宣称还是无意识的),甚至法官们的偏见,都比三段论作用更大。法律包含了一个国家发展的长期历史……[3]

废奴主义不容置疑的逻辑导致一方为自己的理念而牺牲。而独立和自治的逻辑则导致另一方为自己的观念而甘愿献出生命。这个国家的"经验"告诉我们,我们不能过于执著于某一理念。对高级法的狂热追求,对《独立宣言》中所包含的价值观一味以法条主义态度予以抵制,都没有未来。"时代的需要"要求既承认民族意识、民族国家、自由价值观,也要承认平等,既要承认共和精英主

---

[2] 这一故事参见,Shelby Foote, *The Civil War*: *A Narrative*: *Red River to Appomattox* 458—459 (1986)。

[3] Oliver Wendell Holmes, *The Common Law* 5 (Mark de Wolfe Howe, ed. 1963)。

义价值观,也要承认大众民主价值观。新的宪政秩序必须与旧的宪政秩序并存。中庸之道,其结果既不向着北方,也不向着南方。

　　实用主义并不必然意味着妥协,也并不必然意味着中庸之道,但它的确意味着走极端是危险之举。走极端的做法,代表的是逻辑在支配,而不是由经验在指导。霍姆斯后来被任命为最高法院大法官,在大法官任上,他对那些极端的宪政立场依然有最犀利的抨击。当"契约自由"变成绝对原则,阻碍立法保护公民的社会福利时,他在异议意见中讽刺道:"第十四条修正案并未把赫伯特·斯宾塞先生的社会静力学制定成法律。"[4]然而,如果自由必须为时代的需要让路,那平等也应该如此。霍姆斯在一个案件中,曾判决支持弗吉尼亚州的一项立法,该立法规定对精神病人采取绝育手术。一方辩论认为,弗吉尼亚州的这一立法仅仅对那些在精神病院的人实施,这对那些碰巧关在精神病院的人来说,是不公平的歧视。霍姆斯在判决中对这一意见不以为意,他说:"指出不平等这类缺点,常常是宪法辩论中的最后一招。"[5]霍姆斯对于任何方面(自由、平等或任何其他方面)纯而又纯的正统观点都不能忍受。他很大程度上解释了他为何跟路易·布兰德滋其法官一个阵营。布兰德滋曾是最高法院中最支持言论自由的法官。霍姆斯的一个著名比喻——"观念市场"——是其在对 Abrams 案的异议意见中的首创,观念市场需要彼此冲突的意见相互公开、自由辩论。[6]真理应该胜出,但不是在最高法院的帮助下,也不是靠武力,而是靠赢得那些参与辩论者的内心。

　　这正是美国人所想象到的从产生流血杀戮的罪恶中救赎出来的方式。唉,霍姆斯力图避免极端意识形态立场的直觉,也有自己的危险所在。在邪恶面前,我们可能未做好行动准备。当我们本

---

[4] 同上注,第75页。
[5] Buck v. Bell, 274 U.S. 200 (1927).
[6] Abrams v. United States, 250 U.S. 616, 621 (1919).

应该为正义而战斗时,我们可能出于合情合理而达成和解。[7] 美国人与邪恶做斗争所留下的遗产,却是十足的怀疑主义,即,对我们所看到的邪恶是否确知为邪恶感到怀疑。

欧洲对于 19 世纪中期民族国家统一战争的反应态度,与美国人信奉实用主义截然不同。刚刚获得统一的意大利政府占领了教会领地,教皇庇护九世隐退到梵蒂冈的高墙之内,1870 年,他在教廷会议上宣称,在有关信仰与道德的事务上,教皇是绝对正确的。[8] 对于所有意识形态的极端分子(无论是左还是右)来说,这种绝对真理观成了他们的模范。正如民族国家、平等与民主这些概念吸引内战后的宪政主义者一样,这些概念对于欧洲的反宪政主义狂热分子来说,同样也有吸引力。对那些右翼人士来说,"国家"或民族概念变成了神圣的东西,而对那些左翼人士来说,平等与民主的启蒙价值观则被曲解了。当美国人为了迎合时代的需要而上下求索时,欧洲人无论是左翼还是右翼,都陷入了政治绝对主义的泥潭。

欧洲人为了医治他们在 20 世纪里自己造成的战争创伤,第二次世界大战之后,他们提出了欧洲牌号的法律实用主义。过去五十年来,欧洲人在寻求从兄弟国家不断交战的罪恶里救赎出来的过程中,他们找到了重建自我的方式,而无须割断自己的历史。他们对言论的审查,比美国人反应更快,因为他们担心右翼重新崛起。出于同样的原因,欧洲人对奥地利在联合政府中接受某一党派和某一政治家(即约格·海德尔,他让欧洲人想起他们必须避免的危险)的做法,急急地予以谴责。另外,经济竞争的压力需要政府减少开支,而许多欧洲国家政府的平等主义社会政策则受到额外的审查。操不同语言的欧洲寻求建立联盟,但又不放弃各国的民族主权。在第二次世界大战后的欧洲大陆政治中,这一点是很

---

[7] 我早前对这一主题的思考,曾赞同欧洲大陆偏向权利的绝对标准观念,参见,本人论文,"The Right and the Reasonable", 98 Harv. L. Rev. 949 (1985)。
[8] 参见,John Cornwell, *Hitler's Pope* (1999)。

明确清楚的:真理存在于有效的东西中,存在于经验中,而不是存在于意识形态逻辑的抽象要求上。

这就是西方世界在法律上的救赎。决心既不来自听天由命,也不来自四溢的激情。法律的美德是宁静从容,是耐心听取两面之词,是包容和置于合理范围之内。法律的目标是寻求公正,但同时谦卑地承认,寻求绝对正义,我们力所不逮。历史上的邪恶——奴隶制、侵略战争、种族灭绝——标志着不合理与不义。我们要坚守多元文化的核心价值。正如东德的一位政治家在1990年与西德统一之后所指出的:"我们寻求正义,我们实现法治。"我们坚守法治,是因为我们担心那些狂热分子相信自己知道何谓正义,并不惜一切代价把他们的正义观强加给我们。

法律实用主义思想拒斥极端的道德观,赞成对何谓普遍的善采用含混的标准衡量。[9]然而,道德极端主义可能因为错误的原因被排斥。废奴主义者的高级法思想观念,为我们指出了一个理想,如果不是出于好的理由,这一理想不应被抛弃或贬低。主张自治权和"州权"的观念立场,提醒我们,任何社会与法律制度安排,都需要很大程度的宽容。

法治表明了对社会和解持续不断的追求。隐藏的宪法将会永远考验我们去寻求正确的方式,把民族国家在历史上的承诺跟人民自由联合所作的选择协调起来,把平等的要求与自由的机会协调起来,把多数人的意志与少数人的智慧协调起来。我们所寻求的是一部宪法,结果我们发现我们拥有两部宪法。在两部宪法持续不断的张力中,我们把自己从那些自认为掌握绝对真理的人们所宣扬的教条主义中解脱出来。

---

[9] 法律思考中这种反智主义偏见的一个典型例子,参见,Richard Posner,"Problematics of Moral and Legal Theory", 111 Harv. L. Rev. 1637 (1998)。对此更好的回应,参见,Ronald Dworkin,"Philosophy and Monica Lewinsky", *New York Review of Books*, vol.47, no.4, 48 (March 9, 2000)。

跋　一波三折的 2000 年大选

> 与传统的南北对决不同,这次的选举是两位总统候选人不同治国方针的焦土战争。
>
> ——弗兰克·里奇对 2000 年总统大选的评价

自内战以来,大众民主运动一直风起云涌,节节胜利。隐藏的宪法及其民族国家、平等与大众民主的诸项原则,较 1787 年宪法所体现的自愿联合、自由及共和精英主义的价值观,日益占得上风。然而,在普选票制度中,我们一直保留着一项重大的例外。这就是选举团制度。

1787 年宪法所规定的总统选举制度,是规定总统由"总统选举人"选举,各州"总统选举人"的名额跟"各州在国会中的参众议员人数名额相当"[1]。这些总统选举人由各州"委任"。宪法中的同一条款,我称之为"总统选举团"条款,进一步规定每个州的立法机构有权"指导"委任该州总统选举人的方式。1803 年批准的第十二条修正案,则明确规定了各州委任总统选举人的程序。[2]　总统选

---

[1] U.S. Constitution, Art. II, Sec. 1, Cl. 2.
[2] 第十二条修正案全文如下:
> 选举人应在本州集会,投票选举总统和副总统,所选的总统和副总统至少应有 1 人不是选举人本州的居民;选举人应在选票上写明被选为总统之人的姓名,并在另一选票上写明被选为副总统之人的姓名。选举人须将总统及副总统候选人分列名单,写明每人所得票数,在名单上签名确认,封印后送至合众国政府所在地,呈交参议院议长。参议院议长当着参议院和众议院全体议员的面开拆所有确认书,然后计算票数。获得总统选票最多的人,如所得票数超过选举人总数之半,即当选为总统。如无人获得过半数票,众议院应立即从总统候选人名单中得

举团在投票时必须按总统和副总统两串名单,分开投票。总统选举人在本州进行投票,他们的选票移送到国会,副总统作为参议院议长,在参众两院议员在场情形下开票。联邦法律规定由非党派人士点票。第十二条修正案紧接着规定,获得超过"全部总统选举人选票"半数以上多数的总统候选人当选总统。

支持设立这种选举团制度的观念,来自共和精英主义观念。其目的在于:它在选民与实际选举过程之间,加入一层健全的判断。在我们的政府结构中,与这一制度最接近的是陪审团,它把普通人的裁判加入司法制度中,作为对官方适用法律的限制。然而,选举团制度是反大众民主的,而陪审团制度则尊崇普通人的判断与常识。

另外,意义更为深远的是,陪审团对案件有深思熟虑的商讨、评议与裁决。陪审员聚在一起交谈,放弃自己的党派忠诚,一般会基于证据与法律,对案件结果达成一致裁决。而总统选举人并不深思熟虑地考虑自己的选择。他们从不跟其他选举人一起坐下来讨论总统候选人。他们之所以被选任为总统选举人,只是因为他们对自己所属的党派忠诚。他们会按自己所属党派的指示投票。

与选举制度的演化相类似,选举团制度也经历了转变。在18世纪末期最早的选举中,总统候选人是作为个人,而不是某一政党的代表竞选。1796年,约翰·亚当斯当选总统,他的对手托马

票最多者(不超过3人)中投票选举其中一人为总统。但选举总统时应以州为单位计票。每州代表有一票表决权。以此种方式选举总统的法定人数为全国2/3州各有1名或数名众议员出席,总统候选人需要获得所有州的过半数票方可当选。如选举总统的权力转移给众议院而该院在次年3月4日前尚未选出总统,则副总统应根据总统死亡或宪法规定的其他有关总统丧失任职能力的条款代行总统职务。获得副总统选票最多者,如所得票数超过选举人总数之半,即当选为副总统。如无人获得过半数票,则参议院应从名单上得票最多的2人中选举1人为副总统。以此种方式选举副总统的法定人数为参议员总数的2/3,选出副总统需要参议员总数的过半数票。但依宪法无资格当选为合众国总统的人,不得当选为合众国副总统。

斯·杰斐逊则当选副总统。这种分属不同党派的总统、副总统的情形在那一时代是可能的,因为1787年宪法规定,不论其所属党派为何,获得第二位多数选票的候选人,当选为副总统。在总统候选人以个人身份竞选的时代,总统选举人也是以个人身份挑选的。

1803年批准的第十二条修正案,间接承认了总统选举中政党不断增强影响力这一事实。该条修正案规定总统和副总统分开投票选举,这是为了特别防止1800年大选中出现的情形。当时,杰斐逊和他的竞选搭档阿伦·伯尔在总统选举团票上打成平手。政党推出总统候选人最终成为常规做法。随着政党的兴起,总统选举人丧失了个人身份,而成为所属政党的代理人,一定会把总统选举人选票投给在大众普选中获胜一方的总统候选人。如果总统选举人制度最先的安排是作为共和国的"智者"来投票选举总统,第十二条修正案通过后,这一使命显然不复存在。

随着选举团制度的演变,选举制度中的一些特征也逐渐作为宪政习惯确立下来。无论是在1787年宪法,还是在第十二条修正案中,都没有规定在普选中,总统选举人要代表所属的政党。在1913年批准第十七条修正案之前,总统选举人跟国会参议员一样,都是由各州立法机构委任的。[3]大部分州一开始的确是由州立法机构委任总统选举人,但如今,随着选举惯例原则的出现,所有的州都规定由大众普选选出"总统选举人"。[4]

总统选举人在被提名为某一政党的代表时,必须(至少在正常的情形中)立誓投票支持自己所属党派的总统候选人的做法,也成为宪政惯例。如果总统选举人违背了自己的誓言,我们对他们也无可奈何(或者至少在任何大的方面拿他们没办法)。"缺乏诚信"的总统选举人的行为,从某种意义上讲,跟违背法官的指示而作出裁决的陪审员的行为有几分相似。不过,拿这个与陪审团不顾法官指示作出裁决的行为相类比,有误导人之嫌。陪审团不顾法官

---

[3] U. S. Constitution, Art. II, Sec. 1, Cl. 2 (各州有权委任……)。
[4] 注意:对宪法的一般理解,以及在 Bush III 案中对它所提出的挑战,下文详论。

指示作出裁决,倘若做得对,往往代表了更高的法律与正义准则,这些准则打败了法官在法律上过于限制的指示。毫无疑问,总统选举人也可能出于更高的价值观,即,出于对国家的好处,改投自己的选票。比如,如果某一总统候选人欺骗选民,或有严重的健康问题,总统选举人也可能出于对国家福祉的考虑,行使自己的自由裁量权来投票。然而,大众民主兴起后,要总统选举人承担增进国家福祉的做法,跟大众民主的观念很难协调了。既然人民决定了什么是他们的福祉所在,就用不着由一个总统选举团来事后评判人民的选择。

大众普选票在每一个州与整个国家之间,还存在一个很大的紧张关系。强烈的民族国家意识的崛起,给予作为一个整体的全国大众普选票很大的合法性。总统所代表的毕竟是整个国家,而不是一个个州的累加。林肯在葛底斯堡演说中,代表的是这个民族国家,它包括那些已经去世的人,也包括尚未诞生的人。然而,仍然是分开五十一个州(赢者通吃规则)普选票决定总统选举团的选票。

在副总统戈尔和布什州长在 2000 年 11 月的大选对垒之后,一些宪法学者认为,总统选举人应该有权自由投票,把选票投给赢得普选票的候选人。[5] 这些素有名望的学者们甚至认为,不懈地推动大众民主运动已经败坏了选举团制度。可以想象(至少对许多人来说),为了选出拥有更大道德合法性的总统候选人(即在普选票上拥有多数票或临近多数票的候选人),总统选举人会打破党派界限。

在选举日,即 2000 年 11 月 7 日之前,一些媒体评论者认为布什可能赢得普选票,而戈尔可能赢得选举团票。民意调查显示,布什一直领先戈尔几个百分点。令人吃惊的是,尽管戈尔在全国的普选票中赢了超过 33 万张选票,选举日之后数周,究竟谁赢得了选举团票仍是未知数。僵局发生在佛罗里达州。布什与戈尔在该

---

〔5〕 马克·塔什尼特和阿克尔·阿玛在媒体访问中表达了与此观点一致的立场。

州胜负难分,很难确定该州的选举团票究竟应归于戈尔的名下,还是布什的名下。撇开佛罗里达州,在选举团票上,戈尔以 267 张领先布什的 246 张。如果布什最终赢得佛罗里达州的选举团票,他就有可能反超戈尔,过 270 张的门槛(全部 538 张选举团票中的半数)。

在 11 月的最后几周及 12 月初,无论是在联邦层面还是在州的层面上,对于大众民主究竟含义如何这一问题,出现了一场大的政治与法律争斗。没有什么比这一事件更好地展示新旧宪法的不同原则,是如何折磨我们的神经的。

在我们的心目中,有些时候,我们安于选举团制度,平静对待总统选举中这种独立的 51 个角逐。在另外一些时候,我们却又觉得这整个做法是非法的,它挫败了普选票中所表达美国人的公意。共和党与民主党利用这种冲突的观念来谋取各自的党派利益。共和党全力保障决战州佛罗里达在普选票上的官方计票结果的合法性。民主党则依赖全国普选票所表达的民意,以及依赖佛罗里达州那些未被计票的选票所表达的民意。

我们的这种分裂观念来自两个宪政秩序的紧张关系。传统观念令我们接受 1787 年制宪时确立的规则,但我们的道德原则观念又使得我们倾向于大众民主的新秩序。上一次发生普选票与选举团票的不一致,还是在 19 世纪末期,当时大众民主还处在早期。我们今天遭遇的难题是:我们究竟是否还要容忍 1787 年宪法的遗迹,以及它反民主的偏见。

1876 年大选

在总统大选历史上,有三次出现过普选票与选举团票发生背离的情形,其中有两次的情形跟 2000 年大选的困境关联不大。1888 年,当时在任总统格罗弗·克里夫兰在全国的普选票上超过本杰明·哈里森 9 万张,但克里夫兰以微弱差距丢掉了关键的几个州。选举团制度可能有些破旧不堪了,但哈里森赢得选举团票的结果则明确而牢靠。在1824年大选中,安德鲁·杰克逊在普选票数上领先。但在这场三方角逐的总统大选中,无论是杰克逊,还是约翰·昆西·亚当斯和亨利·克雷,无人在选举团票上超过半数。根据宪法规定的程序,众议院最终选定亚当斯作为总统。以上各次大选中,没有哪一次像2000年大选中布什与戈尔这样的僵局,对选举团制度提出如此深的疑问。

历史上跟2000年大选僵局情形最相似的一次,是共和党总统候选人拉瑟福特·B.海伊斯与民主党总统候选人塞缪尔·B.蒂尔登在1876年大选中的对决。这次备受争议的大选跟2000年大选有许多相似的特点。后来结果证明这次大选是一个关键性事件,导致以军事支持作为后盾重建南方的计划的结束,在政治上埋葬了林肯所期待的战后秩序。

在1876年大选和2000年大选中,在为数不多的几个争议州之中,佛罗里达州均列其中。佛州最高法院扮演重要作用。佛州最高法院支持共和党候选人海伊斯,宣布海伊斯获得佛州的选举团票。与此同时,佛州最高法院还确认了民主党人弗兰克·德鲁当选州长。德鲁迅速介入佛州的总统大选事务,他更换了选举审查委员会,并下令重新点票。重新点票的结果是蒂尔登胜出,这丝毫不让人感觉意外。佛州大选中混乱、冲突状况影响到路易斯安那州、南卡罗来纳州,以及俄勒冈州。在当时371张选举团票中,其中有22张存在争议。

蒂尔登在普选票上拥有无可争议的领先位置(在总共1000万张普选票中,赢了25万张)。民主党人蒂尔登得到整个南方的支持,他要是就任总统,可能会重新激起尚隐藏在地区之间的仇恨。11月过去了,到了12月,又到了1月,国会重新集会,而整个国家又一次濒临战争边缘。许多新闻报纸刊出大标题:"要么是蒂尔登,要么是战争。"这一年距李将军向格兰特将军投降毕竟不过十一年时间。滑膛枪还未生锈。对于南方来说,将那些来南方倒江湖的北方佬赶回去,这是一次难得的机会。南方一致反对北方动用军队,在前南部邦联地区支撑受到黑人支持的各州平民政府。

南方的呼声是:他们应该"赎回"被军事占领的政府。南卡罗来纳州反叛气十足的立法机构,被人取了个外号叫"赎回者"。[6] 两边都用上了救赎这一措辞。正如本书第一章所提出的观点,救赎代表的是回到真实的美国自我,回到《独立宣言》中所表达的美国信条。而在南方,救赎代表的是更直接的目标,就是收回"自治"权,他们认为没有北方的干预,自治政府才可能存在。

蒂尔登所代表的民主党支持联邦军队从南方撤走。因为一桩事情,联邦政府有了其他的担心。1876 年 6 月,印第安部落的苏族人和夏延人,在蒙大拿的小盘羊城残杀了乔治·卡斯特中校及他率领的骑兵部队。造成这支骑兵部队完败的这次伏击,至今仍被视为"最严重的美国军事灾难"之一。[7] 将印第安人赶回保留地,较在新的平等与民主秩序下重建南方,变得更为重要。在《独立宣言》发表一百年后,联邦政府准备从林肯期待建立一个"奉行人人生而平等原则"国家的立场上退回来。民主党人为此冲在前头,共和党人也动摇了。

就海伊斯而言,他深信,如果已获得自由的黑人被允许投票,他一定赢得了普选票。在计票之时,海伊斯在自己的日记中写了如下一段话:

> 历史将会证明,因为欺骗、暴力和威胁,因为拒绝实施第十五条修正案,共和党人丧失了一次他们公平赢得的胜利。[8]

由于海伊斯相信胜利属于他,因此他尽力争取备受争议的全部 22 张选举团票。如果蒂尔登只要得到这 22 张选举团票中的一张选票,他就获胜了。但国会也分裂成两派,而无法完成对争议选票的计票。共和党控制的参议院支持海伊斯,民主党控制的众议

---

[6] 参见, Eric Foner, *Reconstruction: The Unfinished American Revolution* 1862—1877, at 575—80 (1988)。

[7] 参见,"The Battle of the Little Bighorn", http://www.ibiscom.com/custer.htm。

[8] Sunday, December 12, 1876, *The Diary and Letters of Rutherford B. Hayes, Nineteenth President of the United States* (Charles R. Williams, ed. 1922)。

院支持蒂尔登。为了解决这个争议,国会作了一个临时决定。他们指派了一个由五名众议员、五名参议员,以及最高法院的五名大法官组成的特别委员会。决定性的一票,被认为掌握在最高法院的独立派人士大卫·戴维斯大法官的手中。然而,伊利诺伊州最后一刻又委任戴维斯为参议员。最高法院里再没有其他的坚定独立派人士。因此,决定大选结果的权力落入约瑟夫·P.布莱德利大法官的手中。五年前,布莱德利曾因在 Slaughterhouse 案中持异议而享誉一时。布莱德利在他的异议中,曾支持联邦政府干涉州权。但从他的这一立场中,并不能准确地预测他在蒂尔登与海伊斯之争中会偏向谁。布莱德利最终决定把备受争议的全部22张选举团票判给共和党,最终解决了这场大选争议。布莱德利也许是出于原则作这番决定[9],但背后的政治交易,才使得海伊斯的当选在政治上被双方接受。

在充满紧张气氛的1877年2月(新总统要到3月初才宣誓就任),民主党寻求共和党的让步,以保护他们的利益。民主党的首要目标是确保联邦军队从南方撤军。海伊斯及共和党人愿意就撤军作出保证。民主党随后体面地认输。这次政治交易对非洲裔美国人来说,是一场灾难,而在国家议事日程上,有了新名目。

政治权贵们用权宜的选举方式,获得了选择总统的权力。政治权贵们创设了一个史无前例,而且未必合宪的程序,指派了一个特殊的总统选举委员会,来作为大选的仲裁人。候选人自己最终通过作出撤回联邦军队的私人交易方式,来解决他们之间的争议。权力很难说是属于人民。权力掮客支配了大选结果。这是最高法院在1883年抛弃黑人民权的政治前奏。当少数几个政客决定终止对南方的战后重建时,最高法院的几位大法官们也作出判决,称国会无权制定民权法来终结奴隶制的残余。政治与法律一前一后埋葬了内战后的法律秩序。

---

[9] 在最终决定2000年大选结果的 Bush v. Gore, 2000 U.S. Lexis 8430 (2000) 中,布雷耶大法官在其异议中以辛辣的笔调重新讲述了这段历史。

隐藏的宪法之历史,是由两次备受争议的总统大选(1876年大选和2000年大选)所铸定的。1876年大选标志着内战后对南方的重建之终结,标志着平等与民主价值观的受压制,标志着维护精英政治。而2000年大选起初是对民主的拥护,而最终的解决与1876年大选中的权力掮客的专横干涉如出一辙。

对民族国家与民主观念的重新思考

随着美国社会对多元文化、种族分裂、性别鸿沟,以及其他的分裂状况的广泛评论,到2000年时,整个美国的民族国家感比20世纪80年代和90年代更为强烈。事实上,在整个国家关注着似乎没完没了的佛罗里达州计票与重新计票工作时,美国人民对这样的僵局保持异乎寻常的宽容和理解。在普选票上,整个国家存在严重的分裂。男性选民多把选票投给了布什(53%),而女性选民则投给了戈尔(54%)。黑人与拉美裔选民相当多数把选票投给了戈尔(分别是90%与62%),而白人选民则倾向于投给布什(54%)。大城市的选民多支持戈尔,而小市镇的选民则支持布什。然而,无论布什还是戈尔,都并未声称他们在某一族群选民中获得的选票优势,能给予他们合法性的优势。

在世界上大部分国家,赢得拥有支配势力族群的选票,往往有权赢得整个国家的大选。例如,在魁北克,时不时举行脱离联邦的投票,我们就能常常听到这样的观点:法裔(真正的魁北克人)是赞成独立的,这仿佛意味着只有那些认同法国的公民才有特权来决定这个问题。与此相类似的是,在1996年以色列大选中,本杰明·内塔尼亚胡与西蒙·佩雷斯对决。告示牌与大选海报声称犹太人支持内塔尼亚胡,这听起来仿佛意味着计票时,犹太人的选票比阿拉伯裔以色列人的选票可以多算。在匈牙利,政客们常常拐弯抹角地声称城市里的选民更明白事理,代表了民主合法性,借此来侮辱农村选民。

把公民分成三六九等的言论在美国不再有了,这正是民族国家、平等与民主这些价值观的伟大成就。没人再声称:因为布什是代表白人的候选人,是代表男性公民的候选人,或者说他是代表小镇(构成"真正的"美国)的候选人,所以他应该当选。美国人通过投给戈尔的普选票(这包括每个人)表达了他们自己的意志。没有人敢对此说三道四。

大众民主,不能仅仅通过把不同的社区随意统计在一起,就能发挥作用。大众民主观念需要强烈的民族国家感。法国、德国和英格兰,可以在全国范围内进行投票,而且把投票结果视为一个整体的全国民意。但欧盟中的各个国家,还没有发展到有意识作为一个整体来选举欧盟的官员。德国的外交部长约施卡·菲舍尔,梦想欧洲按美国模式设立单一的总统职位。但欧盟各国的民族忠诚感依然十分强烈。像德国或法国这样的大国,一个大国之内的绝对多数选民就能决定选举结果,那样的话,会彻底压倒小国选民的民意。因为欧盟还不是单一民族国家,所以,他们不能将德国或意大利部分选民的选票的权重,等同爱尔兰或丹麦全国选民的选票。

那些赞成选举团制度的人,对于美国的情形也同样如此看待。我们国家依然是各州的联合体,或者,最多不过是各地区的联合体。在2000年大选中,这种地区分化表现得较明显。南方和中西部坚定地支持布什。而东北、五大湖地区,以及最西部,则支持戈尔。如果我们采取全国范围的普选,就可能存在这样的危险:只要某一候选人在全国其他地区选举中得到一定比例的选票,他在纽约州或加州(这样的大州)所获得压倒多数的选票,就能决定整个选举结果。在我们目前的选举制度中,候选人在任何一州获得的压倒多数优势没什么价值。这迫使候选人走出家乡州或地区,到全国各地赢得选民的支持。

选举团制度的弊端,是它有违于一人一票的原则。加州或纽约州中占多数派的选民投给戈尔的一票,跟佛罗里达州、俄勒冈或新墨西哥州(这些都是选举结果相当接近的州)的普通一票,权重并不一样。事实上,在赢者通吃的制度下,只要达到了所必需的超过半数选票,过多的选票都是多余的。

另外,三张选票是每个州(不论其人口多寡)选举团票的底数,这种分配选举团票数的方式有利于小州。选举团票分配的原则,结合了各州在国会参议院代表席位的分配原则。各州在参议院席位的分配,是把每一个州按单独的国家来看待的,无论大小,席次平等。尽管地方主义在美国依然存在,但很难说每一个州代表了一种独具特色的文化,在国会享有单独的代表权。曾几何时,我们允许各州立法机构中的上院议员以州内各县为单位,但最高法院后来判决这种代表模式违反了"一人一票"的原则,是不合宪的。[10]最高法院不认为地理单位本身即意味着有权在议会中获得代表议席。然而,宪法规定本身不允许最高法院的这种逻辑,延伸到联邦参议员席位和总统选举团票的分配问题上。

参议院和选举团的权力,也给予小州存在下去的保障。[11]通过一项宪法修正案,需要四分之三以上多数州的批准。小州不大可能放弃他们的影响力。不过,改革还是可能的。比如,按照每一个州的普选票数分配选举团票,这种修正案是有可能得到批准的。

仍旧由各州控制选举程序,这也是我们选举制度中引人注目的一个特点。这一特点在2000年11月佛罗里达州的选举僵局中表露无遗。美国总统的选举,由五十一个州(以及哥伦比亚特区)各自独立的法律管辖,真令人难以相信。我们可以理解州内选举可以按各州自己的选择和地方选举法实施。但代表全国的总统大选为何不能遵照同一个规则进行?唯一的答案是这源自历史。

在宪法最初的概念中并无公众(民族国家)的一席之地。州保留所有的剩余权力。各州选派其参议员。各州选任总统选举人。即便是国会众议员的选举,也是按选举"州立法机构中人数最多的一院"代表的规则来进行。[12]州法,甚至在组织联邦政府上,也是

---

[10] Baker v. Carr, 269 U.S. 186 (1962).

[11] 参见,Daniel Lazare, *The Frozen Republic*: *How the Constitution is Paralyzing Democracy* (1996)。

[12] U.S. Constitution, Art. I, Sec. 2, Cl. 1.

最高法。

这一切在内战之后本应改变。第十四条修正案规定的联邦公民权,第十五条修正案对有关已获解放的黑人的选举权问题,本应按联邦事务对待。相反,在选举权问题上,第十五条修正案及后续的各条修正案,采取的方式是禁止各州基于某些标准(种族、性别、年龄等)的歧视行为。联邦法的核心是强调反歧视,这意味着各州针对选举事务的权力得到保留。即便美国作为单一民族国家已然成为显著的现实,并成为总统大选合法性的检验标准,也依然如此。

不仅佛罗里达州认为本州对管辖范围内的选举事务拥有自主权,佛罗里达州内的各个县,同样对本县的选举拥有特别的控制权。棕榈滩县选举委员会有权设计仅在本县使用的选票。达德县选举委员会在得到州最高法院批准后,也自行决定继续用人工重新计票。最令人不安的是,在出现有缺陷选票的情况时,每个县可以按自己的标准来判断投票者的意图。如何对待只留有"凹痕"或"孔屑"的选票,发生了很大的争议。"带孔屑的纸片(chad)"一词在大选日尚不为人所周知,但随后的选举争议,让每个追踪大选新闻的人都明白:这个词指的是在选票上打孔所留下的带孔屑的纸片。

美国社会中的此等地方主义,对一些不习惯美国习惯和传统的人来说,一定大感吃惊。在中小学财政投入问题上,同样的现象也发生过。根据 *Rodriguez* 案的判决,学校财政投入,既不要求在全国范围,也不必在全州范围内做到平等。平等保护条款所要求的,只不过是在每个学区范围内要求财政投入平等。[13] 关系到地方上学童教育的重大问题上,奉行地方主义真是匪夷所思。涉及选举国家总统的选举制度,地方主义更让人难以理解。让各个县自行设计选票,自行决定计票标准,只能带来不必要的混乱与冲突。

---

[13] 有关对 *Rodriguez* 案的讨论,参见本书第六章。

佛罗里达与 2000 年的民主状况

在美国历史上,还没有哪一次大选像佛罗里达州这样,在 11 月 7 日选举日之后的日子里受到媒体的广泛详尽报道。也许任何选举,只要被媒体曝光,都会暴露出问题与瑕疵来。毫无疑问,佛罗里达州的选举程序令很多人感到不安。

在棕榈滩县,大约 4000 名选民,其中大多数是老年人,被"花蝴蝶式"选票弄迷糊了,把选票投给了右翼保守派候选人帕特·布坎南。戈尔的名字出现在第二行,为了投给戈尔,他们在"花蝴蝶式"选票的左侧一栏第二行的位置打孔。他们没有意识到,第二行孔口对应的是右侧一栏的第一个候选人,即布坎南。在同一个县,有 19000 个选民在选票上打了两个孔,大概是先被这选票搞糊涂了,再打了一次孔,确保把自己的一票投给戈尔。计票机不认打了两个孔的选票,把这些选票退了出来。在迈阿密—达德县,至少有 9000 张选票计票机无法识读。根据佛罗里达州最高法院的批准,这些选票原本要在 11 月 21 日用人工计票。[14] 但不知出于什么原因,当地的选举委员会决定不进行人工重新计票工作。

在布瓦德县与棕榈滩县,在 11 月 26 日之前的一周里,一直在进行人工计票。但对于出现选票纸片上未穿孔的情形,采用什么样的标准来确定选民的意图,存在很大的争议。在有些县,两党联合人工计票小组得到命令,要求他们把选票作为一个整体去看待,以确定选民的真实意图。

对于存在争议需要重新计票的大部分选票中,其结果似乎对戈尔有利。当时计票机的结果显示戈尔仅落后布什几百张选票。不过,共和党也有抱怨。在佛罗里达州西部狭长地区,一些支持布什的选民被妨碍了参加投票,当时在该地区各个县的投票站还没

---

[14] Palm Beach Canvassing Board v. Harris, 1000 Florida Lexis 2311 (November 21, 2000).

有关闭之前,电视新闻网就宣布戈尔赢得了选举。另外,还有一些在外服役的军人的选票被扔掉了,因为这些选票上没有邮戳。但邮戳在当时的情形下是不可能有的。

在大家对佛罗里达州重新计票的工作争辩不休时,双方都用了"被剥夺选举权"一词。那些未被计票的选民,他们的选举权被剥夺了。那些不小心把选票投给布坎南的选民,那些在选票上打了两个孔的选民,那些没有邮戳的军人选民,他们都被剥夺了选举权。这场辩论自始至终都有虚伪的一面。因为,实际上在所有被剥夺选举权的人中,有一个人数最多的群体被忽略了。这就是佛州超过50万的重罪犯人。他们因被定罪而无权参加投票。全美有11个州仍终身剥夺重罪犯人的选举权,佛州位列其中。这对黑人选民的影响非常重大。在佛罗里达州,百分之二十四的黑人男性公民无法投票。如果他们能投票的话,谁将赢得大选,几无悬念(2000年大选中,有90%的黑人选民投戈尔)。

美国至今仍剥夺重罪犯的选举权,这真是一件令人难以启齿的丑行。1999年4月1日,南非宪法法院作出判决,判定服刑犯人有权参加投票,因为"每个公民的选票是他尊严与人格的象征"。然而,美国人显然憎恨刑事犯人。在2000年大选中,马萨诸塞州有一项公决提案得到65%选民的支持,这些提案是剥夺监狱服刑犯人的投票权。在大众民主日益高涨的潮流下,很难理解这种逆潮流而动的做法。

在1876年的大选中,佛罗里达州有无数的黑人无法投票,这同样的问题导致海伊斯质疑佛罗里达州选举的合法性。在那个年代,种族主义势力运用威胁、人头税、文盲测试等手段来把黑人挡在投票站之外。而如今我们对刑事犯人的憎恨,也同样是剥夺他们的选举权。

在棕榈滩县,约有22000名或23000名选民被"花蝴蝶式"选票弄糊涂了(投给布坎南或打了两个孔)。对这一问题的辩论,尤其激烈。很多人对此事的态度,真令人火冒三丈。有人说,就是个三年级学生,也能正确地按说明去投票。有人说,那些被选票弄晕头,选票未能计入的人,是自己犯的错,怨不着别人。而那些认为这个事情涉及民主价值的核心,佛罗里达州是完全错误的人们,则表达了隐藏的宪法的重要主题。在民主社会,我们的责任是保护弱者和长者,以免他们犯错。我们有责任设计一套选举系统,使得那些甚至很难看懂说明的人也能投票。这正是何谓每一个选民都平等。

佛罗里达州的民主形象遭到破坏,很难恢复,除非我们对所有那些被剥夺了选举权的人不闻不问。这是一个悲剧,是对平等主义的背叛,是对大众民主价值观的背叛。然而,对稳定秩序的追求,令我们照常生活,仿佛这一切并未发生。各派都认为每一张选票都应该计入(至少那些有权投票并且选择去投票的人)。一个漂亮的说辞是:人民的意志应该通过尽可能精确地计票来探明。然而,有许多人,包括佛罗里达州务卿凯瑟琳·哈里斯,却把作出定局和她自己对法治的理解,置于完全查明选民意图之前。佛罗里达州最高法院,在11月21日一份说理充分的判决中判定,哈里斯设定期限,取消人工重计争议选票,是滥用了自由裁量权。[15]佛罗里达州《选举法》中规定的原则只有一个简单的理由:确定人民的意志。

然而,在确定选民的意志问题上,存在明显的限制。棕榈滩县的那些错投给布坎南的选民,他们的意志在选举结果中未能算进去。尽管提出了很多方案来改进这一错误,但选举制度本身似乎无力提供补救办法。有人认为,棕榈滩县的选民应该有权再投一次票。然而,这没法重现11月7日大选日当天的情形,当时还有不少人有兴趣投票给布坎南或拉尔夫·纳达尔。还有人认为,那些打了两个孔的选票,应该同时计到布坎南和戈尔名下,或者,这些

---

[15] 这一判决随后由最高法院在 Bush v. Palm Beach Canvassing Board, 2000 Lexis 8087 (December 4, 2000)(*Bush I*)中撤销。按下文提到的理由,我不认为最高法院的推论有足够的说服力,来改变我原先的立场(即佛罗里达州法院作出的判决理由充分)。

选票按其他县的一般情形分配给他们俩。[16]但这一补救办法也会产生问题，因为还存在出于其他原因也是打了两个孔，但被计入废票的选票。一旦法律上缺乏可行的救济手段，那便是不公正。而棕榈滩县被剥夺了选举权的选民，包括那些在选票上打了两个孔的选民，很不幸受到了不公正的待遇。

因此，相关的标准并非简单地确定选民的意志，而是要确定选民通过他们的行为所表达的意志。选民在选票上打错了孔，这排斥了对其意图进一步考察的可能。但如果选民在选票未打穿孔（不知道选民究竟是否要打穿孔）呢？跟标准的投票相比，选民的投票会千差万别。人们可能会对于究竟是否可能准确地计票产生疑问。一个数学家曾经这样讲：

> 没有登山运动员会登上珠穆朗玛峰，扒拉掉 0.25 英寸的雪，然后声称珠峰的高度如今只有 29027 英尺 11.75 英寸了。人人都知道，珠峰的高度只是一个估测，误差范围肯定比 0.25 英寸大多了。[17]

同样的道理也可能适于佛罗里达州选票的计票工作。500 张选票的差距，基本上就是不分高下的局面了。出现这样的情形时，哪一个候选人应该当选？我们一般会反对这一说法：谁获得了真正的多数票，是不可知的。哥伦比亚大学法学院最近称，它的图书馆新增加了 100 万册藏书。他们的意思是指 100 万零 100 册，还是 99 万零 9900 册？难道他们就不能点一点自己图书馆藏了多少书？难道选举委员会就不能点一点每一位候选人究竟得到多少张选票？显然，我们是可以控制欺骗行为的，对于选民所投的选票，也能够耐心、准确地统计出来。

也许不可能。佛罗里达州出现的重新点票状况，让人想起海森堡的不确定性原理。统计那些选票时，改变了选票的原有状况，有时候是通过移掉尚"挂"在选票上的孔屑小纸片来改变的。观察

---

[16] 多亏弗兰克·洛西提及这一点。
[17] John Allen Paulos, *New York Times*, November 22, 2000.

手工计票的人士曾注意到,这些白色的小纸牌就集中在地板上。仅仅是试图去观察这一事实,就改变了被观察对象。[18]

有关佛罗里达州选举计票问题的争议,展现了两种不同的法治观概念,以及,重现了在内战之前就已经存在的拥护高级法与支持法条主义之间的冲突。民主党人赞成高级法与道德原则,这些原则曾在内战前激起了废奴主义运动。共和党人则选择了南方所采取的保守路线。民主党人把法律作为利剑去使,寻求了解选民的真实意志。对于没有穿孔而只有凹痕的选票,应如何判读,他们愿意接受选举官员的主观判断。他们坚持以道德制高点来对待这个事情。当然,他们的原则服务于他们的政治利益。

共和党人依据法律的恒常性原则,来保护他们在计票机点票上的领先地位。对于如何确定选民意图问题,他们拒绝使用开放、灵活的标准。他们宁可接受计票机的自动点票结果,也不愿接受更有分辨力,但也可能犯错的人工点票。

在2000年大选之后,美国公众觉得这次佛罗里达州大选的情形实在太超现实了,即便是写小说,也写不出这么跌宕起伏的情节来。我怀疑事情是否真是如此。民意测验技术得到改进,使用意见跟踪小组,并且不断监控选民的反应,所有这些技术手段,已经把政治变成了一门争取摇摆选民支持的科学。两个竞选得力的候选人,最终对半瓜分摇摆不定选民的选票,不足为奇。

这里有一个更基本的问题:为何政治已经退化成一种无需顾及意识形态信念的市场营销形式?也许这是一连串好运——冷战结束、经济处在历史最佳、社会冲突逐渐减弱——的结果。在2000年大选中,无论是美国公众,还是候选人本身,都不存在严重分歧(也许除了对辩论风格的偏好)。当面临是选择香草味冰淇淋,还是草莓味冰淇淋时,选民的选择一半对一半,这不足为奇。2000年大选中,没有什么重大的争议问题,也缺乏准确记录选民意志的选举机制,内战后美国实用主义的遗产,使得选民分成了势均力敌的

---

[18] 多谢罗素·克里斯托福提到这一类比。

两个阵营。

247 最高法院干预

当所有其他机制统统失灵时,美国人对联邦最高法院依然保持信任。整个国家变成了两大阵营,佛罗里达州最高法院与州务卿争执不下,但人们可以指望最高法院的九名大法官对此问题冷静思考。他们一直把理性与传统作为他们的依据。最高法院此前从未就大选问题作过任何判决,但自海伊斯与蒂尔登的总统之争(当时靠国会指定的特别委员会解决了这一争议)以后,最高法院的影响力及自信心与日俱增。通过最高法院解决这次大选争议,是很吸引人的想法。最高法院因其智慧,无疑置身于政治漩涡之外。大法官们无论偏向哪一方当事人,也只会疏远一半的美国人。海伊斯委员会成员知道,在他们作出政治决策后,这个委员会将解散。而最高法院的法官们,则得一直面对他们所作决定带来的政治后果。

当布什率先提出他将上诉到最高法院时,专家和评论家都不屑一顾。这个案件明显不涉及什么"联邦问题",也不涉及某一联邦法或宪法的解释与适用争议。既然这样,最高法院怎么可能干预呢?

嘿,他们还真干预了。最高法院12月4日打出了试探性的第一拳(*Bush I*),12月9日出第二拳(*Bush II*),判决中止人工重新点票。12月12日作出最致命的一击(*Bush III*),判布什赢得大选。在 *Bush I* 案中,最高法院的大法官们还能维持统一阵线,一致认为本案中存在联邦问题争议,这一联邦问题主要涉及选举团条款的解释。[19] 这一判决相对说来没什么妨害,因为佛罗里达州如果要不违反联邦法,它依然可以继续人工重新点票的工作。四天之后,佛罗里达州最高法院以四比三的投票作出判决,要求州选举委员会

---

[19] U.S. Constitution, Art. II, Sec. I, Cl. 2.

不仅要对迈阿密—达德县未计票的选票登表造册,而且对州内所有县的"少计"的选票进行统计。[20]在 *Bush II* 案中,联邦最高法院处于多数派地位的五名大法官,明确要防止最后计票结果显示戈尔在佛罗里达州获选(即便最高法院可能随后判决重新计票是非法的),而对上诉人乔治·布什的"不可挽回的损害"。[21] 在 *Bush III* 案中,同样的五名大法官作出判决认为,该案中存在联邦问题争议,而且,这一争议问题足够重大,最高法院必须干预,没有时间留给佛罗里达州法院来弥补这一缺陷。[22] 大选到此为止。布什实际上被宣布当选。

对处于多数派地位的五名大法官来说,有很多方面让人感到窘迫。他们公然展现自己的党见。他们自己似乎也昏头涨脑,因为,他们对于自己悍然干预佛罗里达州选举(这是由佛罗里达州官员依据佛罗里达州法主持的选举)的理由也达不成一致意见。三位大法官(所谓的保守派法官:安东尼·斯卡利亚、威廉·伦奎斯特、克拉伦斯·托马斯)认为佛罗里达州违反了联邦宪法的选举团条款。另外两位骑墙派大法官(安东尼·肯尼迪、桑德拉·戴·奥康纳)赞同前三位法官的意见,同意终止选举,但仅仅是依据如下理由:佛罗里达州重新点票的程序违反了第十四条修正案的平等保护条款。

处于少数派地位的四名大法官同样也四分五裂。其中两名大法官(苏特和布雷耶)原则上一致认为,本次大选中的争议涉及法律平等的问题,但他们认为应允许佛罗里达州解决这一问题,完成重新点票。另两位大法官(斯蒂文斯和金斯伯格)则认为,本案不涉及任何联邦问题,最高法院没有理由干预这次选举。

如果你在 *Bush II* 和 *Bush III* 案之前不相信最高法院带有政治倾向,在这两个案件之后,你一定会相信。带有党派偏见的判决,

---

[20] Gore v. Harris, 2000 Florida Lexis 2311 (December 8, 2000).
[21] Bush v. Gore, 2000 U. S. Lexis 8277 (December 9, 2000)(Scalia, concurring).
[22] Bush v. Gore, 2000 U. S. Lexis 8277 (December 12, 2000).

很不幸地印证了电视评论员的判断(他们强调九名大法官中,有七名是由共和党总统提名任命的)。这些大法官似乎是在投桃报李,挑选了一位共和党总统。对于很多人来说,最高法院与总统之间的这种共生关系,意味着对美国民主的严重威胁。

然而,上诉审法院作出的每一个判决,都存在两张脸孔。一个是着眼于当事方及其争议。另一个则面向未来。判决意见中的语言与立场,会一直存在下去。三个 Bush 案中的说理,将来数十年,让我们希望将来数世纪,会得到最高法院的援引。也许最高法院作出的判决是错的,也许带有政治动机,也许法官们辜负了全国人民的信任,但最高法院作出的判决意见是有自己的生命的。

这三个案件都涉及重要的法理学问题,这些问题足够写一本书的。这里存在法院解释法律与制定新法之间的区分难题。对于联邦宪法究竟是授权给各州,还是只不过承认和依据已经存在的权力,也存在很大的问题。对于强加各州义务的联邦立法与仅仅是授予各州非强制性选择权(行使与否不论)的联邦立法之间,存在重要差别。最高法院多数派与少数派的分歧大部分集中在这些大的问题上,将来会有很多机会碰到这样的问题。

就本书研究隐藏的宪法之目的来说,在这三个案件中最突出的方面,则涉及民族国家、平等与民主的价值观。这三个主题贯彻本书始终,同时也对评价法官意见提供了框架。

民族国家问题,在佛罗里达州大选中所体现的形式,正如在美国法律史上经常表现的形式一样,表现为对州政府与联邦政府之间关系的争论。在 Bush I 案中,最高法院提出了一个有关州法院及州立法机构性质的新概念。最高法院从选举团条款的文本措辞着手:"每一个州应按州立法机构所规定的方式,来委任选举人……"在 2000 年 12 月不平静的日子里,这寥寥数语在最高法院的所有判决中反复出现,它的意义也成为这些判决的主旨。

Bush I 案判决中有一个明确的观点认为,在州立法机构规定人民如何委任选举总统和副总统的选举人时,州立法机构的这一权力"直接来自"1787 年宪法中有关选举团条款规定的"授权"。这一观点道出了部分实情,但"授权"一词则混淆了概念上的根本差别。

有关州立法机构,传统的观点认为,其合法性取决于州宪中的授权。[23]在联邦层面上,州立法机构的决议是被承认具有效力的。而根据最高法院多数派的新观点,联邦政府"授权"给州立法机构,意味着在总统选举中,联邦宪法授予州立法机构必要的权力来挑选总统选举人。

为了弄清这两种观点的差异,我们来看一看联邦宪法第五条的规定:国会提出的宪法修正案草案"需由四分之三多数州立法机构批准,或由修宪会议中的四分之三多数批准"。该规定承认各州立法机构有权拒绝或批准宪法修正案,但并未授权给各州立法机构批准或拒绝修正案提案。负责修订宪法的机构,其权力来自宪法本身,这样的循环体制让人感到不安。无论在内战之前还是内战之后,如果说在美国宪法结构中有什么根本基础,那就是:所有的权力渊源来自"我们人民",或者,用内战后的术语,来自"美利坚民族国家"。

然而,在 Bush I 案中,最高法院实际上支持这一立场:在州立法机构规定总统选举的方式时,立法机构的权力并不来自该州的人民,而是来自联邦宪法本身。换言之,各州立法机构的权力来源并不是自下而上,而是自上而下。对于州权问题而言,这极可能是迄今为止最极端的重新解释,比内战所完成的转变还要极端。一直以来的观念是说,各州是依据它们固有的权力来选举总统与副总统,这一固有权力正是各州批准和修订联邦宪法的权力。而根据宪法第十条修正案的规定,"联邦宪法并未授予联邦政府的权力,也未被联邦宪法禁止拥有的权力",保留给各州及其人民。

在联邦宪法中,在有些事务上提到该权力禁止各州拥有,但宪

---

[23] McPherson v. Blacker, 146 U.S.1 (1892). 在 Bush I 案中错误援引了 Blacker 案判例来支持这一观点:在制定涉及全国大选的投票程序的法律问题上,各州立法机构不受州宪的约束。

法中并不存在"授权"给各州的规定。各州或各州立法机构的权力来自联邦宪法的观念,违背了美国的宪法权力结构,即,权力来自人民,人民授予州,最终授予联邦政府,其中包括联邦最高法院。然而,联邦最高法院现在要颠倒这一权力结构,把联邦宪法作为各州委任总统选举人的合法性渊源。

如果这一意见只是法理上的考究,那倒不必担心过虑。然而,这一套有关州立法机构权力渊源的理论,产生了重大的后果。根据联邦最高法院在 *Bush I* 案中的推论,州立法机构(实际上成了联邦政府的权力代理机构)有权规定委任选举人的方式。佛罗里达州最高法院的判决把州宪作为形成其判决的一个因素,而联邦最高法院不赞成佛罗里达州最高法院的这一立场。这显然意味着,在联邦官员的选举中,州立法机构只能依据唯一的宪法,即联邦宪法行事。

对于州立法机构性质问题,最高法院的这一极端立场没有任何权威根据。这也解释了为何三位坚定的保守派大法官(伦奎斯特、斯卡利亚、托马斯)在 *Bush III* 案中针对联邦官员选举中州的地位问题上改变立场。在伦奎斯特撰写的意见书中,他采取的立场,比州立法机构不受州宪的约束这一观点更为极端。由于州立法机构规定挑选总统选举人的方式,三位大法官因此认为:"选举法本身……具有独立的意义。"[24] 对于司法上任何重大"背离挑选总统选举人立法形式"的做法,都提出了一个联邦宪政问题。[25] 因此,佛罗里达州法院必须完全依照选举法作出判决。如果他们不这样做,他们就违反了联邦法。

问题在于,谁也不知道什么叫完全依法。传统的做法是在不同的解释可能性上进行区分。法院可以仅仅逐字逐句地解读立法法条,也可以对整个法律的意义及目的作出解释。法院也可以通过解释,消除不同条款规定上的相互冲突之处。或者,法院也可以

---

[24]　*Bush III*(Rehnquist, concurring)。

[25]　同上。

寻求法规字面外的含义,根据立法机构所隐含的意图来作出解释。所有这些解释方式,都在我们对司法解释的常规理解范围之内。然而,最高法院显然不允许佛罗里达州法院运用这些常规方式来解释他们自己的选举法。为何不允许? 伦奎斯特所撰写的判决意见书提供了答案。这一答案使用了另外一种观点,即,佛罗里达州立法机构是"他们的"立法机构。也就是说,是依据联邦宪法规定而行事的立法机构:

> 对这一问题的考察,并不暗指对州法院的不尊重,相反,是对联邦宪法规定的州立法机构的职能的尊重。当在州法院是否背离州法这一问题上存在争议时,若我们批准州法院的判决,那是我们在放弃执行宪法第二条(即选举团条款)明确规定的职责。[26]

这一推理大致是这样的。在总统选举中,根据 Bush I 案的判决,州立法机构的权力"直接来自宪法第二条的授权"。因此,州法院无权干预立法机构所"设计"的法定模式。出于以上目的,州法就变成了联邦法,联邦最高法院因而对此拥有主要的解释权。

毋庸讳言,三位所谓的保守派法官如此解读宪法,并无先例可援。他们不断地改变自己的判决理由,成了移动靶。在 Bush I 案中,他们援引了联邦法(3 USC Sec. 5)中一条含混不清的规定。该规定除了保障各州依据某种方式挑选的选举人拥有在国会的合法性("安全港")以外,别无其他目的。事实上,各州不可能"违背"这一规定。各州只可能不去利用这一规定(它们有可能理性地选择这么做)。伦奎斯特运用这一规定来解读宪法第二条,不清楚他究竟怎么做到的。就这样,立场又变了。这次,他援引了几个判例,涉及的是在种族隔离时代的南方有关执行民权法问题上州法院与联邦法院的冲突情形。在这几个判例中,最高法院的确认定,那一时代的州法院恶意抵制联邦权力。为了执行联邦政府的民权

---

[26] 同上。

政策,最高法院的大法官们运用自己对州法的解释,干预州法院。

跟最高法院偶尔推翻州法院离谱的判决相比,保守派大法官在 Bush III 案中对州权的损害更大。如果这套理论今后长期占得上风,在总统大选问题上,各州就不再拥有解释州选举法的权力。即便佛罗里达州在选举结果呈递给国会错过了 12 月 12 日的截止日期,因而丧失了联邦法所规定的合法性,佛罗里达州立法机构的本意是否仍是要完成投票统计,并确定选举团挑选的胜选人名单,对于这一问题,最高法院五位多数派大法官的解释,显示了联邦政府接管州立法机构的权力范围有多大。以下是五位多数派大法官,对于根据佛罗里达州最高法院命令继续人工重新点票案件发回重审时的判词:

> 佛罗里达州最高法院所判定的救济范围及其性质,违背了利用 3 USC Sec. 5 所规定的"安全港"条款的"立法意图"。[27] 2000 年 12 月 12 日,是佛罗里达州选举人作出满足 Sec. 5 规定的最后决定的截止日……毫无疑问,当佛罗里达州立法机构授权州法院作出"适当的"救济时,它原本的含义是该救济必须在 3 USC Sec. 5 所规定的截止日前完成。

注意这里的措辞:佛罗里达州州立法机构"原本的含义"所称的救济,正是指在 12 月 12 日之前允许州法院对选举争议作出一个判决。先且不论这一事实:最高法院本身在 12 月 9 日的 Bush II 案中判决中止重新点票,这使得 12 月 12 日之前作出救济变得不可能了。这些所谓的保守派法官,怎么知道佛罗里达州立法机构不会认为人工完成全部的点票工作,要比根据联邦法可能获得的选举结果的合法性更重要?一个理性的立法机构可能会更关心完成点票工作的民主价值观,甚于联邦法上的"安全港"条款。要弄清佛罗里达州人民究竟是怎么想的,唯一的方式就是问他们自己。这意味着,在解释复杂的法规问题上,要依赖州最高法院的解释。最

---

[27] 注意,"立法意愿"一词完全是凭空杜撰出来的。佛罗里达州的法律中未出现这样的词。斯卡利亚在 Bush I 案中最先用到这一词语。

高法院的五位多数派法官,没有考察这一问题,而只是采纳了伦奎斯特—斯卡利亚—托马斯的立场,即,最高法院的大法官们,对于佛罗里达州立法机构"原本的含义"的理解,比佛罗里达州最高法院的法官们理解得更好。

对于那些不断变换前提的观点,是不容易作出回应的。四位持异议意见的大法官,非常费劲地调整他们的措辞。例如,在 Bush III 案中,斯蒂文斯大法官在他的异议意见书中(另外几位持异议意见的大法官附署了这份意见书)抨击多数派法官(仅仅是在 Bush I 案中)所持的立场,即,总统大选中,州立法机构应该不受州宪的限制,斯蒂文斯认为:"联邦宪法并没有全盘创设各州立法机构,而是接受各州宪法所创设并限制的各州立法机构。"[28] 这一论点相当精彩,可惜来得太晚。多数派法官早就已经跳到另外的立场上去了。

在苏特大法官和布雷耶大法官各自撰写的异议意见书中,两人耐心地剖析首席大法官伦奎斯特的"保守派"意见。伦奎斯特在他的判决书中认为,佛罗里达州最高法院背离了州立法,因而违反了联邦法。他们仔细地考察了佛罗里达州最高法院所使用的各种法条解释方式。到最后,他们仍被这一基本问题所困惑:佛罗里达州法院的解释究竟哪里出了格?[29] 金斯伯格大法官,则关注了州法院背离民权法,而联邦法院自己解释州法来干预州法院的几个判例:

> 佛罗里达州最高法院作出判决认为,对每一张合法的选票进行点票,是州立法机构制定州选举法典的最重要意图。最高法院绝对不应该把种族隔离时期的州最高法院,跟现在的州最高法院等量齐观。[30]

并不完美的意见(毫无疑问正是多数派法官所需要的)有时候

---

[28] *Bush III* (Stevens, dissenting).
[29] *Bush III* (Breyer, dissenting).
[30] *Bush III* (Ginsberg, dissenting).

也能击中健全的神经,而这正是最高法院多数派法官所不能及的。本案中,最高法院显然强烈地感受到总统大选是一桩全国上下关心的大事。让我们来设想,如果五位大法官有更多的时间来考虑他们的立场,而且他们做到完全的坦率,他们的意见也许可以接受。

首先要承认,总统与副总统选举是美国政府结构中独一无二的事情。总统是唯一能代表全国的政府分支。国会代表的是各州与各选区,司法部门应该中立,不代表任何人。总统与副总统选举程序所代表的价值,并非各州的利益,而是最高权力。通过宪法修正案,我们已经改革了原本由各州作出的决策。例如,参议员原来是由各州立法机构选举,现在改为由选民直选。不过,在总统选举中,我们仍然保留内战前的选举方式,由代表州权的选举团方式选举。该规定无法修改,因为这种选举方式扩大了小州的分量,它们是不会同意修改的。因此,我们必须通过司法解释的方式修改宪法。要做到这一点,需要在总统大选中,把州立法机构的立法视为联邦宪法所委托的一项职责。有了这么一个前提,我们就可以形成一套联邦法,避免每个州在举行联邦选举时出现问题。

以这样的方式讲出来,这一立场会被人视为太过极端而难以普遍接受。然而,依据隐藏的宪法的基本原则,最高法院的判决通过这种方式就说得通。有些时候,最高法院必须作出行动,来确保美国制度中的基本价值观得以实现。在 2000 年大选中,戈尔赢得超过 30 万张普选票,以民族国家的概念去争辩的话,戈尔本应当选。要替最高法院辩护民族国家议题,我们不仅要思考戈尔与布什间的争执,也要从长计议,考虑改革选举制度。如果 Bush III 案的判决导致形成一种更明确承认全国利益的选举制度,那这一判决的原则就可能得到后辈法官、律师与学者们的赞同。

最高法院在 Bush III 案中针对平等保护问题的主张,比它隐晦接受在总统选举中考虑民族国家的重要性,步子跨得更大。这一主张在 Bush I 案中并未提及,但最终还是得到接受。按本书第八章中的概念框架,Bush III 案中最高法院立场的焦点,并非是州强化了对某一族群的歧视。问题在于：不同的州在统计争议选票中所采纳的程序存在恣意。这种恣意的核心，就是对于那些选民在投票时没有完全打孔，留下粘悬着或只有凹痕的纸片的选票，在判断选民的意图上采取不同的标准。人人都同意，应该考虑的相关标准，是选民投票时在选票上留下的有形印记所表达的意图。但在确立判断意图的标准问题上，各个县所采纳的标准又各不相同。最高法院中有七位大法官一致认为，在解决佛罗里达州选举争议上，法律上的平等是一个重要的问题。

在 Bush III 案中，选票点票程序变成一个核心争议，这说明自从第十四条修正案成为美国宪法的基石以来，法律上的平等原则已经发展成熟，得到了确立。

然而，对于七位大法官是否真的关注法律平等保护问题，尚不清楚。对平等保护问题的分析，首要的一点，是要确认那些受到法律不公对待的群体。这一群体指的是，因受到州政府支持的歧视对待，而享有诉权的一个群体。在 Bush III 案中，谁是这样的群体？最高法院所要解决的一个问题，是在迈阿密—达德县选举中，那些在计票机点票中被退出来，而未能统计的 9000 张票是否应该计入？上诉人乔治·布什的利益，因为重新点票受到损害了吗？我们如何知道重新点票后，他究竟是可能得益还是失利？

重新点票程序的受害者，应该是那些因为适用欠准确的标准而计票的所有选民。为何这种计票方式对于那些选民构成不公？只有在计票中适用那些未能判断选民真实意图的标准，那些选民才遭受不公。而在许多情形下，没有办法知道哪种标准最适合正确判断投票者的意图。假设有三种可能：甲标准（比如不考虑那些只有打孔凹痕的选票）；乙标准（比如，在出现打孔凹痕的选票时判断投票者的意图），以及随意地适用甲标准或乙标准。由于我们并不清楚甲标准就一定好过乙标准，因此，随意地适用甲标准或乙标准，是否就真的比单独适用甲标准或乙标准更糟糕，谁也说不好。

七位大法官在提出法律上的平等问题时，他们对不公正的问题抱有直觉。但他们的直觉并不涉及寻常意义上的平等问题。他们真正关注的是法治问题。在七位大法官头脑中最终形成的观念,是他们认为随意变动的标准取代了法治。我们知道,对法治的含义本身,有不同的解释。高级法观念赞成追求真相与正义,另外一种观念,是把法律视为常规、稳定适用规则的一套制度。这两个传统一直处于冲突状态。民主党人把法治看做是对选民真实意图的开放探求。而把法律视为常规的、可预测的规则的传统,则占了上风,并成为解释平等保护条款的确定准则。

法治当然需要法院拥有威严与合法性。如果人们认为法院充斥着政治和党见,法治也就一钱不值。Bush III 案的判决是否会损害美国法官的良好声誉,这成为异议法官思考的问题。斯蒂文斯大法官写道:

> 尽管我们可能永远无法完全确知今年总统大选的胜选者究竟是谁,但失败者是谁十分清楚。它就是全国对法官作为法治公正守护者的信心。[31]

其他持异议意见的大法官也表达了类似的观点,但 Bush III 案所造成的最大伤害,并非法院的声望,而是大众民主制度。该案的判决也许确认了隐藏的宪法中的两大价值观——民族国家与平等,但对我们所理解的第三个原则,即致力于实现"民有、民享、民治政府"的原则,则留下深深的创伤。

在这一争议中,有两个意图——佛罗里达州立法机构的意图与选民的意图——在打架。在解释州法时,最高法院的多数派法官,愿意去想象佛罗里达州立法机构"原本的含义"。但涉及选民的意图时,多数派法官明确认为,人民及他们的意图是次要的:"清点选票的人面对是一件东西,而不是人。"[32] 这话也许是对的。但佛罗里达州的法律也是些东西,因为这些东西背后有人民站着,所以具有了意义与目的。

---

[31] Bush III (Stevens, dissenting).
[32] Bush III (Per Curiam opinion).

多数派法官的判决书中,最令人不安的部分就是对民主制度的蔑视(而民主制度自内战以来已得到了发展):

> 在选举美国总统时,除非州立法机构选择了州内直选作为委派选举团的方式,公民个人并不拥有联邦宪法上的投票权。[33]

如果我们仅仅看 1787 年宪法规定的措辞,这话听起来似乎不错。不过,正如本书通篇所主张的,历史真相已经大白。民主已经植入联邦宪法的基础之中。如果各州废除所有人的投票权,联邦宪法修正案中禁止选举权中的歧视,就没有什么意义了。联邦政府有义务保持各州的共和政府形态[34],在我们所处的时代,这毫无疑问意味着承认民主选举。普选票只是附带性质,取决于州立法机构的选择的观念,很难说是忠实于林肯在葛底斯堡演说中留下的遗产。

最高法院在判决中肯定了隐藏的宪法中的两个原则,而忽视第三个原则,也许我们应该满足于这一点。但"我们人民"认真对待自己的主权。佛罗里达州的法院与公民关心的是,是否允许他们完成选举程序,而不是要人告诉他们,他们的立法机构"原本的含义"是什么。那些被剥夺了选举权的人感到痛心的是,他们不能影响 2000 年大选的结果。选举争议得到了解决,甚至没有人想过要拿起武器抗争,但人民的愤怒会找到其他方式发泄出来。

让我以另一次大觉醒作为本书的结尾。这一觉醒跟 19 世纪早期道德良知的高涨,最终导致废除奴隶制的大觉醒亦步亦趋。我们美国人民将从意识形态昏睡中苏醒过来。我们认识到,这个最高法院已经变成一个威权机构,口口声声民族国家与平等,但却失信于人民主权。我们将会经历一次"新生",致力于实现隐藏的宪法中的伟大承诺。我们将会以崭新的方式面对平等问题,并上下求索。在世界上最强劲的经济体中落单的弱者、未受过良好教

---

[33] *Bush III.*
[34] U. S. Constitution, Art. IV, Sec. 4.

育者、被剥夺选举权的人的命运,我们要抓住。我们要改进我们的民主制度,使之符合法治原则。这个国家不仅会存在下去,而且会成为一个理解什么是"孕育于自由之中,奉行人人生而平等原则"含义的国家。

索 引

（索引词后页码为原书页码，译本中设为边码。——译注）

Abolition 废奴
  nationhood and 民族国家与, 62
  religion and 宗教与, 16, 50—51, 101—102, 103—104
Abstract justice 抽象正义, Slaughterhouse case and, 120—122, 130
Ackerman, Bruce 阿克曼, 布鲁斯, 10, 94, 97, 109, 196
Adams, John 亚当斯, 约翰, 65, 232
Adams, John Quincy 亚当斯, 约翰·昆西, 235
Affirmative action 补救歧视的积极行动
  argument for/against 支持或反对之的论辩, 179—181
  Supreme Court's concept of 最高法院对之的概念, 181—187
African Americans 非洲裔美国人。See also Slavery 另见, 奴隶制; Slaves 奴隶
  disenfranchised by criminal convictions 因被刑事定罪而被剥夺选举权, 148, 243

equality of 平等, 105, 110
nationhood and 民族国家与, 62—63
police power and 治权与, 142—143
voting rights and 选举权与, 86—87, 139, 192—193
"All men are created equal." "人人生而平等。"
  children born out of wedlock and 非婚生子女与, 177—178
  free markets and 自由市场与, 171—176
  home for mentally retarded case and 智障人收养院案与, 184
  homosexuality case and 同性恋案与, 179
  teacher lay-offs case and 解雇教师案件与, 183—184
  university admissions case and 大学新生录取案件与, 181—182
Amar, Akhil 阿玛, 阿克尔, 11, 109, 214
Amendments, to U.S. Constitution 美国宪法各条修正案, 7, 54—

55,190—191
10th 第十条修正案,117—118,250
12th 第十二条修正案,231—233
13th 第十三条修正案,85,191
    discrimination and 歧视与,132,133
    18th amendment and 第十八条修正案与,193
    equality and 平等与,26
    involuntary servitude 被迫受奴役,26,106
    labor and 劳工与,110
    new government role and 新的政府作用与,214—217
    second constitution and 第二部宪法与,4,24—27
    speculation about 思考有关,222
    victims and 受害人与,197
14th 第十四条修正案,97,99。See also Equal protection clause 另见,平等保护条款
    affirmative action 补救歧视的积极行动,179
    alternate readings of 另外的解读,107—109
    benign discrimination 善意歧视,180—186
    citizenship and 公民权与,124,125
    equality and 平等与,57—58,104
    Johnson opposes 约翰逊反对,116
    labor and 劳工与,110
    original intent of 其最初意图,31
    provisions of 其条款,24—25,85,86,148—150,191—192
    ratification of 其批准,5,6,114
    second constitution and 第二部宪法与,4,24—27,210
    Supreme Court and 最高法院与,7
    voting rights of felons and 重罪犯人的投票权与,148—151,162
15th 第十五条修正案,54,63,195
    equality and 平等与,26
    language and 语言与,139
    second constitution and 第二部宪法与,4,24—27
    states and 各州与,145—147
    weakness of 其弱点,192—195
16th 第十六条修正案,193,216—217
17th 第十七条修正案,193,233
18th 第十八条修正案,193—194
19th 第十九条修正案,176,195
20th 第二十条修正案,196
21st 第二十一条修正案,195
22nd 第二十二条修正案,196
23rd 第二十三条修正案,195
24th 第二十四条修正案,195
25th 第二十五条修正案,196
26th 第二十六条修正案,195

27th 第二十七条修正案，196

proposed 拟订的

    flag 国旗，205

    victims' rights 受害人权利，199—200

American Republic《美利坚共和国》*The*(Brownson 布朗逊)，65

Anderson, Benedict 安德森，本尼迪克特，72

Anthony, Susan B. 安东尼，苏珊·B. 129

Appeal in Favor of That Class of Americans Called Africans, An《为那类被称作非洲人的美国人呼吁》(Child)(蔡尔德)，62

Aristotle 亚里士多德，98

Arnold, Matthew 阿诺德，马修，44

Austria 奥地利，228

Bakke case Bakke 案，181—182

Benign discrimination 善意歧视，180—186

Bible 圣经

    equality expressed in 中表达的平等，103—104，105

    killing prohibited in 中禁止杀戮，92—93，94，104

    slavery and，奴隶制与，219—220

Biblical imagery 圣经上的比喻

    in Gettysburg Address 在葛底斯堡演说中，39—40，102—103

    in Declaration of Independence 在《独立宣言》中，40，102

    in Second Inaugural Address 在第二任就职演说中，39

Bills of attainder 褫夺法权令，85

Black, Charles L. 布莱克，查尔斯·L.，11—12，124

    14th Amendment and 第十四条修正案与，107—109

    on *Slaughterhouse* case 论及 *Slaughterhouse* 案，120

Black Codes 黑人法典，142

Blackmun, Harry A.，布莱克门，哈里·A.，186

Blood 鲜血

    nationhood and 民族国家与，66

    redemption and 赎罪与，18—19

Bradley, Joseph P. 布莱德利，约瑟夫·P.，167—168，237

Bradwell, Myra，布拉德韦尔，迈拉 130，168

Brandeis, Louis 布兰德滋，路易斯，227

Brennan, William J.，布伦南，威廉·J.，178

Brewer, David J.，布鲁尔，大卫·J.，168—169

    railroad duty case and 铁路公司职责案与，169—170，172—173

    religious liberty case and 宗教自由案与，169，172

    stockyard fees case and 牲口围栏费案与，170—171

Breyer Stephen 布雷耶，斯蒂芬，

248, 254
Brown, John 布朗,约翰, 19
  charged with treason 被指控叛国, 77, 78—79, 88, 89
  Harper's Ferry raid of 对哈泊渡口的袭击, 76—77
Brownson, Orestes Augustus 布朗森,奥里斯梯·奥古都, 64—69
  background of 其背景, 64—65
  concept of nationhood and 民族国家的概念与, 65—69
Burr, Aaron 伯尔,阿伦, 232
Bush, George W., 布什,乔治·W., 234, 247。See also Election of 2000 另见, 2000 年大选
Bush I 案, 247, 249—253
Bush II 案, 247, 253
Bush III 案, 247—248, 251, 252—254, 255—257

Canada 加拿大, 179, 201, 204, 239
Caste 等级, 185—186
Census form 2000 2000 年人口普查表, 223
Chambrum, Adolphe de 钱布鲁姆,阿道菲·德, 87—88
Child, Lydia Maria 蔡尔德,莉迪亚·玛利亚, 62
Children 子女, born out of wedlock 非婚生, 14th amendment and 第十四条修正案与, 177—178
Chomsky, Noam 乔姆斯基,诺姆, 1
Christianity, redemption in 基督教中的赎罪, 19—20
Cigarette smoking 吸烟, 194
Citizenship 公民权
  14th amendment and 第十四条修正案与, 24—25, 107—109
  1787 Constitution and 1787 年宪法与, 54
  Dred Scott decision and *Dred Scott* 案判决与, 114
  state vs. federal 州对联邦, 124—129
Civil religion 世俗信仰, 51—52
Civil Rights Act 民权法
  of 1866, 1866 年的, 132
  of 1875, 1875 年的, 132, 136, 137
  of 1964, 1964 年的, 136, 208
Civil Rights Cases 民权案, 129—139
Civil Society 市民社会, 200—205
  flag and 国旗与, 202—205
  hate speech and 憎恨演说与, 201—202
  religion and 宗教与, 201
Civil War 内战, 190—191. See also Reconstruction 另见,重建
  Manifest Destiny and 显而易见的天命与, 42, 52
  other names for 对此的其他名称, 47
  philosophy of rule of law and 关于法治的哲学与, 4—6
  redemption and 赎罪与, 23—24
  theological significance of 神学意义, 51

Clark, Marcia 克拉克，马夏, 198—199

Clausewitz, Carl von 克劳斯威茨，卡尔·冯, 111

Cleveland, Grover 克里夫兰，格罗弗, 235

Clinton, Bill 克林顿，比尔, 208

Coke, Edward 库克，爱德华, 121, 122

Confederate States of America (CSA) 美利坚联众国（南部邦联）

 nationhood and 民族国家与, 58

 philosophy of rule of law and, 法治哲学与 5

Constitution of United States 美国宪法。See also Amendments to U.S. Constitution of 1787 另见，美国1787年宪法诸修正案，

 basic freedoms in 其包含的基本自由, 213—214

 contrasted to "second," 与"第二部"宪法的比较, 2—6, 55, 223

 equality expressed in 其中表达的平等, 96, 99—100, 165—166

 government power and 政府权力与, 117

 Lincoln's posture toward 林肯对其的态度, 36—38, 68

 original intent of 其原初意图, 29—33

 preamble to 其序言, 36

 purpose of 其目的, 214

 as secular document 作为世俗性文件, 40, 50, 102

 second 第二部宪法

  origin of 其渊源, 116

  role of government and 政府的作用与, 215—217

  terms of 其条款, 26—27

  voting rights and 投票权与, 244

Cover, Robert 科弗，罗伯特, 12—13

Criminal defendants, rights of 刑事被告，的权利, 197—198

Cummings v. Missouri, 83—85

Czechoslovakia 捷克斯洛伐克, 83

Daube, David 多布，大卫, 18

Davis, David 戴维斯，大卫, 237

Davis, Jefferson 戴维斯，杰斐逊, 87—89

Declaration of Independence《独立宣言》

 biblical imagery in 其中圣经上的比喻, 40, 102

 individualistic interpretation of 从个人主义视角的解释, 91, 92

 Lincoln contrasts with Constitution 林肯将之与宪法相比较, 68

 Lincoln dates nation from 林肯将国家成立的日期定于, 36—37, 44—47

 nationalistic interpretations of 从民族国家视角解释, 91—92

principle of equality in 其中的平等原则, 165—166

Declaration of the Rights of Man (France),（法国）《人权宣言》91, 96

Democracy 民主, 57, 139—140

    contrasted to elitism 与精英主义比较, 3

    election of 2000 and, 2000年大选与, 257—259

    electoral college and 选举团与, 234—235

    expressed in Gettysburg Address 其在葛底斯堡演说中的表达, 52—56

Denying the Holocaust (Lipstadt),《子虚乌有的大屠杀》(李普斯塔德) 205

Discrimination 歧视

    economic 经济上的, 139—140

    intentional and 有意的,及, 144

Douglas, William O 道格拉斯,威廉·O., 178

Douglas, Frederick 道格拉斯,弗里德里克, 62, 101

Dred Scott decision, Dred Scott 案的判决

Drew, Frank 德鲁,弗兰克, 236

Drug laws, 反毒品法 143, 194, 208

Education 教育

    financing of 对其财政投入, 152—161

government intervention in 政府对其的干预, 202

pluralism and 多元主义与, 161

Rodriguez decision and, Rodriguez案判决与, 153—161

equal protection of the laws 法律的平等保护, 152—163

Eisenhower, Dwight David 艾森豪威尔,德怀特·大卫, 52

Election of 2000 2000年大选

    democracy and 民主与, 257—259

    equality and 平等与, 255—257

    Florida ballots and 佛罗里达州的总统选举与, 242—246

    nationhood and 民族国家与, 238—239, 240

    popular votes in 其中普选票, 238—239, 240

    rule of law and 法治与, 246, 257—258

    Supreme Court and 最高法院与, 247—259

Elections, presidential 选举,总统, See also Election of 2000 另见,2000年大选

    1824年, 235

    1876年, 235—238

    1888年, 235

Electoral college 选举团

    Constitutional provision for 宪法上的规定, 231—232, 249

    election of 1876 and, 1876年大选与, 235—237

election of 2000 and 2000 年大选
　　　　与, 234—235, 249
　　historical evolution of 历史演变,
　　　　232—233
　　popular vote and 普选票与, 196,
　　　　233—234, 238—240
Ely, John 伊利, 约翰, 162
Emancipation Proclamation《黑奴解放
　　宣言》, 5, 36—37
Engels, Frederick 恩格斯, 弗里德里
　　克, 211
England 英格兰
　　constitutional law in 其宪法, 33
　　monopolies and law in 其独占与法
　　　　律, 121
　　nationhood/government in 其民族
　　　　国家/政府, 71
Equal protection clause 平等保护条
　　款
　　election of 2000 2000 年大选,
　　　　255—258
　　federal government vs. states and
　　　　联邦政府对各州及, 143—
　　　　145
　　financing of education and 对教育
　　　　的财政投入与, 152—161
　　methods of arguing 辩论方法, 155
　　Slaughterhouse case and, Slaughter-
　　　　house 案与, 127—131
　　states and 州与, 26, 133—136
　　Supreme Court and 最高法院与,
　　　　161—163, 246
　　voting rights of felons and 重罪犯的

　　　　投票权与, 149—151, 162
Equality 平等, 57。See also "All men
　　are created equal." 另见, "人
　　人生而平等。"
　　of African Americans 非洲裔美国
　　　　人的, 131
　　concept of, during Reconstruction
　　　　概念, 在内战后重建时期,
　　　　114—115
　　contrasted to individual freedom 与
　　　　个人自由相比较, 3
　　election of 2000 and 2000 年大选
　　　　与, 255—257
　　expressed in Constitution 宪法中表
　　　　达的, 96, 99—100
　　expressed in Gettysburg Address 葛
　　　　底斯堡演说中表达的, 42—
　　　　47
　　former slaves and 前奴隶与, 131—
　　　　132
　　human dignity and 人的尊严与,
　　　　104, 106—107
　　interpretation of 的解释, 91—94
　　nationhood and 民族国家与, 97—
　　　　101
　　politics of 的政治学, 8—9
　　religious basis of 的宗教基础,
　　　　100—105
　　spectrum of 的范围, 94—97
　　of women 妇女的, 103, 105, 129—
　　　　130
Equality-in-creation 上帝造人中的平
　　　　等。See also, "All men are

created equal."另见,"人人生而平等。"

Europe 欧洲。See also individual countries 另见,各个国家

 constitutional freedom in 在宪政上的自由,216

 pragmatism and 实用主义与,228—229

 reconciliation and punishment in 和解与惩罚,82—83

 religion in national life of 民族生活中的宗教,201

 victims at trials in 审判中的受害人,199

Everette, Edward 埃维瑞特,爱德华,29

Ex post facto laws 有追溯力的法律,85

Exploitation 剥削

 economic 经济上的,211—212,214,217—218,220

 sexual,性的,220—221

Federal contracts set-asides case 联邦合同无效案件,180,182,184—185

Federal government 联邦政府。See Government, federal 参见,政府,联邦

Feinstein, Diane 范斯坦,戴安娜,199

Felons, voting rights denied to 重罪犯,被剥夺选举权,147—151,243

Field, Stephen 菲尔德,斯蒂芬,120,122,125,126,127

Fischer, Joschka 费希尔,乔舒卡,239

Flag 国旗

 free speech and 言论自由与,203—204

 historical reverence for 历史上对其的尊重,202—203

 proposed amendments to defend 拟订的(宪法)修正案来保护其,205

Florida 佛罗里达州

 election of 1876 and 1876年大选与,236,244

 election of 2000 and 2000年大选与,234—235,240—246,247—258

 felons disenfranchised in 重罪犯被剥夺选举权,243

Florida Supreme Court 佛罗里达州最高法院

 election of 1876 and 1876年大选与,236

 election of 2000 and 2000年大选与,244,247,251,253,254

Foner, Eric 福纳,埃里克,12,141

France 法国

 free speech in 言论自由在,204,205

 French civil code 法国民法典,17—18

 French Declaration of the Rights of

Man《法国人权宣言》,91,96
　　redemption under law in 法律下的救赎,17—18
Freedom of contract 契约自由
　　Bible and,圣经与,219—220
　　Lochner case,*Lochner* 案,218
Freedom, paradox of 自由,其悖论,212—216。See also Equality; Liberty 另见,平等;自由
Fugitive Slave Law 逃亡奴隶法,135
Funding 拨款。See Taxation 参见,征税

Garrison, William Lloyd 加里森,威廉·劳埃德,5,101
General Field Order 100《通行野战条例 100》,76,88
　　Instructions(Lieber)《规程》(利伯),70
Germany 德国
　　equality before law in 其中法律面前人人平等,100,165,180
　　Holocaust denial in 否认发生大屠杀于,204
　　human dignity and 人的尊严与,106,206,216
　　Lieber and 利伯与,70
　　Peep show case in 色情表演案,206—208
　　redemption under law in 法律下的救赎,20—23
　　taxation policy in 税收政策,158—159

unification of 统一,41,66,83,113,229
voting rights in 选举权,148
Gettysburg Address 葛底斯堡演说,4,5
　　biblical imagery in 中圣经上的比喻,39—40,102—103
　　democracy expressed in 中表达的民主,52—56
　　equality expressed in 中表达的平等,42—47
　　fraternal sentiment in 中的兄弟之情,115—116
　　nationhood expressed in 中表达的民族国家观念,35—42,89
　　as preamble to second constitution 作为第二部宪法的序言,27—29,32,33,57
　　religious language and 宗教语言与,48—52
　　text of 的文本,33—34
Ginsberg, Ruth Bader 金斯伯格,露丝·巴德,185,248,254
Gladstone, William E 格拉德斯通,威廉·E.,58
Goldman, Ron 戈德曼,罗恩,198
Gore, Al 戈尔,艾尔,234。See also Election of 2000 另见,2000年大选
Government, federal 政府,联邦。See also States 另见,州
　　activist role of 的活跃作用,217—224

citizens protected by 公民受其保护, 214—224

citizens protected from 公民受其保护, 212—214, 215

citizenship and 公民权与, 124—129

nationhood contrasted 相形之下的民族国家观念, 69, 71

powerful central 强有力的中央, 109—110

role of 的作用, 190—191, 194, 200—202

states and 州与, 143—145

Great Maxim 大信条。See "All men are created equal." 参见, "人人生而平等。"

Greeley, Horace 格里利, 霍拉斯, 88

Grier, Robert C 格里尔, 罗伯特·C., 81

Habeas Corpus, suspension of 人身保护令, 中止, 5—6, 37—38, 68

Haider, Jörg 海德尔, 约格, 228

Hale, Edward Everett 黑尔, 爱德华·埃弗里特, 64

Halleck, Henry 哈勒克, 亨利, 70

Harlan, John Marshall 哈伦, 约翰·马歇尔, 110, 133—138, 218

Harper's Ferry, Va 哈泊渡口, 弗州。 See Brown, John 参见, 布朗, 约翰

Hate speech 憎恨性质的言论, 204—205

Hay, John 海伊, 约翰, 51

Hayes, Rutherford B 海伊斯, 拉瑟福特·B., 235—238

Herder, Johann Gottfried 赫尔德, 约翰·戈特弗里德, 71

Holmes, Oliver Wendell, Jr. 霍姆斯, 小奥利弗·温德尔, 142, 162, 218, 226, 227

Holocaust denial 对大屠杀的否认, 204—205

Homosexuals, case about 同性恋者, 有关的案件, 179

Human dignity 人的尊严, 205—206

equality and 平等与, 104, 106—107

sexual exploitation and 性剥削与, 206—208

sexual harassment and 性骚扰与, 208

Humphrey, Hubert 汉弗莱, 休伯特, 176—177

Hungary 匈牙利, 82—83, 239

Integration, original intent and 种族融合, 起初的意图与, 31

Israel 以色列, 148, 201, 204, 239

Italy 意大利, 41, 201

Ito, Lance 伊托, 兰斯, 199

Jackson, Andrew 杰克逊, 安德鲁, 235

Jackson, Claiborne 杰克逊, 克莱伯

恩,84
James, William 詹姆斯,威廉,225
Jefferson, Thomas 杰斐逊,托克斯,232
Johnson, Andrew 约翰逊,安德鲁,99,192
　impeachment of 对其的弹劾,39,116—117
　lustration laws and,清算奴隶主的法律与 86,88
Joyce, William 乔伊斯,威廉,78
Judaism 犹太教
　equality in 中的平等,99,246n10
　redemption in 中的救赎,16,18—19,20
Jury service 担任陪审员,145,152
Jury system 陪审团制,232
Justice, equality and 公正,平等与,98

Kant, Immanuel,康德,伊曼纽尔 104,106,213
Kennedy, Anthony 肯尼迪,安东尼,248
Killing, biblical prohibition of 杀戮,圣经上禁止,92—93,94,104
King, Martin Luther Jr., 金,小马丁·路德 62,212
Kyl, Jon 凯尔,乔恩,199

Language, nationhood and 语言,民族国家与,59,60,71—73
Law 法律. See Legalism 参见,法律工具论;Rule of law 法治
Leaves of Grass(Whitman)《草叶集》(惠特曼)60
Lee, Robert E 李,罗伯特·E., 79
Legalism 法律工具论
　of CSA 南部邦联的,5,6
　during Reconstruction 重建时期的,139
　election of 2000 and 2000 年大选与,246
　pragmatism and 实用主义与,226
Liberty 自由
　government and 政府与,215
　religious 宗教上的,169,172,209—210
　as term in Gettysburg Address 葛底斯堡演说中的措辞,42—44,53
　under law 法律下的,66—67
Lieber, Francis 利伯,弗朗西斯,64,69—73. *See also* General Field Order100 另见,《野战条例100》
　background of 其背景,70
　language's importance to nation and 语言对国家的重要性与,71—73
　rules of engagement and 交战规则与,76,88
Liebholz, Gerhard 利伯霍兹,格哈特,100
Lincoln, Abraham 林肯,亚伯拉罕. *See also* Emancipation Procla-

mation; Gettysburg Address 参见,黑奴解放宣言;葛底斯堡演说

    as Moses 摩西似的, 16

    attitude toward blacks 对黑人的态度, 46

    attitude toward law 对法律的态度, 67—68

    attitude toward Confederate troops, 对南部邦联军队的态度 79, 80—81, 88

    blockade of southern ports and 对南方港口的封锁与, 79—81

    on Civil War 论内战, 23—24

    on equality of black women 论黑人妇女的平等, 105

    First Inaugural Address of 第一次就职演说, 41—42

    nationhood and 民族国家与, 58, 60—61

    on religion and Civil War 论宗教及内战, 101

    second inaugural address of 第二次就职演说, 55

        biblical imagery in 其中圣经上的比喻, 39

        reconciliation in 其中的和解, 82

        religious language in 其中的宗教语言, 47—48, 51

    on slavery 论奴隶制, 102

    suspends habeas corpus 中止人身保护令, 5, 37—38, 68

Lipstadt, Deborah 李普斯塔德,黛博拉, 205

Lochner v. New York, 171, 217—18

Locke, John 洛克,约翰, 95, 203

Lowell, James Russell 洛维尔,詹姆斯·拉塞尔, 63—64

Loyalty 忠诚. *See also* Lustration 另见,清算

    betrayal of, in Civil War 背叛,内战中的, 75—89

    Brown and 布朗与, 76—77

    Brownson and 布朗森与, 67—68

    Davis and 戴维斯与, 87—89

Lustration 清算

    after Civil War 内战后的, 83—87

    in Europe 欧洲的, 82—83

Lyon, Nathaniel 莱昂,内森尼尔, 84

Madison, James 麦迪逊,詹姆斯, 196

Man Without a Country, The (Hale), 《无国之民》(黑尔), 64

Manifest destiny 命定说, 42, 52

Marshall, John 马歇尔,约翰, 118

Marshall, Thurgood 马歇尔,瑟古德, 178

Marx, Karl 马克思,卡尔, 211

Marxism 马克思主义, 211—212

Matsch, Richard 麦茨,理查德, 198

McLean, John 麦克莱恩,约翰, 167

McLoughlin, William G. 麦克劳林,威廉·G., 101

McPherson, James 麦克弗森,詹姆斯, 12, 57

McVeigh, Timothy 麦克维,蒂莫西,

198

Mentally retarded home case 智障人收养院案, 184

Mill, John Stuart, 穆勒, 约翰·斯图亚特 221

Miller, Samuel 米勒, 塞缪尔
  citizenship and 公民权与, 128
  state power and 州权与, 120, 122
  women's equality and 妇女的平等权与, 130

Minor, Virginia 迈纳, 维吉尼亚, 130

Miscegenation laws 种族通婚法, 141—142

Missouri 密苏里, 84, 85

Nagy, Imre 纳吉, 伊莫, 83

Napoleon Bonaparte 拿破仑, 波拿巴, 17

"National," meanings of "全国的", 其含义, 58—59

National Socialist Party (Nazis), 国社党(纳粹党), 20—21

Nationalism 民族国家主义, 41—42, 59
  Manifest destiny and 命定说, 42, 52
  "Nationalism and Internationalism" (Lieber), 《民族国家主义与国际主义》(利伯), 70—71

Nationhood 民族国家. See also Citizenship; Civil Society; Government, federal, 另见, 公民权; 市民社会; 政府, 联邦
  Brownson and 布朗森与, 64—69
  contrasted to voluntary association 与志愿的联合相比较, 2—5
  development of concept of 其概念的发展, 57—62, 123—124, 136—138
  election of 2000 and 2000 年大选与, 238—242, 249—255
  electoral college and 选举团与, 195—196, 233—234
  equality and 平等与, 97—101
  expressed in Gettysburg Address 葛底斯堡演说中表达的, 35—42, 89
  Harlan and 哈伦与, 136
  Lieber and 利伯与, 64, 69—73
  in literature 在文学作品中, 60, 62, 63—64
  meaning of word 该词的含义, 58—59
  organization of government and 政府组织与, 69, 71, 136
  race and 种族与, 62—63, 224
  Reconstruction and 内战后重建与, 113, 114—115

New Birth of Freedom, A (Black) 《自由的新生》(布莱克), 108

New Orleans case 新奥尔良案件, 174

New Orleans, Louisiana 新奥尔良, 路易斯安娜州。See New Orleans case 参见, 新奥尔良案

件；

Slaughterhouse case

Ney, Michael 奈伊,迈克尔, 87—88

Nicolay, John 尼古拉,约翰, 51

Nomos and Narrative（Cover）《法律与纪事》(科弗), 12

O'Connor, Sandra Day 奥康纳,桑德拉·戴, 248

Okalahoma City bombing trial 俄克拉荷马城爆炸案审理, 198

Original intent, irrelevance of,最初意图,不相关, 29—33

O'Sullivan, John L., 奥沙利文,约翰·L, 52

Parker, Theodore 帕克,西奥多, 4, 50,53—54,101

Patriotism 爱国主义
 civil society and 市民社会与, 201—203
 CSA and 南部邦联与, 67
 loyalty contrasted 相比之下的忠诚, 67—68

Peep Show case 色情表演案件, 206—208

Peirce, Charles 皮尔斯,查尔斯, 225

Physician-assisted suicide 医师协助的自杀, 221—222

Pius IX,庇护九世 228

Pledge of Allegiance 效忠宣誓, 52, 123,201

Police powers 治安权, 174

Political parties 政党, 232—233

election of 1876 and 1876 年大选与, 236—238

election of 2000 and 2000 年大选与, 234—235,246

Polygamy 多配偶制,221

Powell, Lewis F., Jr. 鲍威尔,小刘易斯·F., 157

Pragmatism 实用主义
 American 美国的, 225—228
 European 欧洲的, 228—229
 in legal thinking 法律思想中的, 6

Prison system 监狱制度, 143. *See also* Felons 另见,重罪犯

Prize Cases 捕获案件, 79—81

Prohibition 禁酒令, 193—194, 195, 208

Race, nationhood and 种族,民族国家与, 62—63,224

Racial discrimination 种族歧视, 173—176. *See also* Education, financing of 另见,教育,对其财政投入

Radbruch, Gustav 拉德布鲁赫,古斯塔夫, 20

Rape law 反强奸法, 220

Rational basis test 理性基础标准检验, 155—156

R. A. V. case, 204

Rawls, John 罗尔斯,约翰, 94,97, 159

Reagan, Ronald 里根,罗纳德, 212

Reasonableness concept 合情合理概

念,174—175

Reconstruction 内战后重建,99

 courts and,法院与,6—7

 election of 1876 and 1876 年大选与,236—238

 redemption and 救赎与,23—29

Redemption, under law 救赎,法律下的

 Civil War/Reconstruction and 内战/战后重建与,23—29

 election of 1876 and,1876 年大选与,236

 in France,在法国的,17—18

 in Germany,在德国的,20—23

 religious tradition of 宗教传统的,15—17,18—20,48—52

Rehnquist, William 伦奎斯特,威廉,148,149,248,251—252

Religion 宗教. See also "All men are created equal." 另见,"人人生而平等"

 as basis of equality 作为平等的基础,100—105

 freedom of 的自由,169,172,209—210

 in national life,在国家生活中,201

 redemption and 救赎与,15—17,18,20,48—52

 state and 国家与,186—187

 Supreme Court and 最高法院与,169,172

Religious Freedom Restoration Act of 1993《1993 年宗教自由恢复法》,209—210

Rodriguez case,153—161,242

Rule of law 法治

 election of 2000 and 2000 年大选与,246,257—258

 Union vs. Confederate versions of 联邦的态度对南部邦联的态度,4—6

Sandel, Michael 桑德尔,迈克尔,11

Scalia, Antonin 斯卡利亚,安东尼,248,251

Schooling 学校教育。See Education 参见,教育

Secession 分离

 Brownson, nationhood and 布朗森,民族国家与,65—66,67

 Declaration of Independence and《独立宣言》与,45—46

Segregation, Supreme Court and 种族隔离,最高法院与,129—139

Sexual freedom 性自由,220—221

Sexual harassment 性骚扰,208,220—221

Simpson, Nicole Brown 辛普森,尼科尔·布朗,198

Simpson, O. J., trial of 辛普森,O. J.,案审理,198—199

Slaughterhouse case,130—131,167

 background of 的背景,119—120

 citizenship and 公民权与,125—129

Supreme Court's decision on 最高法院对其的判决, 120—122
Slavery 奴隶制
  Constitution of 1787 and 1787年宪法与 d, 5
  Lincoln's attitude toward 林肯对其的态度, 46
  as paradigm 作为示例, 214
Slaves 奴隶
  military service of emancipated 或解放的黑奴所服的兵役, 72—73
  rights of former 前者的权利, 131—132, 192—193
Smith, Adam 斯密, 亚当, 213
Smith v. Oregon, 209
Social justice 社会正义
  courts and, 法庭与, 159—160
  taxation and 税收, 216
Souter, David 苏特, 大卫, 187, 248, 254
South America 南美, 60
Stanton, Edwin 斯坦顿, 埃德温, 39, 116
States 州。*See also* Government, federal, 另见政府, 联邦
  14th amendment and 第十四条宪法修正案与, 25, 144
  citizenship and 公民权与, 124—129
  electoral process and 选举程序与, 152—160
  police powers of 治权, 174

residual powers of 剩余权力, 117—118
segregation and 种族隔离与, 133—136
social control powers of 社会控制权力, 141—145
voting rights of felons and 重罪犯的选举权与, 145—151, 243
Stevens, John Paul 斯蒂文斯, 约翰·保罗
  election of 2000 and 2000年大选与, 248, 255, 257
  home for mentally retarded case and 智障人收养院案件与, 184
  homosexuality case and, 同性恋者案件与 179
  illegitimate children case and 非婚生子女案件与, 177—178
  teacher lay-offs and 教师解雇与, 183—184
  university admission and 大学录取案件与, 181—182
Stewart, Potter 斯图尔特, 波特, 160
Stockyard fees 畜栏费, 170—171
Stowe, Harriet Beecher 斯托, 哈里特·毕彻, 72
Strict scrutiny, 严格审查, 155—157
Strong, George Templeton 斯壮, 乔治·坦普顿, 58
Suffrage 选举权. *See* voting rights 参见, 投票权
Summer, Charles 萨默, 查尔斯, 58
Supreme Court 最高法院

索　引　283

14th amendment and 第 14 条修正案与, 7
bills of attainder and 褫夺公权法案与, 85
election of 2000 and 2000 年大选与, 247—259
equality-in-creation and 生而平等与, 177—187
equality under law and 法律下的平等与, 161—163
equality versus economics and 平等对经济状况与, 168—176
financing of education and, 对教育的财政投入与, 152—161
flag and 国旗与, 203—204
hate speech and 憎恨性质的言论与, 204
loyalty and *Cummings v. Missouri* 忠诚与 *Cummings v. Missouri*, 83—84
nationhood and 民族国家与, 61, 114
Prize cases and 捕获案件与, 79—81
segregation and 种族隔离与, 132—139
taxation and 税收与, 216—217
voting rights of felons and 重罪犯的选举权与, 148—151, 162
women's equality and 妇女平等与, 130
Suspect class 可疑的分类, 156

Taney, Roger B., 唐尼, 罗杰·B., 37—38, 128—129, 166—167
Taxation 税收, 193, 216—217. See also Education, financing of 另见, 教育, 对其的财政投入
Teacher lay-off case 解雇教师案件, 183—184
Theory of Justice, A (Rawls),《正义论》(罗尔斯) 159
Thomas, Clarence 托马斯, 克拉伦斯, 186, 248, 251
Thurmond, Strom 瑟蒙德, 斯特罗姆, 177
Tilden, Samuel B., 蒂尔登, 塞缪尔·B., 235—237
Treason 叛国罪
　Brown charged with 布朗被指控犯有, 77, 78—79, 88, 89
　concept of 的概念, 77—78
　Davis charged with 戴维斯被指控犯有, 87—89
Truman, Harry 杜鲁门, 哈里, 177
Tubman, Harriet, 塔布曼, 哈里特 16
Turner, Nat 特纳, 纳特, 16
Tushnet, Mark 塔什尼特, 马克, 8

Uncle Tom's Cabin (Stowe),《汤姆叔叔的小屋》(斯托) 72
University admission case 大学录取案件, 180, 181—182
Utilitarianism, 功利主义 95

Vagrancy laws 反流浪法, 141—142

Victims' rights 受害者权利, 7—8, 197—199
  objection to 对其的反对, 200
  proposed Constitutional amendment for 拟议的保护其的宪法修正案, 199—200

Virginia 弗吉尼亚
  charges Brown with treason 指控布朗犯有叛国罪, 77, 78—79
  Lee remains loyal to 李保持对其的忠诚, 79

Voting rights 选举权
  African Americans and 非洲裔美国人与, 86—87, 139, 192—193
  felons and 重罪犯与, 147—151, 162, 243
  in Germany 在德国的, 148
  second constitution and 第二部宪法与, 244
  states' control of 州对其的控制, 145—147, 241—242
  women and 妇女与, 176

War, Clausewitz on 战争, 克劳塞维茨论, 111
Warren, Robert Penn 沃伦, 罗伯特·佩恩, 5
Webster, Daniel 韦伯斯特, 丹尼尔, 62
Welch, Alonijah 韦尔奇, 阿隆加, 63
Whitman, Walt 惠特曼, 沃尔特, 60
Wills, Garry 威尔斯, 加里, 12, 39
Women 妇女
  equal protection of 对其的平等保护, 243n31
  equality of, 平等 103, 105, 129—130
  voting rights of 选举权, 176

Yick Wo v. Hopkins, 131, 172

译后记

一

阅读乃心智旅行。打开一本书，实则为打开一个世界，一个心智的世界，一颗心灵的世界。现代"知识分子"，很容易堕落成"识字分子"，热衷于投机倒把式地贩买贩卖知识，并乐此不疲地作为体面的营生。在学术繁荣、学者著作等身的"形势一片大好"背后，在林林总总所谓"知识"的背后，很少看到心智的世界，性灵的世界。

当愤世嫉俗占据我们的内心，而随波逐流成为行动的主旋律时，背离原教旨主义犬儒的犬儒主义开始弥漫社会。可惜，生活的荒谬感，正像灵光一闪的《草泥马之歌》那样，与其说带给我们力量感，不若说见证了我们的无力感。当人们过剩的精力与智慧井喷而出，周而复始地倾泻到对社会不公的嘲弄发泄上，这"内需"怎么好扩大？

二

法律，表面上跟人的心灵没有关系，跟犬儒主义与"内需"更没有关系，往学理上说，它展现了冰冷的理性外貌，往功用上说，它呈现了打人的棍子样貌。当然，在某些情形下，"棍子"的譬喻还是颇为温情脉脉的。因为，恶法往往通过凶神恶煞的执法者之獠牙将人撕碎，那比捅人的刀子（比如修脚刀）还可怕。到那时候，再想起棍子，真是显然太小儿科，太温婉可人了。

这么说，法律背后的价值观，实在是太重要了。它界定了我们以何种姿态与形态，生活在没有天堂幻想的尘世上。宪法，作为一国根本大法,毋庸置疑,背后所代表的价值观,显得更根本、更核心,因而也更要紧。

三

弗莱切教授的《隐藏的宪法》,尽管并非专门应对2009年之中国读者而作,不过,他的确大体介绍了美国宪法中某些核心价值观"躲猫猫"之历史。弄得译者本人心痒痒,很想把原书题目篡改成《躲猫猫的美国宪法》。那样的话,无论是"新左"还是"老左",将是多么的开心呀。但本人还没有达到惯于成人之美的"高龄"及人生境界,更看不出义正词严地鞭挞、批评他人的不完美历史,自己有何快感可言。在人权、自由、民主乃至宪政、法治等严肃论题中,最重要的一点,在讥嘲别人屁股沾屎之前,一定要把自己屁股的屎先擦干净。

弗莱切在本书中的确展现了一个新颖而严肃的论点。他认为,美国并非只有一部宪法(尽管文本表面如此),而是两部宪法。依美国内战为界,第二部宪法以林肯的葛底斯堡演说作为序言,以战后重建时期各条宪法修正案作为其核心内容。第二部宪法所包含的价值观——民族国家、平等及大众民主,与1787年制宪所张扬的人民从自我选择(社会契约论)、自由及共和精英主义价值观是大为不同的。与一般宪法学者所强调的美国宪法一体性论点格格不入的是,弗莱切强调了两者之间的断裂。

更大的篇幅,弗莱切用来叙述这第二部宪法是如何隐藏起来,又是如何慢慢浮现出来的。这段历史,尽管作者阐述角度独特,他的描述也并非每个研究美国宪政史的学者都能赞同,但同样发人深省。这里面碰到一个关键词,作为译者,我不得不点出来,即所谓"法律工具论",或直译为"法条主义"(legalism)的问题。

四

"法律工具论"或"法条主义",其实跟中文语境中的"法制"一词相仿,但绝无中文"法制"一词之神韵无穷。"制",《说文解字》中释曰:"裁也,从刀。"但我等不理许慎先生高论的衮衮"文"盲诸公,大可望文生义,解为"以刀制服"。这样的解读,在"法制"这一复合词中,"以法作刀,以刀制服"人民,含义尤其显得真切形象,动感逼人。这与一碗水端平的"法治"适成对照。怪不得20世纪末期的中国法律学者,纷纷抛弃"法制",而拥抱"法治"。因为,"法制"对于任何识读中文,又喜欢咬文嚼字的读者来说,其形象实在太凶恶了,有损国格。

可惜,词语并不能代表我们的生存状态。阳法治而阴法制的阴阳大法,弄得我们有时候甚至会犯晕,怀疑我们究竟是不是有法度的国度。因为,需要一碗水端平的时候,法却俨然变成了水,只往低处流,不往高处走。倒是要"以刀制服"人民的时候,法却挺身而出,一副正义凛然的模样。

不过,"法制"并不总是呈现出单调乏味的"刀子"形象。反之,在法理上,它往往表现出白骨精般的妖娆多姿。譬如,有时候它体现为规则主义,显得专业、理性而平等。许霆案就是一个明证。但不管它如何善变,抱定一条,不必具备齐天大圣的火眼金睛,也能看透它。这一条就是:法律只是刀把子,它背后是否包含关切人的生命、尊严、自由、权利的价值观,那是无关紧要的,要紧的是效率,是肃静,是"奉旨出朝,地动山摇,逢龙锯角,遇虎拨毛"的威严。

五

当然,本书中所描述的美国宪政史的某些篇章,尤其涉及 legalism 的部分,能否对应于中文语境中的"法制",读者诸君自有明断。这也是我为何迟疑,不将 legalism 对译成"法制论"的一大缘由。而同样,我也不会越俎代庖,对原作者的各个论点——归纳总结(新主流译者常这样做),或作臧否性质(老商务汉译名著中常出现)的评论,尽管作为原著读者及译者,我拥有自己的私论。这些都留待读者自己去仔细阅读、去细心体会。

在本人的理解中,译者的角色就一配角而已,任务单纯而明确,就是把原著者的思想用译者自己的母语尽量忠实地传达出来。任何所谓精深研究的归纳总结式或臧否性质的译序,都容易喧宾夺主,尤其是那些花哨冗长的译者序,就好比丫环打扮得花枝招展头先出场,大有要比大小姐赚取更多眼球的气势。事实上,对于懒惰或者心智深度不够的读者而言,译序构成了快餐消费的主食,正主大餐反倒晾在一边。

六

本书有些核心词,如 nationhood、peoplehood,包括 nation 本身,都不太好传神地翻译成合适的中文。煞费苦心,只好用"民族国家"、"人民主义"之类的词将就。我们中文里的"民族主义"或"国家主义"都显得含义狭隘,用到美国式的 nation 或 nationhood 语境中,都显得突兀而不准确。好在书末附有索引,读者自可去检对。当然,最完美的做法是出中英文对照本,但最完美的往往不可行,因为出版成本太高了。

最后,要借这个机会,真诚感谢跟我合作过两本译著的责任编辑白丽丽女士(私底下我称之为"公子小白")。她的认真、细致,令我避免了不少的翻译疏漏。她的一些修订、更正,完全承得起"一字之师"的美誉。她还是上一本译著《地铁里的枪声——正当防卫还是持枪杀人》中文书名的创意人。尽管有严肃的朋友,似乎觉得这样的改译,不够严谨或学术化。但我的确欣赏她的创意,并依从她的建议。如此愉快的合作,减轻了译书的艰辛困苦之感,让生活沾染喜悦的亮色。

陈绪纲
2009 年端午节后在武昌

宪政经典

1. 权利的成本——为什么自由依赖于税
   〔美〕霍尔姆斯　桑斯坦著　毕竞悦译
2. 普通法与自由主义理论:柯克、霍布斯与美国宪政主义之诸源头
   〔美〕小詹姆斯·R.斯托纳著　姚中秋译
3. 偏颇的宪法
   〔美〕凯斯·R.桑斯坦著　宋华琳、毕竞悦译
4. 英国宪制
   〔英〕白哲特著　史密斯编　李国庆译
5. 司法审查与宪法
   〔美〕西尔维亚·斯诺维斯著　谌洪果译
6. 宪法(第三版)
   〔日〕芦部信喜著　林来梵、凌维慈、龙绚丽译
7. 反联邦党人赞成什么
   〔美〕赫伯特·J.斯托林著　汪庆华译
8. 法院与宪法
   〔美〕阿奇博尔德·考克斯著　田雷译
9. 最小危险部门——政治法庭上的最高法院
   〔美〕亚历山大·比克尔著　姚中秋译
10. 就事论事——美国最高法院的司法最低限度主义
    〔美〕凯斯·R.桑斯坦著　泮伟江、周武译
11. 公债与民主国家的诞生
    〔美〕大卫·斯塔萨维奇著　毕竞悦译
12. 何谓法律:美国最高法院中的宪法
    〔美〕查尔斯·弗瑞德著　胡敏洁、苏苗罕、李鹄译

13. 隐藏的宪法——林肯如何重新铸定美国民主
    〔美〕乔治·P.弗莱切著　陈绪纲译
14. 大宪章(待出)
    〔英〕J. C. Holt 著　贺卫方译
15. 宪法的领域:民主、共同体和管理(待出)
    〔美〕Robert Post 著　毕洪海译
16. 冲突中的宪法(待出)
    〔美〕Robert Burt 著　车雷译

2009 年 7 月更新